이순신의 조일전쟁

장군의 눈으로
전란을 기록하다

이순신의 조일전쟁 : 장군의 눈으로 전란을 기록하다

〈한국사를 바꾼 인물〉 시리즈 No. 04

지은이 ㅣ 도현신

2012년 4월 19일 1판 1쇄 인쇄
2012년 4월 28일 1판 1쇄 발행

* 이 책을 만든 사람들
책임 기획 ㅣ 홍종남
기획 ㅣ 안종군

* 이 책을 함께 만든 사람들
디자인 ㅣ 김효정 님
종이 ㅣ 제이피씨 정동수 님
출력 ㅣ 알래스카 커뮤니케이션 박영철 님, 장준우 님
인쇄 및 제작 ㅣ 태성인쇄사 김태철, 김태현 님

* 도움을 주신 분들
현충사 소장 그림 ㅣ 윤상구 님(문화재청 현충사 관리소 물품담당)
해전도 그림 ㅣ 조창배 님(일러스트)
이순신 백의종군도 ㅣ 해군사관학교

펴낸이 ㅣ 홍종남
펴낸곳 ㅣ 행복한미래
출판등록 ㅣ 2011년 4월 5일. 제 399-2011-000013호
주소 ㅣ 경기도 남양주시 도농로 34, 부영아파트 301동 301호
서울 사무실 ㅣ 서울시 마포구 서교동 351-24 르네상스 빌딩 404호
전화 ㅣ 02-337-8958
팩스 ㅣ 031-556-8951
홈페이지 ㅣ www.bookeditor.co.kr
도서 문의(출판사 e-mail) ㅣ ahasaram@hanmail.net
도서 내용 및 강연 문의(지은이 e-mail) ㅣ timur12@hanmail.net
※ 이 책을 읽다가 궁금한 점이 있을 때는 지은이 e-mail을 이용해 주세요.

ⓒ 도현신, 2012
ISBN 978-89-968617-1-3
〈행복한미래〉 도서 번호 012

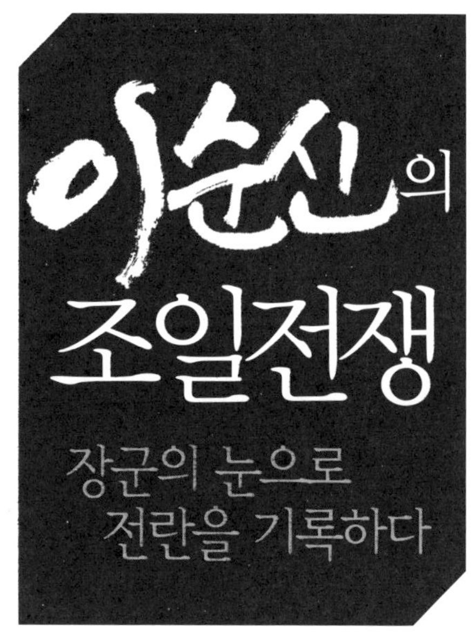

도현신 지음

행복한미래

조일전쟁 朝日戰爭

조일전쟁은 '조선과 일본이 벌인 전쟁'이라는 뜻입니다.

이이화 선생님께서는 『한국사 이야기』에서

"이 역사 용어를 사용하게 되면 세계전사의 보편적 객관성을 수용하고,

다른 나라 사람들이 용어만 보고도 그 실상을 이해하는 데에도

도움을 줄 것이다."라고 말했습니다.

이 책에서는 임진왜란, 7년전쟁을 조일전쟁이라고 통일하였습니다.

이순신이 싸운 조일전쟁

역사상 우리에게 가장 잘 알려져 있고, 많은 사람들이 관심을 가지고 있는 전쟁이 무엇이냐고 물어보면 단연 조일전쟁을 꼽을 것이다. 우리 조상들이 이 땅, 한반도에 자리 잡은 지 반만 년 동안 1,000번이 넘는 외침을 겪었고, 규모 면에서 조일전쟁보다 훨씬 큰 전쟁들도 많다. 하지만 삼국 시대의 전쟁들은 자료가 부족하기 때문에 그다지 사람들의 관심이 많지 않다. 고려 시대의 거란이나 여진, 몽골, 왜구와의 전쟁들도 대부분 마찬가지다. 특히, 거란이나 여진 및 몽골과 같은 북방민족들과 싸운 전쟁들은 지금 그 전쟁을 일으킨 주체인 유목민들이 대부분 사라진 뒤라서 사람들이 그리 관심을 두지 않는다.

대한민국 정부가 들어서고 난 후, 북한과 3년 동안 벌인 한국 전쟁
은 규모 면에서는 우리들이 치러온 전쟁 중에서 가장 큰 규모이지만 동
족과 싸운 전쟁인데다 피해가 너무 크고, 또 다시 이 땅에서 그런 식의
끔찍한 전면전이 벌어지는 것을 원치 않기 때문에 사람들이 가능하면
관심을 두지 않으려고 한다.

그러다보니 자연스럽게 조일전쟁에 많은 관심을 가지게 된 것이다.
피해나 규모가 어느 전쟁 못지않게 클 뿐만 아니라 무엇보다도 그 전쟁
을 일으켰던 주체인 일본이 지금도 우리 곁에 존재하면서 독도, 위안
부, 역사 교과서 등과 같은 문제를 끊임없이 일으키고 있기 때문이다.

독자들은 '조일전쟁'하면 가장 먼저 무엇이 생각나는가? 조일전쟁을
통틀어 우리에게 가장 잘 알려진 사람은 '이순신'이다. 조일전쟁의 와중
에서 가장 큰 역할을 한 사람이 다름 아닌 이순신이기 때문이다.

그러나 조일전쟁 기간 중에 활약한 인물들은 이순신 외에도 많다.
이순신의 공적에 가려 잘 알려지지 않았을 뿐이다. 홍의장군 곽재우와
이 땅을 침범한 왜군들 중에서 가장 용맹하고 잔인했던 가토 기요마사
의 군대를 함경도에서 몰아낸 정문부 등이 그 대표적인 예이다.

또 사람들이 잘 모르는 사실이지만, 전쟁의 와중에서 왜인임에도
불구하고 조선에 항복하고 조선인이 되어 왜인들과 싸웠던 항왜들도
많았다. 필자는 이들 항왜도 이 책에 포함시켰다.

왜인이면서 조선에 항복한 항왜들도 있었고, 반면에 조선인이면서
왜군 편에 서서 행동했던 자들도 있었다. 이들은 일제 시대에 활동했던

이순신의 조일전쟁

친일파의 원조인 셈인데, 주로 조일전쟁 초기에 많았다. 필자는 이러한 친일 부역자들에 관련된 내용도 이 책에 포함시켰다. 그 이유는 조일전쟁의 상황을 이해하는 데 필요하다고 판단했기 때문이다. 그리고 조일전쟁에 관련해서 사람들이 잘 모르거나 잘못 알고 있었던 부분들에 대한 내용도 책에 실었다. 예를 들어 사람들은 전쟁이 벌어진 날, 곧바로 왜군의 15만 명의 대군이 모두 한꺼번에 부산에 상륙했다고 알고 있지만, 이는 사실과 다르다. 왜군 15만 명은 교대로 배를 타고 차례대로 부산에 상륙하였다.

이 밖에도 조일전쟁은 7년 내내 벌어지지 않았으며, 중간에 휴전을 한 기간이 더 많았다. 그리고 조일전쟁의 말기에 일본의 침략에 대한 공포와 조정의 안일한 태도에 불만을 품은 조선의 백성들이 이몽학이라는 사람을 중심으로 뭉쳐 일대 반란을 일으킨 사건도 있었다.

이 책에서는 전황을 좌우했던 영웅 이순신의 죽음에 얽힌 부분도 다루었다. 특히 이순신이 선조의 질투와 압력으로 자살을 선택했다는 세간의 주장에 대한 반박 내용을 포함하였다. 아울러 이순신을 모함하고 삼도수군통제사가 되었다가 칠천량 전투에서 참패한 원균에 대한 잘못된 인식들도 바로잡으려 했다. 그는 결코 억울하게 악당이 된 영웅이 아니었다. 부디 이 책이 조일전쟁에 대해 관심을 가지고 있는 독자들에게 조금이나마 도움이 되기를 바란다.

2012년 4월

지은이 도현신

1부. 이순신, 역사의 전면에 등장하다

2부. 조일전쟁의 재구성

1부

이순신, 역사의 전면에 등장하다

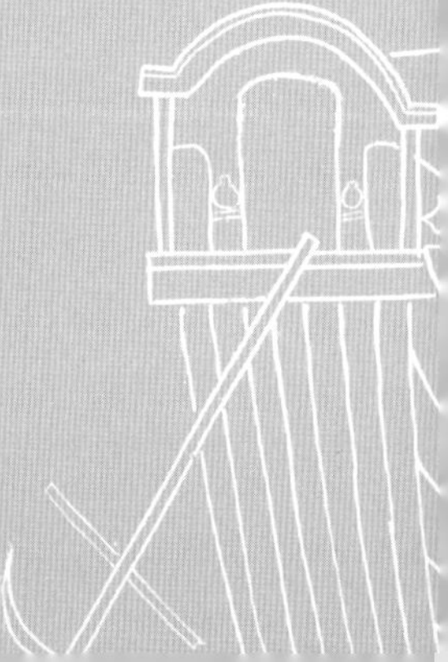

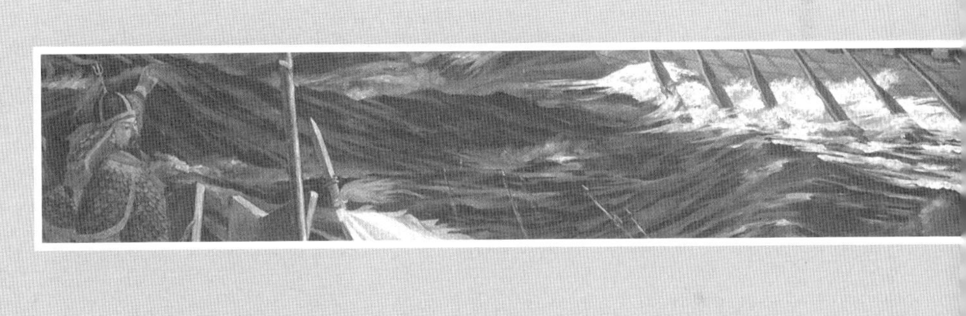

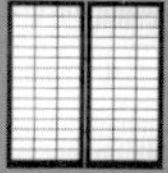

역사에 등장한 이순신

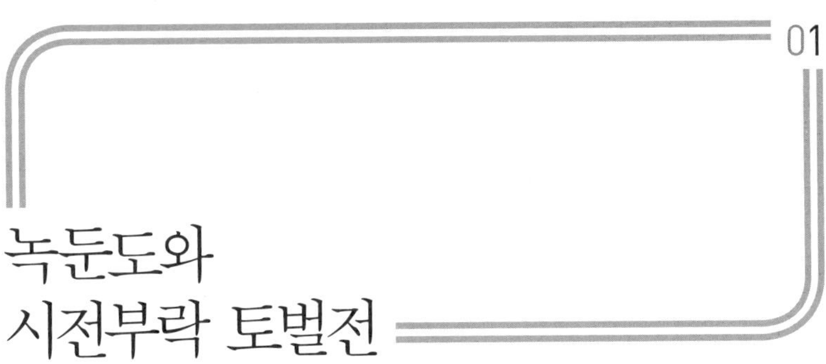

01

녹둔도와
시전부락 토벌전

조일전쟁 동안 벌어진 해전에서 연승의 금자탑을 세우며 불패 행진을 이어나가 국가와 백성의 구세주가 된 이순신, 그러나 그의 시작은 매우 초라했다.

1545년에 태어난 이순신은 그의 나이가 28세가 되던 무렵, 무과에 응시했다가 말에서 떨어져 실격을 당한다. 그로부터 4년 동안의 행적은 알 수 없다. 낙방의 탓도 있었겠지만 그에게도 가문에 대한 책임감, 그리고 자신의 장래에 대해 생각할 시간이 필요했을 것이다.

32세가 되던 해인 1576년, 이순신은 마침내 무과에 급제하여, 권지 훈련원봉사라는 관직에 제수된다. 이것이 바로 이순신이 장차 걷게 될 무관으로서의 길을 처음으로 연 시작점이었다.

무관이 된 이순신은 함경도로 파견된다. 당시 함경도는 변방의 사나운 이민족 집단인 여진족이 자주 국경을 넘어 살인과 약탈을 일삼던 위험한 곳이었다. 따라서 조선의 무관들 중 육군에 배속된 사람들의 상당수는 북방 지역인 함경도로 발령을 받았다.

이순신은 함경도에서 근무하는 동구비보권관이 되었으며, 1583년에는 건원보권관과 훈련원참군을 거쳐 3년 후인 1586년에는 조산만호 겸 녹도둔전사의에 올랐다. 이 직책은 1583년, 조정에서 함경도 경흥 녹둔도에 설치한 둔전을 지키는 직책이었다.

그런데 녹둔도는 지리상, 여진족들이 사는 마을과 매우 가까웠다. 여진족은 삼국 시대부터 만주와 연해주 일대에 살던 민족인데, 고구려와 인접해 있던 말갈족이 바로 여진족의 조상이다. 이들은 농사 외에도 사냥과 어획을 하며 살았는데, 추운 기후과 척박한 토지 조건 때문에 부족한 식량과 물자를 구하기 위해 조선의 국경을 넘어 노략질을 일삼곤 했다.

조정에서도 이 점을 염두에 두고 방책과 경비를 서는 병사를 배치하여 지키게 했지만, 당시 이곳의 인력이 매우 부족해서 이 지역에 사는 백성들은 은근히 걱정을 하던 분위기였다.

이순신의 조일전쟁

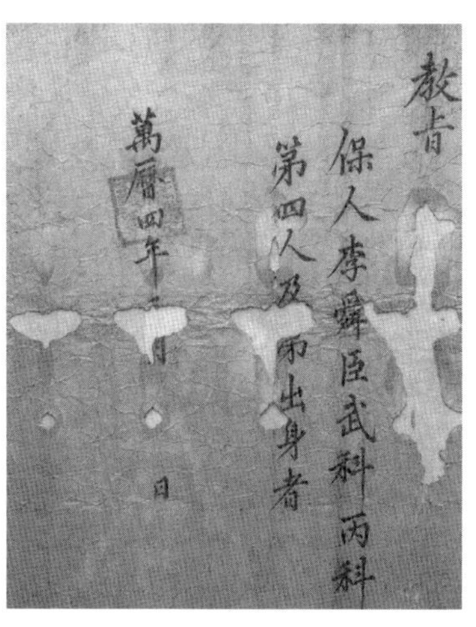

▲ 무과급제 교지(ⓒ 현충사)

무과급제 교지는 이순신이 무과 시험에 합격했음을 증명하는 공식 문서이다. 이순신은 32살의 늦은 나이에 관리 생활을 시작한다.

녹둔도 습격과 이순신의 백의종군

불길한 예감은 현실로 나타났다. 이순신이 녹도둔전사의를 역임한 지 바로 다음 해인 1587년 9월 1일의 일이었다. 마침 그 해에 풍년이 들어서 이순신은 부사 이경록과 함께 추수를 감독하던 차였다. 그런데 추도에 사는 여진족 수령인 마니응개가 추수를 위해서 녹둔도에서 일하는 농민들이 들판에 나가고, 지키는 병력들이 비어 있는 틈을 타서 군사를 이끌고 쳐들어와 노략질을 한 것이다.

여진족들이 급습하는 광경을 목격한 수호장 오형과 임경번은 여진족들의 포위를 뚫고 책루(파수대 및 요새)로 들어가는 도중 여진족이 쏜 화살에 맞아 죽었다.

여진족의 수장인 마니응개는 조선군 장군인 이몽서에게 사살되었다. 그러나 이미 여진족들이 10명을 죽이고 160명을 사로잡아 끌고 간 뒤였다. 이 소식을 뒤늦게 접한 이순신은 이경록과 함께 군사들을 이끌고 추격하여 여진족 세 명의 머리를 베고 포로로 끌려간 50명을 다시 구해 돌아왔다. 하지만 이순신이 맡은 부대에서 벌어진 일이었으므로 북병사 이일은 이순신에게 그 책임을 물어 처형하려 하였다. 그러나 이순신은 "내가 예전에 군사가 적은 것을 보고 방비를 서는 병력을 더 보내달라고 요청했지만, 이일이 거절했으므로 오늘과 같은 일이 발생했다. 그러니 이일에게도 책임이 있다."고 주장하였다.

자신에게도 책임을 있다고 주장하는 이순신의 항변을 들은 이일은 이순신을 무척 괘씸하게 여겼다. 하지만 따지고 보면 이순신의 말이 틀린 것은 아니었기 때문에 이일은 일단 이순신을 가두어 놓은 뒤, 사건의 전말을 담은 보고서를 조정에 올렸다.

비변사를 통해 이일의 장계를 받은 선조 임금은 상당히 관대한 처분을 내렸다. "이순신과 이경록은 전쟁에서 패배한 것은 아니므로 곤장을 때리고 나서 백의종군하도록 하라."는 처분을 받았다(《선조실록》 선조 20년(1587년) 10월 16일자 기사). 훗날 이순신을 갖은 방법으로 깎아 내리려 들던 모습에 비하면 너무나 대조적이었다.

여기서 백의종군이라는 단어에 대해 잠시 짚고 넘어가야겠다. 이순

이순신의 조일전쟁

신과 조선 시대를 다룬 많은 사극들은 백의종군이 죽음에 버금갈 정도로 굉장히 치욕적인 형벌인 것처럼 묘사한다.

하지만 백의종군은 사실, 가벼운 명예형에 가깝다. 조선 시대에는 관리가 입는 옷의 색깔로 등급을 매겼는데, 아무런 색도 안 들어간 흰 옷을 입는 백의종군은 잘못은 했지만 크게 처벌할 정도는 아니고, 공을 세워서 죄를 씻으라는 뜻이 담겨 있는 처분인 것이다.

심지어 조선 시대 관리들은 백의종군을 한 상태에서도 평상시처럼 업무를 볼 수 있었다. 그러니 백의종군을 한 상태라고 해서 노비처럼 모두에게 멸시받고 중노동만 했다는 식의 텔레비전 드라마나 소설들은 알고 보면 너무나 엉터리인 셈이다.

시전부락 토벌과 이순신의 명예 회복

녹둔도의 습격이 있은 지 4개월 후인 1588년 1월 14일, 조선은 대대적인 반격을 개시한다. 이때 조선군은 함경도에 주둔해 있던 병사와 한양에서 파견한 병사 2,500명으로 구성된 부대였다. 조선군은 밤 9~11시 사이인 이경에 행군하여 11시에서 새벽 1시 사이인 삼경에 강을 건넜다. 어두운 야간에 행군을 한 것은 여진족의 눈을 피하기 위한 방책이었다.

그리고 다음 날인 15일, 해가 막 떠오를 무렵 조선군은 여진족의 시전부락을 습격하여 200여 개의 장막을 불태우고, 여진족 380명의 머리를 베어 노획하는 전과를 올렸다. 놀랍게도 조선군이 입은 피해는 매우 미미했다. 예기치 못한 조선군의 기습을 받아 미처 방어할 틈이 없었던 모양이다.

이때 이순신은 여진족의 추장인 우을기내를 사로잡는 공을 세워 백의종군의 죄를 사면받을 수 있었다. 실록에는 이때부터 이순신이 유명해졌다고 기록되어 있다.

시전부락 소탕전이 있은 지 약 1년 후인 1589년 1월 21일, 비변사에서는 국방을 강화하기 위해 이름 있는 무인들을 널리 채용한다는 공표를 하였다. 그리고 조정의 신료들에게 자신이 알고 있는 훌륭한 무장을 골라 추천하라고 지시하였다. 이때 이순신은 이산해와 정언신 등 두 명의 고관으로부터 추천을 받았다. 시전부락 소탕전에서 이순신이 거둔 공이 널리 인정을 받았다는 증거다.

이순신의 조일전쟁

02

선조,
이순신을 전라좌수사로
임명하다

두 명의 대신으로부터 추천을 받은 지 6개월 후인 선조 22년(1589년) 7월 28일, 선조는 충청도와 전라도, 경상도 등 하삼도의 군사 작전을 맡은 병사와 수사를 선발하는 자리에서 놀라운 발언을 한다. 이순신을 채용하고자 한다는 것이었다.

선조는 같은 해 12월 1일, 이순신을 정읍 현감으로 임명하였다. 이순신으로서는 과거에 합격한 지 14년 만에 비로소 현감에 제수된 셈이었다. 오늘날로 치면 지방 도시의 시장쯤 되는데, 이순신은 고을을 다스리는 데에서도 좋은 성적을 거두었다.

해가 바뀐 선조 23년(1590년) 8월 1일, 선조는 이순신을 만포 첨사로 삼는다고 발표했다. 그런데 첨사는 당상관의 품계에 속했다. 왕의 잘잘못을 알리는 직책인 대간들은 이순신의 승진이 너무 빠르다는 이유로 반대를 하기도 했다. 대간들의 반대에 부딪친 선조는 일단 이순신을 첨사보다는 못하지만 고을 현감보다는 높은 자리인 진도 군수로 삼았다.

이후에도 이순신에 대한 선조의 신임과 지지는 사라지지 않았다. 선조가 대간들의 반대를 무릅쓰고 이순신을 밀어주었던 이유는 이순신이 관직 생활을 하면서 유능하고 성실하여 주변으로부터 칭찬과 천거가 잇따랐기 때문이었다.

이순신을 만포 첨사로 삼는다고 발표한 지 1년 후인 선조 24년(1591년) 2월 1일, 선조는 이순신을 전라좌수사로 승진시켰다. 비변사 낭청은 2월 12일에 "이순신을 남쪽의 중요한 곳에 보내어 공을 세우게 하라는 전하의 분부가 지당합니다."라고 찬성하였다.

비변사 낭청이 발언한 다음 날인 13일, 선조는 이순신을 전라좌수사에 제수하겠노라고 말했다. 이로써 이순신은 전라좌도의 모든 수군을 지휘하는 사령관에 임명된 것이었다. 훗날, 조일전쟁을 맞아 불멸의 명성을 얻게 될 기초가 이때 다져진 셈이었다.

그런데 2월 16일, 뜻하지 않은 암초가 나타났다. 사간원에서 이순신이 전라좌수사에 임명된 것은 옳지 않다고 반대했다. 이순신에게 내려진 승진이 너무나 파격적이라는 이유에서였다.

하지만 선조는 다음과 같이 말하며, 이순신을 강하게 지지했다.

이순신의 조일전쟁

“지금은 일상적인 규칙에 구애받을 수 없다. 나라의 인재가 모자라 이순신을 특별히 임명한 것이다. 이순신이라면 충분히 전라좌수사의 책임을 감당할 수 있을 테니 관직의 높고 낮음을 따지지 말고 다시 이 일을 문제 삼아 논란을 일으켜 이순신의 마음을 동요시키지 말라!”

이러한 선조의 엄포에도 불구하고 이순신의 파격적인 승진에 대한 반발은 수그러들지 않았다. 사간원은 2월 18일에 다시 이의를 제기했다. 이순신은 수군을 맡은 경력이 매우 적고, 아무리 인재가 부족하다고는 하지만 현감이나 군수를 하던 사람을 갑자기 수군 사령관인 수사에 승진시키는 것은 원칙에 벗어난다는 논리였다.

그러나 선조는 여전히 이순신을 강하게 지지했으며, 이순신에 대한 사건원의 이의 제기를 무시했다.

사실, 이순신에 대한 파격적인 승진은 엄밀히 말해서 관례에 어긋나는 일이었다. 1591년 11월 1일, 부제학 직위에 있던 김성일도 정치 개혁안인 시폐 10조를 올리면서, “이순신을 발탁한 일은 잘못된 정사입니다.”라고 하면서 반대하였다. 논리적으로 본다면 사간원이나 김성일의 판단이 옳았다. 수군을 지휘해본 경험이 부족한 이순신을 갑자기 남해 바다를 지키는 수군 사령관으로 임명한 선조가 그들의 눈에는 비상식적으로 비쳤을 것이다.

그런데 이해할 수 없으리만큼 선조는 이순신을 감싸고 돌았다. 조선 시대로부터 400년 후에 살고 있는 우리의 눈으로 보아도 도무지 이해할 수 없을 정도였다. 대체 선조는 무엇 때문에 주위의 수많은 반대에도 불구하고 이순신을 계속 파격적으로 밀어주었던 것일까? 선조가 예지 능력이 있어서 장차 일본이 수십만 대군을 보내 조선을 침략할 것을 정확하게 알고, 그에 대비해 이순신을 전라좌수사로 임명했을리는 없을 테니 말이다.

전라좌수사 이순신, 역사의 첫 발을 내딛다

어찌되었든 이리하여 이순신은 전라좌수사로 부임했다. 그의 저서인 〈난중일기〉는 그가 전라좌수사로 임명된 이후인 1592년 1월 1일부터 시작된다. 이 기록을 살펴보면 아직 조일전쟁이 발생하기 전임에도 불구하고 그가 수사로서의 임무에 얼마나 충실하게 임했는지를 쉽게 알 수 있다. 요즘 말로 표현하자면 모든 것을 규범대로 수행하는 FM이었던 셈이다.

〈난중일기〉 1592년 2월 25일자 기사에는 "전쟁에 대비한 준비가 여러 가지로 부족하다. 책임을 맡은 군관과 색리들에게 벌을 주고, 첨사를 체포하고, 교수(고을 수령의 바로 아래 벼슬아치)를 내보냈다. 다섯 포구 가운데 방비가 가장 잘못된 곳의 죄를 조사하게 하였다."라고 적었다.

그리고 다음 날인 26일, 이순신은 지금의 여천군 화정면 개도인 개이도를 방문하여 무기를 점검했는데, '군사들이 쓰는 무기인 장전과 편전이 하나도 쓸 만한 것이 없어 고민이지만 전함은 그나마 온전한 편이

이순신의 조일전쟁

니 다행'이라고 기록했다. 참고로 장전은 일반적인 활에 매겨 쏘는 긴 화살을 말하고, 편전은 '통아'라는 대나무 통에 넣고 쏘는 짧은 화살을 말한다. 편전은 속도가 빠르고 크기가 작아 적이 피하기 어렵지만 위력이 약해서 화살촉에 독을 발라 쏘았다.

27일에도 이순신의 관내 점검은 계속되었다. 이순신은 흐린 날씨에도 불구하고 아침부터 점검을 마친 후에, 개이도의 북쪽 봉우리에 올라가 지형을 살폈다. 지형을 살펴본 후, 이순신은 개이도가 깎아지른 외딴 섬이어서 사면에서 적의 공격을 받을 수 있고, 성벽과 그 앞에 파는 물구덩이인 해자 또한 매우 엉성하여 무척 근심이라고 걱정했다.

3월 4일, 이순신은 객사 대청에서 공무를 본 후에, 서문 밖의 해자와 성을 쌓는 곳을 돌며 상황을 살폈다. 이때 승려들로 구성된 군대인 승군들이 전투에 쓰일 무기인 돌 줍는 일을 부실하게 하는 것을 보고, 책임자인 수승을 잡아다 곤장을 쳤다.

다음 날인 3월 5일, 이순신은 한양에 갔던 진무라는 사람으로부터 그의 고향 선배이자 후원자인 유성룡이 보낸 편지와 그가 지은 책인 ≪증손전수방략≫이라는 책을 받았다. 그 책에는 수전과 육전 및 화공전 등 모든 싸움의 전술이 상세하게 설명되어 있었다. 수군 사령관인 이순신에게는 황금보다 더 귀한 선물이었다. 이순신은 "참으로 만고의 훌륭한 책이다."라고 하면서 ≪증손전수방략≫을 얻은 기쁨을 표현했다.

3월 6일에도 이순신의 군수 장비 검사는 계속되었다. 이순신은 아침 식사를 하고 난 뒤에 출근하여 군사 기물들을 점검했다. 그런데 활,

갑옷, 투구, 화살통, 환도(군사들이 허리에 차고 다니는 휘어진 칼) 등이 부서지고 낡은 것이 많았다. 이순신은 장비 관리를 맡은 색리, 활 기술자, 감고 등을 불러 문책하였다.

이순신이 수사로서의 임무에 한창 열중하고 있을 무렵, 조정에서는 뚱딴지와 같은 조치를 내린다. 다름이 아니라 충청도와 전라도, 경상도의 수군과 함대를 모두 없애고, 수군 병사들은 육지에 올라와 방어에 임하라는 명령이었다.

이러한 명령이 내려진 이유는 도대체 무엇이었을까? 이유는 이러했다. 조선 조정은 을묘왜변 때처럼 장차 왜국의 침략이 있을 것을 대비하여 여러 가지 계책을 세웠는데, ‘왜국은 섬나라이므로 수군이 매우 강하지만, 육군은 약할 것이다. 그러니 바다에서 왜군과 맞서는 것은 불리하다. 따라서 왜군을 육지로 끌어들여 상대하자.’는 것이었다.

나중에 알겠지만, 이러한 발상은 완전히 엉터리였다. 왜국은 100년에 걸친 내전으로 인해 육군의 전투력은 막강했다. 그러나 배를 타고 바다로 나가 본 역사가 드물어 오히려 해전은 매우 취약했다. 16세기 말, 일본 규슈의 가고시마에 살고 있던 허의후許儀後라는 명나라 의원은 본국에 보낸 밀서에서 “일본군은 육전에서는 매우 뛰어나지만 해전에서는 졸렬하기 그지없다.”라고 평가할 정도였다. 전쟁을 맡은 비변사 등 조선 조정의 인사들은 일본의 내부 사정에 대해 매우 무지했던 것이다.

이순신은 어처구니없는 조정의 지시에 놀라면서도 긴급히 장계를

이순신의 조일전쟁

보내어 "바다와 육지의 전투는 어느것 하나도 소홀해서는 안 됩니다."라고 반대하였다. 이순신을 파격적으로 승진시킨 선조로서는 그 말이 옳다고 여겨, 전라도의 수사만은 온전히 보존시키도록 하였다.

역사에 만약은 없지만, 만약 조정의 지시대로 하삼도의 수군이 모두 없어졌다면 어떤 일이 벌어졌을까? 이순신이 거둔 무적함대의 불패 행진도 없었을 것이고, 조선은 완전히 일본에 점령당했을지도 모르는 일이었다.

하마터면 전쟁 방비를 완전히 망칠 뻔한 조정의 지시를 무마시킨 이순신은 계속 본업에 충실했다. 그리고 4월 12일, 이순신은 새로 진수한 전함인 거북선을 타고 바다에 나아가 지자와 현자포를 쏘며 성능 실험을 마쳤다.

그런데 이는 매우 공교로운 시점이었다. 이순신이 거북선의 시험 항해를 마친 바로 다음 날인 1592년 4월 13일, 거짓말처럼 부산포에 고니시 유키나가가 이끄는 일본군 1만 8,700명이 상륙하여 불과 하루 만에 부산성을 함락시켜 버렸다. 장차 조선 땅을 피로 물들일 조일전쟁은 거북선의 진수식 하루 후에 일어났던 것이다. 우연치고는 참으로 절묘한 시점이었다.

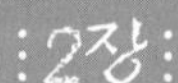

조일전쟁, 조선 수군의 불패 신화를 만들다

육지에서의 패배,
조선의 운명은 어찌될까?

100년 동안 벌어졌던 잔혹한 내전인 전국 시대戰國時代를 끝내고 일본을 통일한 도요토미 히데요시는 1591년 3월 9일, 오사카大阪에서 일본의 모든 영주들을 모아 놓고 "조선 따위는 한 달 안에 손에 넣고 곧바로 명나라로 들어가 그곳의 400개 주를 정복하여 여러 영주들과 무사들에게 영지로 나누어주고, 인도까지 쳐들어갈 것이다."라고 자신만만하게 선언했다.

히데요시가 조선과 명나라를 공격하겠다는 의지를 천명한 이유에 대해서는 아직 확실한 정설이 없다. 다만 그가 주군인 오다 노부나가의 휘하에 있었을 때부터 조선을 정복하여 바치겠다고 한 점으로 미루어 보았을 때 일찍부터 해외 원정에 대한 관심을 가지고 있었던 것 같다. 더욱이 일본을 통일하고 수십 만 명의 대군을 확보하게 되자, 일본뿐만 아니라 외국의 영토에도 탐을 냈던 개인적인 야심이 작용하지 않았을까? 실제로 히데요시는 1591년부터 대만이나 필리핀을 정복하려는 계획을 세우기도 했다.

이리하여 3월 9일부터 일본 전국은 조선 침략을 위한 물자 확보와 병력 동원 및 함대 제조에 착수했다. 원정을 위해 확보된 병력은 약 30만 명이었고, 이중 10만 명은 일본 본토에 예비 병력으로 남았다. 전쟁에 직접 투입되는 병력 20만 명은 7개로 나누어졌으며, 그중 1군이 우리의 귀에도 익숙한 고니시 유키나가가 이끄는 군대였다.

히데요시의 선언이 있은 지 약 1년 후인 1592년 4월 13일, 고니시 유키나가가 이끄는 일본군 제 1군은 1만 8,700명이었다. 흔히 사람들의 오해와는 달리 4월 13일에 15만 명의 일본군 모두가 한꺼번에 조선 땅에 상륙한 것은 절대 아니었다. 당시 왜군은 그 많은 대군을 동시에 수송할 배가 부족했다. 그래서 고니시의 1군과 가토 기요마사의 2군을 실어 나른 수송 함대들은 나머지 병력이 집결해 있는 규슈의 나고야까지 돌아가서 4월 말에서 5월 말까지 계속 다른 병력들을 수송해 왔다.

전쟁과 함께 시작된 대량 학살, 피의 바다가 조선을 뒤덮다

그런데 참으로 이해할 수 없는 것은 왜의 수군 함대를 맞는 조선 경상도 수군의 태도였다. 조선 영해의 최전방 수비를 맡은 경상우수사 원균과 경상좌수사 박홍은 바다를 넘어 쳐들어오는 일본 함대를 향해 싸움 한 번 해보지 않고 약 70여 척의 판옥선과 협선들 및 화포들을 모두 바다에 처넣어 버렸고, 1만여 명의 군사들까지 모두 해산시켜 도망가도록 했다. 지금 생각해 보아도 도저히 이해할 수 없다. 그 정도의 전력이면 일본 함대와 일전을 치루어도 손색이 없는데, 왜 도주했던 것일까?

만약 이러한 일본 함대를 향해 경상도 해역을 지키고 있던 조선 수군이 전력을 모아 요격에 나섰다면 어떻게 되었을까? 이순신의 조선 함대가 조일전쟁 내내 그러했던 것처럼 또 한 번, 역사에 길이 남는 대승을 거두었을 것이다. 병력을 수송하던 함대가 조선 수군의 공격을 받아 패했다는 사실을 알게 되면 일본 본토의 히데요시도 조선의 방비 태세가 만만치 않음을 알게 되어 병력 투입을 주저할 것이고, 무엇보다 바다에서 오는 적은 육지에 상륙하기 전에 바다에서 맞아 싸워야 우리 쪽이 당할 피해를 최소화할 수 있다. 고려 시대 말에 창궐하던 왜구를 끝내 근절시킨 것도 최무선의 진포대첩을 비롯한 고려군의 해상 요격 기능이 강화되었기 때문이다.

하지만 원균과 박홍은 그 좋은 기회를 스스로 날려 버렸다. 결국, 조일전쟁의 피해가 그토록 커지게 된 것은 우선 해상 방어의 책임을 맡고 있던 이들의 직무유기에서 비롯된 것이었다.

부산포에 상륙한 고니시 유키나가의 1만 8,700명의 일본군 1군 선발대는 상륙한 지 불과 하루 만에 부산성을 함락시켜 버렸다. 이때 성 안에 있던 3,000명의 군사와 백성들은 모조리 왜군에 의해 살육되었다.

그리고 다음 날인 14일, 동래성을 포위한 일본군 1군은 "명나라를 치러 가는데 길을 빌려주면 죽이지 않겠다."라는 제안을 했다. 이에 대해 방어를 맡은 동래 부사 송상현은 "죽기는 쉬워도 길을 빌려주기는 어렵다."라고 거부하며 전투에 돌입했다. 하지만 전투 결과는 너무나 일방적이었다. 전투가 벌어진 지 하루도 안 되어 동래성의 수비를 맡은 조선군은 모두 전멸했다. 패색이 짙어지자 송상현은 임금이 있는 한양을 향해 절을 한 다음, 눈을 감고 정좌로 앉아 있다가 일본군의 칼에 목숨을 잃었다.

동래성 전투에서 고니시가 내건 제안을 두고 어떤 사람들은 "조선은 괜히 피를 자초했다. 고니시가 말한 대로 그냥 길을 빌려주었다면 전쟁은 벌어지지 않았을텐데……."라고 말하기도 한다. 하지만 그런 생각은 매우 어리석을 뿐만 아니라 위험하다.

고니시가 내건 "우리는 명나라를 치러 가는 길이니, 조선은 길을 빌려 달라."는 말은 잘 생각해보아야 한다. 만약 조선이 그 말대로 왜군에게 길을 빌려준다면, 이는 일본이 명나라를 치러 가는데 사실상 협조하는 것이다. 그렇게 된다면 명나라에서 과연 가만히 있겠는가? 당장 군대를 파견하여 왜군과 함께 조선도 공격할 것이다. 일본이야 바다로 둘러싸인 섬나라이므로 명나라가 공격해 와도 배를 타고 자기네 나라로 돌아가면 그뿐이지만, 명나라와 국경을 맞대고 있는 조선은 대체 어쩌란 말인가? 꼼짝없이 명의 대군에 온 나라가 초토화되었을 것이다. 이 사실을 알고 그런 소리들을 하는지 참으로 답답하다.

또 오늘날 고니시를 좋아하는 사람들은 그가 전쟁을 반대하고 평화를 원했던 이성적인 인물이라고 치켜세운다. 하지만 조일전쟁에서 왜군의 선봉을 맡아 무수한 조선 백성들을 도륙했던 장본인은 바로 고니시였다.

불과 한 달 만에 수도 한양이 함락되다

조선에 상륙한 고니시가 전초전을 치르고 있을 무렵, 일본 본토에서 대기하고 있던 나머지 병력들이 차례차례 수송되어 왔다. 제 2군인 가토 기요마사의 1만 8,000명은 그로부터 일주일 후인 4월 20일, 부산에 상륙했다. 나머지 7군까지의 병력들은 4월 말에서 5월 말까지 모두 상륙하여 부산과 울산 및 동래 일대에 견고한 교두보를 설치했다.

한편, 상륙전을 무사히 마친 고니시의 제 1군은 파죽지세로 북상했다. 4월 25일, 상주에서는 이일이 지휘하는 조선군을 맞아 완승을 거두었다. 이일은 북방에서 여진족 시전부락을 토벌하여 명성이 높았던 장수였지만, 오랜 전란에 단련된 일본군에게는 도저히 상대가 되지 못했다.

4월 28일, 탄금대에서 벌어진 전투에서는 더욱 놀라운 결과가 나타났다. 신립이 지휘하는 조선 기병대 수천 명(약 4,000명으로 추정)이 탄금대에서 고니시의 제 1군에게 일방적으로 궤멸당한 것이다. 신립은 당대 제일의 맹장으로 불리던 인물이었기 때문에 이 패전이 조선의 조정 인사들에게 준 충격은 실로 어마어마했다.

조선군이 당한 패배의 원인은 싸울 지형을 잘못 선택한 것에 있었다. 당시 조선군의 주력은 기병이었지만, 탄금대 지역은 습기가 많은 진창 지대였다. 말의 다리가 푹푹 빠지는 진창에 들어선 기병들은 본연의 기동력을 제대로 발휘할 수 없었으며, 이러한 조선군을 향해 일본군의 집중적인 조총 공격이 퍼부어지자 결국 궤멸당하고 만 것이다.

탄금대 전투의 패전 소식을 접한 선조와 조정 대신들은 파천을 결정했다. 일본군의 진격 속도가 매우 빠른 것과 지금 상황에서 도성을 지킬 병력이 절대적으로 부족하다는 점을 감안해 볼 때, 이 결정 자체는 옳은 것이었다.

그러나 그 결정을 실행하는 과정에서 벌어진 갖가지 문제점들은 이후 두고두고 선조에게 부담으로 작용한다. 4월 30일, 선조는 광해군과 조정 신료, 내관과 궁녀들을 이끌고 한양을 빠져나와 이날 저녁에 임진강을 건넜다. 탄금대 전투가 벌어진 지 불과 이틀 후에 피난을 떠난 것이니 어지간히 급했던 모양이다. 피난하면서 선조는 도원수 김명원과 부원수 신각에게 한강의 수비를, 유도대장 이양원에게 한양의 수비 임무를 맡겼다.

그러나 도원수 김명원은 한강을 지키다 일본군 병사 몇 명이 헤엄쳐 강을 건너오자 모든 병사들에게 무기를 강물에 버리라고 하고, 자신은 갑옷을 벗고 백성의 옷으로 갈아입은 채 임진강 방면으로 도망쳐 버렸다.

이렇게 해서 조선의 도성 수비군은 어이없이 붕괴되었다. 5월 3일, 고니시가 이끄는 1군과 가토가 이끄는 2군은 동시에 한성으로 입성하였다. 이는 고니시가 상륙한 지 20일, 가토가 상륙한 지 15일 만의 일이었다. 기병이 별로 없었던 일본군으로서는 신속하기 그지없는 강행군이었던 셈이다.

한양에 이어 개성과 평양까지 적의 수중에 넘어가다

한양이 적의 수중에 들어갔다는 소식을 들은 선조는 황급히 머물고 있던 개성에서 다시 평양으로 피난길에 올랐다. 그러면서 한강 수비전에서 졸렬한 작태를 보인 김명원에게 임진강 수비를 맡기는 이해할 수 없는 명령을 내렸다. 다만 김명원이 다시 실수를 할까봐 한응인에게 견제 역할을 맡겼다. 그러나 한응인 역시 김명원과 다를 바 없는 무능한 장수였다.

조선군과 일본군은 임진강을 마주하고 며칠 동안 대치 상태에 들어갔다. 그러던 중 5월 23일경, 갑자기 일본군이 군막을 거두고 철수하기 시작했다.

이 모습을 본 한응인은 즉시 강을 건너 추격하라는 지시를 내렸다.

경험이 많은 노장 유극량은 '적의 속임수이므로 건너가서는 안 된다.'라고 반대했지만 작전의 지휘권이 한응인에게 있었으므로 어쩔 수 없이 그의 지시를 따라야 했다.

김명원과 한응인이 거느리는 5,000명의 군사는 강의 북쪽에 남고 나머지 1만 명의 군사가 유극량의 지휘하에 임진강을 건넜다. 그러나 숨어 있던 일본군이 일제히 조총을 쏘아 대고 창과 칼을 휘두르며 공격하자 1만 명의 군사들은 당황하여 우왕좌왕하다가 모두 전멸되었다. 일본군이 철수하는 것처럼 보였던 행동은 실은 조선군을 유인하여 포위, 섬멸하기 위한 계책이었던 것이다.

유극량은 끝까지 활을 쏘며 싸우다가 조총에 맞아 전사했으며, 김명원과 한응인은 더 이상 승산이 없다는 것을 깨닫고 평양으로 도망쳐 버렸다. 그 과정에서 남은 5,000명의 병사들도 뿔뿔이 흩어져 버려서 두 장수가 평양으로 귀환할 때는 고작 10명도 안 되는 병사들만이 뒤를 따랐다고 한다. 임진강을 건너 온 일본군은 조선군을 쫓아 북진을 계속하여 개성까지 간단히 함락시켰다. 5월 27일의 일이었다.

사태가 이 지경이 되도록 나머지 조선군들은 무엇을 하고 있었을까? 물론 그들도 가만히 앉아서 놀고만 있었던 것은 아니다. 충청도와 전라도, 경상도의 육군들은 5월 말경, 선조의 명령을 받고 수도를 탈환하기 위해 용인으로 진격했다. 당시 삼도의 육군 병력은 약 5만 명에 달했다고 한다.

삼도 연합군의 총사령관은 전라도 순찰사 이광이었고, 여기에 광

이순신의 조일전쟁

주목사 권율과 충청도 순찰사 윤국형 및 경상감사 김수와 동복현감 황진도 함께했다. 그러나 연합군은 수만 많았을 뿐, 제대로 훈련조차 안 된 오합지졸들었기 때문에 행군조차 제대로 할 줄 몰랐다. 이러한 형편을 잘 아는 권율 같은 장수들은 내심 우려를 금치 못했다.

6월 5일, 용인에 다다른 연합군은 문소산에 진을 친 600명의 일본군을 향해 공격을 감행했지만 일본군은 전혀 반응을 보이지 않았다. 그러던 중 서울에 주둔하고 있던 일본군 1,000명이 나타났고, 조용했던 일본군 진영에서 갑자기 병사들이 조총을 쏘며 쏟아져 나오자 삼도 연합군은 겁을 먹고 후퇴했다.

다음 날 아침, 아군이 밥을 지어 먹고 있는데 일본 수군의 맹장 와키자카 야스하루가 이끄는 일본군 1,600명이 들이닥쳤다. 5만 명의 연합군은 정신없이 도망치다가 임진강에서처럼 뿔뿔이 흩어져 버렸다.

일본군의 진격은 더욱 과감해졌다. 6월 16일, 고니시가 이끄는 1군은 평양성을 함락시켰고 가토의 2군은 6월 18일, 강원도와 함경도의 경계 도시인 안변에 도착했으며, 곧이어 7월 23일에는 함경도의 최북단인 회령까지 점령했다. 이 과정에서 조선의 두 왕자인 임해군과 순화군이 가토의 포로가 되는 일이 발생한다. 개전 이래 3개월 만에 평안북도와 전라도를 제외한 조선의 대부분이 일본군의 군홧발에 짓밟힌 것이다.

조선 수군
불패의 신화가 시작되다

(1) 출정을 앞둔 이순신의 고뇌와 결단

전쟁이 일어나자마자 수도인 한양에 이어 개성과 평양까지 적에게 빼앗기면서 국왕이 나라의 북쪽 끝인 의주로 피난을 가야 했던 위기의 순간, 과연 이순신은 무엇을 하고 있었을까? KBS 사극인 〈불멸의 이순신〉에 나왔던 것처럼 부하들과 한가롭게 바둑이나 두며 놀고 있었을까? 결코 아니었다.

이순신에게 쏟아진 출정 요구들

전라좌수사로 부임한 직후부터 이순신은 관할 영내에 있는 군수 장비 검검과 성곽 보수에 열을 올렸다. 물론 그가 신이 아닌 이상, 장차 조일전쟁이 일어날 것을 미리 알고, 준비를 할 수는 없는 노릇이었다. 그는 단지 자신이 맡은 업무에 지극히 충실했던 것뿐이었다.

하지만 그가 바깥 사정에 대해서 전혀 모르거나 눈을 감고 있지는 않았다. 〈난중일기〉 1592년 2월 10일자 기사에는 다음과 같은 흥미로운 기록이 나온다.

순찰사의 편지를 보니, 통역관들이 뇌물을 많이 받고 명나라에 무고하여 군사를 부탁했을 뿐만 아니라 중국에서 우리나라와 일본 사이에 무슨 딴 뜻이 있는가 의심을 하게 했다니 그 흉측함을 차마 말할 수 없다.

이 지문에 담긴 뜻이 뭔지 몰라 궁금해하는 사람들도 있을 것이다. 조일전쟁이 발발하기 직전, 명나라 조정에는 이상한 소문이 돌고 있었다. 조선이 일본과 손을 잡고 함께 명나라로 쳐들어오려 한다는 내용이었다. 일본이 장차 조선과 명나라를 노리고 전쟁을 계획한다는 첩보가 중간에 이상하게 변질되어 전해진 듯하다. 어쨌든 명나라 조정도 전쟁이 일어난다는 정보는 불확실하게나마 입수했던 것이다.

하지만 명나라가 그런 의심을 품게 된다면 자연히 조선으로서는 매우 난처한 입장이 된다. 일본의 침략을 받더라도 자칫 명나라가 도와주지 않을 수도 있기 때문이었다. 그래서 선조 임금은 한양을 버리고 피난가기 전에 명나라에 부리나케 사신을 보내 명나라가 품고 있는 의심이 전혀 사실이 아닌 오해임을 밝히는 데 애를 썼다.

전라좌수사로서의 업무에 충실하던 이순신은 전쟁이 일어난 지 이틀 후인 4월 15일, 경상우수사인 원균이 보낸 서신을 받았다. 그 서신에는 "왜선 90여 척이 와서 부산 앞 절영도(영도)에 정박했다."라는 내용이 담겨 있었다. 그리고 원균의 서신이 오고 난 직후, 경상좌수사 박홍이 보낸 공문이 도착했다. 왜선 350여 척이 이미 부산포 건너편에 도착했다는 다급한 전갈이었다.

대규모 전쟁의 시작을 파악한 이순신

조선의 수군 장수 중 누구보다도 병법에 밝았던 이순신은 350여 척이나 되는 왜선의 규모로 보아 그들이 단순히 노략질을 하러 온 것이 아니라 국가와 국가 간의 전쟁을 위해서 왔다는 사실을 깨달았다. 자신이 전라좌수사로서 업무를 시작한 지 석 달 만에 전쟁이 일어나다니 우연치고는 참으로 기가 막혔다. 이순신 본인은 어떤 생각을 했을까? 아마, "3년 동안 힘들게 군사를 기르는 까닭은 하루 전쟁에 쓰기 위해서다."라는 중국의 고사를 떠올리지 않았을까? 어쩌면 자신이 그동안 해 왔던 일들이 결코 헛되지 않았음을 알고는 안도의 한숨을 내쉬었을지

이순신의 조일전쟁

도 모르겠다.

원균과 박홍의 공문을 받은 이순신은 즉시 조정에 자신이 본 내용들을 장계에 올렸고, 전라우수사인 이억기에게도 공문을 보내 전쟁이 일어났음을 알렸다.

다음 날인 4월 16일 밤 10시 쯤, 다시 원균이 보낸 공문이 도착했다. 부산진이 이미 왜군에게 함락되었다는 내용이었다. 이 소식을 접한 이순신은 〈난중일기〉에 "분하고 원통함을 이길 수가 없다."라고 적었다. 역시 어제처럼 이순신은 공문을 받은 사실을 장계에 적어 조정에 보냈다.

이틀 후인 4월 18일, 경상우수사 원균이 공문을 보냈다. "동래도 함락되고, 양산군수 조영규와 울산 군수 이언함이 성으로 들어갔다가 모두 패했다."라는 글귀를 읽은 이순신은 너무나 화가 나서 말을 할 수 없었다고 기록했다. 또 병마사 이각과 경상좌수사 박홍도 군사를 이끌고 동래 뒤쪽까지 갔지만, 왜군의 수가 너무나 많아 그만 돌아오고 말았다는 내용도 전해졌다.

그리고 4월 20일, 드디어 이순신에게 출정을 요청하는 공문이 왔다. 영남관찰사인 김수가 이순신에게 "함대를 정비하여 와서 도와 달라."는 내용의 글을 보낸 것이다.

하지만 이순신은 선뜻 출동에 나서지 않았다. 우선 이순신은 자신의 임지인 전라도 바다를 떠나 함부로 다른 곳으로 가기가 어려웠던 것이다. 쉽게 말해서 자기 관할 구역이 아닌 다른 구역으로 함대와 병사들을 이끌고 가려면 조정의 허락이 필요한데, 아직 조정에서 정식으로 출동을 명하는 장계가 오지 않았기 때문이었다.

그리고 만에 하나 이순신이 함대를 거느리고 전라도를 떠났다가 왜의 수군이 전라도를 공격하게 되면 영락없는 빈집털이를 당하는 꼴이 되고 만다. 그러기에 이순신은 쉽사리 나설 결심을 하지 못했다.

고민하고 있던 이순신에게 4월 26일, 좌부승지 민준의 서장이 왔다. 거기에서는 "신중을 기하는 것이 매우 좋은 방책이지만 만일 형세가 유리한데도 시행해야 할 것을 시행하지 않으면 좋은 기회를 놓치게 된다. 또한 조정은 멀리 있어서 일일이 명령을 내릴 수 없으므로 도내에 있는 주장의 판단에 맡길 따름이다. 경상도에 공문을 보내어 서로 의논하고 기회를 보아 조치하게 하라."는 내용이 담겨져 있었다.

하지만 이순신은 전라좌도의 수군만을 지휘하는 수사였기 때문에 적을 치러 가는 일을 혼자서 결정하기는 어려웠다. 그래서 이순신은 경상도 순변사인 이일과 관찰사 김수, 경상우수사 원균 등에게 "경상도의 물길 사정과 경상도와 전라도의 수군이 모처에 모이기로 약속하는 내용과 왜의 수군 함선의 숫자, 현재 정박해 있는 곳과 그 밖의 대책에 응할 여러 가지 기밀을 모두 급히 회답해달라."고 통고하고, 각 관포에도 "전쟁 기구와 여러 가지 비품을 다시 철저히 정비하여 명령을 기다리라."고 공문을 돌렸다.

다음 날인 4월 27일, 좌부승지의 서장을 선전관 조명이 가져왔다. 그는 원균이 보낸 장계에 "각 포구의 수군을 이끌고 바다로 나가 군사

이순신의 조일전쟁

의 위세를 과시하고, 적 왜선을 기습할 계획이다."라는 내용이 포함되어 있다는 사실을 알려주었다. 그리고 "좌부승지는 원균과 합세하여 적을 쳐부수고, 만약의 사태가 발생한다면 이순신의 판단대로 하고 너무 조정의 명령에 구속되지 말라."는 말까지 덧붙였다.

중국의 옛 고사에 "변방을 지키는 장수는 가끔 임금의 명령도 듣지 않을 때가 있다."라는 말이 있다. 그처럼 조정을 대표하여 좌부승지는 이순신에게 "지금은 전쟁 중이고 조정은 멀리 있으므로 너무 조정의 지시를 의식하지 말고, 만일의 사태는 이순신 본인의 재량권에 따라 맡긴다."라고 거듭 알리고 있는 것이다.

(2) 드디어 출정을 결심하다

연합 수군의 결성

재량권을 주겠다는 조정의 뜻에 이순신도 마침내 출정할 결심을 굳혔다. 조정이 보낸 서신을 읽은 이순신은 전라좌수사에 소속된 방답과 사도와 여도와 발포와 녹도 등 5개 진포의 함대만으로는 약 300척이 넘는 왜의 수군을 제압하기가 어려우므로 다른 고을인 순천, 광양, 낙안, 흥양, 보성 등 5개 고을에도 지원을 요청하는 한편, 원균이 이끄는 경상우수사의 수군과 연합하여 경상도로 출정하기로 했다. 이순신은 자신의 휘하 고을에 수군을 맡은 장수들에게 모두 4월 29일까지 전라좌수영 앞바다에 모인 후, 즉시 경상도로 출정하라는 지시를 내렸다.

이순신이 출정하기로 마음을 굳힌 다음 날인 4월 29일, 정오 무렵 원균이 보낸 회답 공문이 도착했다. 이 공문에서 원균은 이렇게 말했다.

적 왜선 500여 척이 부산과 김해와 양산, 명지도 등지에 정박하고, 해안가의 각 관포와 병영 및 수영을 거의 다 점령하였다. 경상우수사 소속 수군을 뽑아내어 적선을 추격하여 10척을 쳐부수었지만, 나날이 병마사를 끌어들인 적세는 더욱 성해져서 적은 많은데다 우리는 적기 때문에 적을 맞아 싸울 수 없어서 경상우수영도 이미 함락되었다. 전라좌수사 소속 군사와 전선을 남김없이 뽑아내어 당포 앞바다로 급히 나와야 하겠다.

원균의 공문을 받은 이순신은 자신의 부하 장수들로 전라좌수영 함대를 편성하여 출정할 준비를 갖추었다. 중위장에 방답첨사 이순신, 좌부장에 낙안군수 신호, 전부장에 흥양현감 배흥립, 중부장에 광양현감 어영담, 유군장에 발포가장영군관훈련원봉사 나대용, 우부장에 보성군수 김득광, 후부장에 녹도만호 정운, 좌척후장에 여도권관 김인영, 우척후장에 사도첨사 김완, 한후장에 영군관급제 최대성, 참퇴장에 영군관급제 배응록, 돌격장에 영군관 이언량 등을 배치하고, 원균에게 구하러 가겠다는 약속을 하였다.

이밖에 선봉장은 원균이 맡은 경상우수사 소속의 장수로 임명한다고 밝혔으며, 전라좌수영은 우후 이몽구를 유진장으로 임명하고 방답,

사도, 여도, 녹도, 발포 등의 5개 포구에는 용감한 사람을 임시 장수로 임명한 후 엄중히 훈계하여 보냈다.

준비가 대부분 갖추어지자 이순신은 "수군의 여러 장수들을 거느리고 4월 30일 새벽 네 시에 출정할 예정이며, 경상우도 남해현 미조항과 상주포, 곡포, 평산포 등 4개 진영이 이미 거듭 들어왔으므로 그 현령, 첨사, 만호 등은 오늘 군사와 병선을 정비하여 길 중간까지 나와서 대기하라."는 내용의 공문을 만들어 사람을 통해 보냈다.

전쟁을 앞둔 장수의 고뇌

그날의 감상을 이순신은 이렇게 적었다.

내 어리석은 생각으로는 오늘날 적의 세력이 이와 같이 왕성하여 우리를 업신여기는 것은 모두 해전으로써 막아 내지 못하고 적을 마음대로 상륙하게 하였기 때문이다.

그런데 경상도 연해안 고을에는 깊은 도랑과 높은 성으로 든든한 곳이 많은 데도, 성을 지키던 비겁한 군졸들이 소문만 듣고 간담이 떨려 모두 도망갈 생각만 품었기 때문에 적들이 포위하면 반드시 함락되어 온전한 성이라고는 하나도 없다.

지난 번 부산 및 동래의 연해안 여러 장수들만 하더라도 배들을 잘 정비하여 바다에 가득 진을 치고 엄습할 위세를 보이면서 정세를 보아

1부. 이순신, 역사의 전면에 등장하다

전선을 알맞게 병법대로 진퇴하여 적을 육지로 기어오르지 못하도록 했더라면 나라를 욕되게 한 환란이 반드시 이렇게까지는 되지 않았을 것이다.

생각이 이에 미치니 분함을 더 참을 수 없다. 이제 한 번 죽을 것을 기약하고 곧 범의 굴로 바로 두들겨 요망한 적을 소탕하여 나라의 수치를 만에 하나라도 씻으려 하는바, 성공하고 안하고, 잘되고 못되고는 내 미리 생각할 바가 아니리라. _〈난중일기〉 1592년 4월 29일자 기사

일기에서 이순신은 경상좌수사와 우수사 등의 장수들이 바다에서 왜의 수군의 함대를 공격하여 적을 조선 땅에 상륙하지 못하게 했더라면 전쟁의 피해가 이처럼 커지지도 않았을 것이고, 왜군의 세력이 왕성하여 조선을 업신여기는 것도 그들을 해전으로 막아 내지 못하고, 마음대로 조선에 상륙하도록 내버려 두었기 때문이라고 강도 높게 비판하며 탄식하고 있다.

이러한 생각을 가진 이순신이 과연 왜의 수군이 몰려오자 싸워 보지도 않고 귀중한 함대와 무기들을 몽땅 바다에 처넣고 도망가 버린 원균을 과연 좋게 볼 수 있었을지 의문이 든다. 어쩌면 원균을 미워하던 이순신의 태도는 바로 이 일로 인해 비롯되었던 것인지도 모른다. 훗날 이순신과 원균의 대립은 옥포해전 전에도 싹트고 있었던 셈이다.

이순신의 조일전쟁

이순신의 해전 :
옥포해전과 당포해전

(1) 첫 번째 해전, 옥포해전

어찌되었든 그렇게 해서 전라좌수영의 모든 수군 병력과 함대는 5월 1일, 전라좌수영 한산도 앞바다에 집결했다. 그러기에 앞서 이순신은 4월 30일, 낮 두 시경에 전날 쓴 일들을 모두 장계에 적어 조정에 올리는 것도 잊지 않았다.

5월 3일, 드디어 전라좌수영 함대는 출정 준비를 모두 끝냈다. 그런데 함께 오기로 약속을 한 원균의 함대가 끝내 오지를 않아 이순신은 실망했다. 이때 이순신은 "원균은 오지 않고, 왜적은 점점 한양 가까이다가가니 통분한 마음을 이길 수 없다. 만약 기회를 늦추다가는 후회해도 소용이 없다."라고 안타까운 마음을 일기에 털어 놓았다. 이 때문에 중위장 이순신(전라좌수사 이순신 본인과는 동명이인)을 불러, 내일 새벽에 출정할 것을 명령했다. 그런데 이날, 여도수군 황옥천이 왜적과 싸운다는 소리를 듣고 달아났다. 아마 겁이 났던 모양이다.

이순신이 가장 싫어하는 것은 자신이 맡은 임무를 버리고 도망치는 직무유기였다. 이순신은 장교와 병사들을 보내 탈영한 황옥천을 체포하도록 지시했다. 장교와 병사들은 황옥천을 찾아다니다가 어이없게도 그가 자기 집에 숨어 있음을 발견했다. 먼 데 가지는 못한 것으로 보아 황옥천은 집에서 자신의 가족들과 함께 살고 있었던 것 같다. 이순신은 끌려 온 황옥천을 참수하여 그 목을 군사들 앞에 높이 매달았다. 앞으로 달아나는 자가 있으면 황옥천처럼 된다는 경고였다.

서전을 승리로 장식하다

그리고 5월 4일, 먼동이 틀 무렵에 전라좌수영 함대는 출항했다. 전라좌수영 함대는 판옥선 24척과 협선 15척, 포작선 46척 등 85척으로 구성되어 있었다.

전라좌수영 함대는 곧바로 미조리의 미조항 앞바다에 이르렀고, 지금의 고성군 하일면 춘암리인 소비포에서 하루를 보낸 다음, 원균과 만나기로 한 당포 앞바다에 도착했다. 거기서 만난 원균이 거느린 함대는

이순신의 조일전쟁

판옥선 4척과 협선 2척 등 겨우 6척에 불과했다. 이렇게 부족한 병력으로 연합 함대를 이룬다는 말은 그저 공치사에 불과했다. 원균의 함대는 그저 곁다리에 불과했고, 사실은 이순신이 지휘하는 전라좌수영 함대의 독자적인 전력으로 왜의 수군과 상대했던 것이다.

원균의 함대와 만나 합류한 연합 함대는 송미포에서 하루를 보낸 다음, 5월 7일에 출항하여 옥포에 도착했다. 이때 척후 임무를 맡은 사도첨사 김완이 해안가에 상륙해 약탈을 일삼고 있던 왜군을 발견하여 본대에 알렸다.

김완이 발견한 왜군은 맹장 도도 다카토라가 지휘하던 수군이었다. 이들은 총 30척의 배에 타고 왔는데, 방어를 맡은 조선 수군이 보이지 않자 안심하고 해안가에 올라가 실컷 노략질을 하던 중이었다.

그러던 차에 갑자기 조선 수군이 나타났으니 왜군들은 겁을 먹고 제대로 싸우지도 못하고 도망가기에 바빴다. 하지만 그들을 놓아줄 이순신이 아니었다. 이순신은 달아나는 왜군을 쫓아 대포와 화살을 퍼붓고, 26척의 왜선을 모두 격침시켰다. 간신히 살아난 왜군은 모두 육지로 도망쳐 버렸다.

서전을 승리로 장식한 조선 연합 함대는 계속 인근 해안 지대에서 활동하고 있는 왜군을 찾아다녔다. 그리고 합포에서 5척의 왜선을, 적진포에서 11척의 왜선을 침몰시켰다. 전투를 마친 조선 연합 함대는 5월 9일, 한산도로 귀환했다.

이리하여 이순신의 연합 함대가 거둔 첫 번째 전투인 옥포해전은 조선 수군의 완벽한 승리로 끝났다. 이 사실이 이순신이 보낸 장계에 의해 조정에 알려지자 선조 이하 모든 대소신료들은 크게 기뻐하여 승리의 주역인 이순신에게 종 2품 가선대부의 품계를 하사했다.

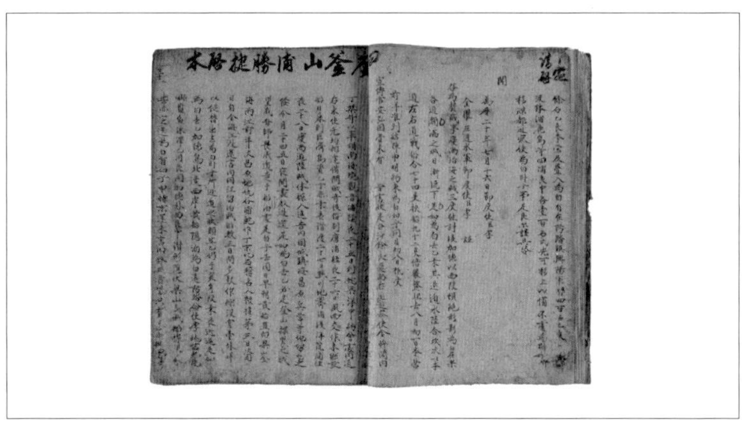

▲ 임진장초(© 현충사)
이순신이 조정에 장계(狀啓)한 글들을 다른 사람이 따로 옮겨 적은 것을 모은 책이다. 전쟁 당시 해전의 경과, 조선 수군과 일본군의 정세 등을 자세히 알 수 있는 소중한 사료이다.

(2) 두 번째 출정, 당포해전

첫 번째 출정을 승리로 이끈 이순신은 1592년 5월 29일, 다시 두 번째 출정에 나섰다. 원래 오기로 한 전라우수사 이억기가 바람과 파도가 거세어 오지 못하자 이순신은 어쩔 수 없이 전라좌수영만의 수군을 이끌고 전투에 임했다.

조선 수군은 새벽에 출항하여 곧장 노량진에 이르렀다. 원균은 미리 약속한 곳에서 이순신을 만나 상의했다. 원균에게 왜군이 있는 곳을 묻자 "그들은 지금 사천선창에 있다."라고 말했다.

원균이 가르쳐 준대로 함대를 이끌고 가보니 왜군들은 벌써 육지로 올라가서 산 위에 진형을 갖추고, 배는 그 산 아래에 줄지어 매어 놓고 완강하게 버티고 있었다. 하지만 이순신은 장수들을 독려하여 일제히 달려들며 화살을 비 퍼붓듯이 쏘고, 천자포, 지자포, 승자총통 등과 같은 각종 대포와 총통들을 벼락같이 발사했다. 조선 수군의 강력한 화력에 사상자가 속출하자 겁을 먹은 왜군들은 마침내 전의를 잃고 달아났다.

그러나 이날 전투에서 군관 나대용이 왜군이 쏜 탄환에 맞았고, 이순신도 왼쪽 어깨에 탄환을 맞았다. 그는 종일 전투를 독려하다가 전투가 끝나고서야 비로소 사람을 시켜 칼끝으로 탄환을 파내게 하니 군사들은 그때에야 그 사실을 알았다. 노량진 전투에서 이순신이 이끈 연합 함대는 왜선 13척을 공격하여 모두 불태워 버렸다.

드디어 투입된 거북선과 당포 해전

그리고 6월 2일, 조선 수군은 아침에 떠나 당포에 왜의 수군이 정박하고 있다는 사실을 첩보를 통해 알아내고 서둘러 출정했다. 당포 선창에 이르니, 적선 20여 척이 줄지어 머물러 있었다. 그중 큰 배 한 척은 조선 수군의 판옥선 크기 정도였는데, 아마 왜의 수군에서 지휘관

1부. 이순신, 역사의 전면에 등장하다

이 탑승하는 기함용 대형 선박인 '아다케부네'였던 것 같다. 대형 선박의 갑판 위에는 높이가 약 6m나 되는 다락이 있었고, 그 누각 위에는 왜장이 앉아서 지휘를 하고 있었다. 누각의 바깥은 붉은 비단휘장을 쳤고, 사면에 황黃자가 그려진 깃발을 세웠으며, 왜장 자신의 앞에는 붉은 해가리개日傘를 세운 차림이었다.

그 모습을 본 이순신은 적의 우두머리를 죽여 졸개들의 사기를 꺾어 버릴 생각으로 돌격장 이기남으로 하여금 거북선을 타고 왜군의 기함으로 돌진하게 하였다.

조일전쟁 때 활약한 조선 수군의 유명한 전함인 거북선은 이날 당포해전에서 비로소 처음 실전에 투입되었다. 거북선은 배 위에 판목을 깔아 거북 등처럼 만들고 그 위에는 군사가 겨우 통행할 수 있을 만큼 십자十字로 좁은 길을 내고 나머지는 모두 칼, 송곳 같은 것을 줄지어 꽂았다. 그리고 배 앞머리에는 용의 머리를 달았고, 용의 입으로는 대포를 쏘도록 하였으며, 배 뒤에는 거북의 꼬리를 만들어 꼬리 밑에 포를 쏠 수 있는 포문을 설치하였다. 좌우에도 포문이 각각 여섯 개가 있었는데, 군사는 모두 그 밑에 숨어 있도록 하였다.

이렇듯 거북선 사면으로 포를 쏠 수 있게 하였고 전후좌우로 이동하는 것이 나는 것처럼 빨랐다. 싸울 때에는 거적이나 풀로 덮어 송곳과 칼날이 드러나지 않게 하였는데, 적이 뛰어오르면 송곳과 칼에 찔리게 되고 덮쳐 포위하면 화포를 일제히 쏘았다. 그리하여 적선 속을 드나드는데도 아군은 손상을 입지 않은 채 가는 곳마다 바람에 쓸리듯

이순신의 조일전쟁

적선을 격파하였다.

거북선을 탄 이기남은 왜의 수군의 기함으로 돌진하여 용의 입으로 현자대포를 쏘고, 천자포와 지자포에 3m나 되는 큰 나무 화살인 대장군전을 발사하여 적선을 파괴해 버렸다. 그와 동시에 조선 수군의 여러 함선이 전진하여 대포와 화살을 쏘아 거북선을 엄호하였다. 그중 순천부사 권준은 과감하게도 적의 기함 안으로 들어가서 지휘를 하던 왜장에게 화살을 쏘아 맞혔다. 화살을 맞은 왜장이 비명을 지르며 바다로 떨어지자 척후장 군관인 진무성이 왜장을 건져 올려 머리를 베어 버렸다. 자기들의 대장이 죽는 것을 본 왜군들은 놀라 겁을 먹고 한꺼번에 흩어져 달아났다. 그러자 모든 조선 함대는 배를 가까이 몰고 접근하여 일제히 화살을 쏘아 대니 화살에 맞아 쓰러지는 왜군이 너무나 많아서 헤아릴 수가 없었다. 간신히 달아난 왜군을 제외한 거의 모든 왜군들은 모조리 살육당했다.

전투가 끝나고 얼마 뒤에 부산 방향에서 왜의 수군의 대형 선박 20척이 나타났지만 조선 수군을 보고 개도 방면으로 도망가 버렸다. 이순신은 추격하려 했지만 마침 해가 져 날이 어두워지는 바람에 일단 추격은 미루고, 창선도에서 군사들을 휴식하게 했다.

6월 3일 아침, 이순신은 왜의 선단이 달아났던 개도로 함대를 몰고 갔지만 이미 개도에서도 왜 선단은 도망치고 없었다. 그래서 일단은 개도에서 머물며 밤을 보냈다.

이억기와 합류한 당항포해전

6월 4일, 마침내 전라우수사 이억기가 우수영 소속 25척의 함대를 거느리고 합류하러 달려왔다. 이 모습을 보고 전라좌수영과 경상우수영의 병사들 중에서 기뻐서 날뛰지 않는 사람이 없었다고 한다. 전력이 한층 증강된 조선 연합 함대는 6월 5일, 당항포로 출정하였다.

당항포에 도착하자, 왜의 수군은 중형 선박인 세키부네 12척과 소형 선박인 고바야 20척으로 구성된 32척이었다. 그중 한 척은 판옥선과 같은 크기의 대형 선박인 아다케부네였다. 당포해전에서처럼 아다케부네의 갑판에 세워진 누각에는 왜장이 앉아서 지휘를 하고 있었다.

당항포해전도 당포해전과 같은 결과가 재현되었다. 조선 수군의 화살과 대포에 맞아죽은 왜군은 셀 수 없이 많았고, 왜장의 수급도 7개나 베었다. 간신히 살아남은 왜군들은 배를 버리고 육지로 기어 올라가 도망쳤다.

6월 7일, 율포로 향한 조선 수군은 5척의 왜선을 추격하였다. 그중 사도첨사 김완과 우후와 녹도만호 정운이 각각 적선 한 척씩을 나포하였다. 또, 36개의 왜군 머리를 베었다.

율포 해전까지 승리한 조선 연합 함대는 각자의 본영으로 귀환하였다. 그리고 휴식을 취하고 무기와 장비 및 식량을 점검하면서 시간을 보냈다.

04

한산대첩, 히데요시의 야망을 좌절시키다

(1) 왜군을 전멸시킨 학익진

7월 4일, 이순신에게 "경상도의 가덕과 거제 등지에 왜선이 혹 10여 척 또는 36척이 떼를 지어 출몰한다."는 첩보가 들어왔다. 정보를 입수한 이순신은 얼른 이억기와 원균에게 연락을 하고, 저녁에 각자의 함대를 거느리고 집결하기로 약속했다.

그리고 7월 5일, 이억기와 만난 이순신은 전라우수영과 좌수영의 연합 함대 48척을 여수 앞바다에 집결하게 하여 훈련을 함으로써 수군의 전투력을 더욱 높였다. 7월 6일, 출정한 연합 함대는 노량에서 원균의 함대 7척과 만나 합류하였다. 이로써 조선 연합 함대는 모두 55척으로 늘어났다. 조선 수군은 창신도에서 밤을 보내고, 7월 7일 당포에 이르렀는데, 피난을 갔던 목동인 김천손이 달려와 급한 정보를 제공했다.

"적의 큰 배와 중간 배와 작은 배를 합하여 70여 척이 오늘 낮 두 시쯤 영등포 앞바다에서 거제와 고성의 경계인 견내량에 이르러 머물고 있습니다."

이 말을 들은 이순신은 다음 날인 7월 8일, 황급히 견내량으로 연합 함대를 이끌고 향했다. 견내량에 진을 치고 있는 왜의 수군은 대형 선박인 아다케부네 36척과 중형 선박인 세키부네 24척, 소형 선박인 고바야 13척 등 모두 73척이었다. 당시 왜의 수군을 지휘하던 장군은 용인에서 조선군 5만 명을 패주시킨 맹장, 와키자카 야스하루였다.

그런데 견내량의 지형은 매우 좁고, 또 암초가 많아서 대형 선박인 판옥선을 주력으로 삼고 있는 조선 함대가 움직이기에는 불리했다. 그리고 왜군은 만약 형세가 불리하게 되면 기슭을 타고 뭍으로 올라갈 것이 분명했다. 그래서 이순신은 적을 넓은 한산도 바다 가운데로 유인하여 모조리 일망타진할 계획을 세웠다. 한산도는 사방으로 헤엄쳐 나갈 길이 없고, 적이 비록 뭍으로 오르더라도 틀림없이 굶어죽게 될 것이 분명했기 때문이다.

이순신은 판옥선 5~6척으로 먼저 나온 적을 뒤쫓아서 공격할 기세를 보이자 적선들이 일시에 돛을 올리고 쫓아 나왔다. 조선 수군은 모두 거짓으로 물러나면서 돌아 나오게 했다. 그러자 왜의 수군들도 조선 수군이 정말로 겁이 나서 도망치는 줄로 알고 따라 나왔다.

용인 전투의 승리로 인해 와키자카 야스하루는 조선군을 지나치게 깔보고 있었다. 조선군은 모두 형편없는 오합지졸에 겁쟁이라고 우습게 보았던 것이다. 그러니 조선군의 거짓 패주에도 속아서 선뜻 나오려 했던 것이 아니었을까?

하지만 기세가 오른 왜의 수군이 애써 쫓아간 곳에는 이순신이 펼친 '죽음의 아가리', 곧 학익진이 기다리고 있었다. 왜의 수군이 자신의 생각대로 함정에 뛰어들자 이순신은 곧바로 전 선단에게 뱃머리를 돌려 적을 포위하라는 명령을 내렸다.

그리고 일제히 지자대포, 현자대포, 승자총통 등 화약 무기들을 화산처럼 퍼부어 대었다. 그리고 배에 탄 조선 수군들은 화살과 불화살(화살에 화약통을 달고 불을 붙여, 적에 맞으면 화약이 폭발하는 화살)을 소나기처럼 집중적으로 쏘아 대었다. 순식간에 왜의 수군은 조선군이 퍼붓는 대포와 화살의 화망에 갇혀 미처 반격할 틈도 없이 얻어맞는 꼴이 되었다.

조선 수군의 포위망, 왜군을 죽음으로 몰아넣다

이날의 전투에서 순천부사 권준은 몸을 아끼지 않고 돌진하여 먼저 충각을 세운 왜의 수군의 아다케부네 한 척을 쳐부수고, 왜장을 비롯하여 10개의 수급을 베고 포로로 잡혀 있던 조선 백성 한 명을 구출했다.

광양현감 어영담도 먼저 돌진하여 아다케부네 한 척을 쳐부수고 왜장 한 명을 화살을 쏘아 맞혀서 이순신의 배로 끌고 왔다. 그런데 그 왜장은 이미 중상을 입어 말을 제대로 할 수 없는 상태였기 때문에 이순신은 왜장을 즉시 참수해 버렸다. 또 어영담은 다른 왜적을 비롯하여 머리 12개의 수급을 베고 조선 백성 한 명을 구출했다.

사도첨사 김완은 아다케부네 한 척을 쳐부수고, 왜장 한 명을 포함하여 16개의 수급을 베었고, 현양현감 배흥립도 아다케부네 한 척을 격침시키고 8개의 수급을 베었으며, 많은 적들을 익사시켰다.

방답첨사 이순신은 아다케부네 한 척을 쳐부수고 4개의 수급을 베었다. 그는 적을 사살하기에만 힘쓰고 머리를 베는 일에는 힘쓰지 않아서 왜선 두 척을 쫓아가 쳐부수어 일시에 불태웠다.

좌돌격장 이기남은 아다케부네 한 척을 쳐부수고 7개의 수급을 베었으며, 좌별도장 본영 군관 전 만호 윤사공과 가안책 등은 아다케부네 두 척을 격침시키고 6개의 수급을 베었다.

낙안군수 신호는 아다케부네 한 척을 쳐부수고 7개의 수급을 베었으며, 녹도만호 정운이 아다케부네 두 척을 총통으로 뚫자 여러 전함으로 협공하여 불태운 후 3개의 수급을 베고, 조선 백성 두 명을 구출했다.

여도권관 김인영은 아다케부네 한 척을 쳐부수고, 3개의 수급을 베었고, 발포만호 황정록은 여러 전선들과 함께 아다케부네 충각선 한 척을 불태우고, 2개의 수급을 베었다.

우별도장 전 만호 송응민은 2개의 수급을 베었고, 흥양통장 전 현감 최천보는 3개의 수급을, 참퇴장 전 첨사 이응화는 1개의 수급을, 우돌격장 급제 박이량은 1개의 수급을 베었다.

유군일령장 손윤문은 왜의 고바야 두 척에 총통을 쏘고 산 위에까지 추격하였으며, 오령장 전 봉사 최도전은 어린 소년 세 명을 구출했다.

그 나머지 왜의 수군 함대인 아다케부네 20척, 세키부네 17척, 고바야 5척 등은 조선 연합 함대의 여러 장수들이 힘을 모아 격침시키고 불태우니 화살을 맞고 물에 빠져 죽은 왜군은 그 수를 헤아릴 수가 없었다.

조선 수군의 맹렬한 포화 속에서 겨우 살아남은 400여 명의 왜군들은 한산도에서 배를 버리고 육지로 기어 올라갔다. 그 나머지 아다케부네 한 척, 세키부네 일곱 척, 고바야 여섯 척 등은 싸움이 벌어질 때 뒤처져 있다가 멀리서 조선 수군이 자기네 배를 불태우며 동료들의 목을 베어 죽이는 모습을 보고는 재빨리 도망쳐 버렸다.

이순신은 그들도 쫓아가 없애고 싶었지만, 하루 종일 싸운 탓에 모든 병사들이 지쳐 있는데다 날도 어두워져서 견내량 안에서 진을 치고 밤을 지냈다.

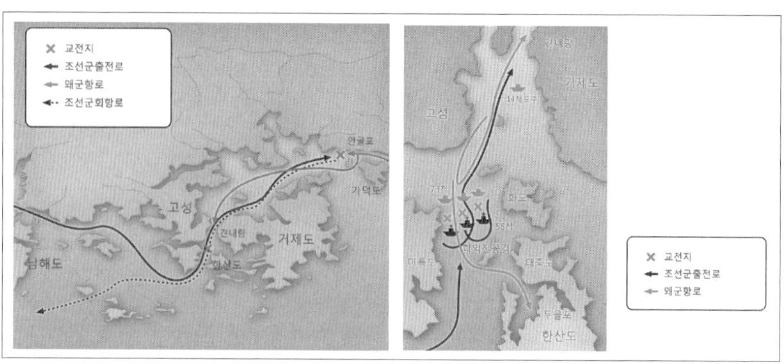

▲ 한산해전 해전도(ⓒ 행복한나무)

1592년 7월 8일 한산도 앞바다에서 조선 수군이 일본 수군을 크게 무찌른 한산해전의 해전도이다.

(2) 한산도에 이은 안골포 해전

하루 뒤인 7월 9일, 가덕으로 향하던 이순신에게 "안골포에 왜선 40여 척이 정박해 있다."는 탐망군의 보고를 받았다. 이순신은 즉시 안골포로 가려 했지만 보고를 받은 시점이 이미 날이 저물고 바람이 심하게 불어 항해가 어려운 상황이었기 때문에 일단은 거제도 온천도(지금의 칠천도)에서 밤을 지냈다.

그리고 다음 날인 10일, 이순신은 미리 이억기에게 "안골포 밖의 가덕 변두리에 진을 치고 있다가 우리가 만일 접전하면 복병을 남겨 두고 급히 달려오라."고 알렸으며, 원균은 자신의 뒤를 따르게 하고는 새벽녘에 서둘러 안골포로 향했다.

안골포에 이르러 선창을 바라보니 아다케부네 21척, 세키부네 15척, 고바야 6척 등 모두 42척으로 구성된 왜의 수군 함대가 머물고 있었다. 그중 삼층으로 방이 마련된 대형 선박 한 척과 이층으로 된 대형 선박 두 척이 포구에서 밖을 향하여 물 위에 떠 있었고, 나머지는 고기비늘처럼 줄지어 정박하고 있었다.

그런데 포구의 지세가 좁고 얕아서 조수가 물러나면 뭍이 드러날 것이고 대형 선박인 판옥선으로는 쉽게 드나들 수가 없으므로 이순신은 그들을 여러 번 유인해 내려고 하였다. 하지만 한산도의 소식을 들었는지, 왜의 수군은 험한 곳에 배를 매어둔 채 나오지 않았다.

그래서 할 수 없이 이순신은 여러 장수들에게 명령하여 서로 교대로 드나들면서 천자, 지자, 현자총통과 여러 총통뿐만 아니라 장전과 편전 등을 빗발 같이 쏘아 맞히고 있을 적에, 전라우수사 이익기가 장수를 정하여 복병시켜 둔 뒤 급히 달려 와서 협공하므로 군세가 더욱 강해져서 삼층방 대선과 이층방 대선을 타고 있던 왜군들은 거의 다 죽거나 다쳤다.

그런데 왜군들은 사상자들을 모두 끌어내어 고바야로 실어 내고, 다른 배의 왜적들을 작은 배에 옮겨 실어 충각이 달린 대형 선박으로 모여들였다.

이렇게 하루 종일 왜의 수군의 배들을 거의 다 깨부수자 살아남은 왜군들은 모두 뭍으로 올라갔는데, 뭍으로 간 왜적들을 모두 사로잡지는 못했다.

그곳에는 전쟁을 피해 산골로 피난 간 사람들이 무척 많은데, 그 배들을 모조리 불태워 궁지에 몰린 도적이 되게 한다면 잠복해 있는 백성들이 오히려 왜군에게 보복을 당할 것 같아 이순신은 그쯤에서 공격을 멈추고 1리 밖으로 물러나 밤을 보냈다.

한산도대첩이 가져온 성과

11일 새벽, 이순신은 다시 돌아와 포위를 했지만, 이미 왜군들은 허둥지둥 당황하여 닻줄을 끊고 밤을 틈타 도망간 뒤였다. 그래서 이순신은 전일 싸움하던 곳을 탐색해 보았는데, 죽은 왜군의 시신이 하도 많아 12군데에 모아 놓고 불태웠다. 거의 타다 남은 뼈다귀와 손발들이 흩어져 있고, 그 포구 안팎에는 흘린 피가 땅바닥에 가득하여 곳곳이 붉은 빛인 것으로 보아도 알 수 있듯이 왜군들의 사상자가 매우 많았다.

낮 열 시쯤 양산강과 김해포구 및 감동포구를 모두 수색하였지만 왜군은 그림자도 보이지 않았다.

그래서 가덕 바깥에서부터 동래 몰운대에 이르기까지 배를 늘여 세워 진을 치게 하고 군대의 위세를 엄하게 보이게 한 다음, "적의 많고 적음을 탐망해서 보고하라."고 지시하고는 가덕도 응봉과 김해의 금단곶 연대 등지로 탐망군을 정하여 보내었다.

밤 여덟 시 쯤에 탐망군인 경상우수영 수군 허수광이 와서 보고했다.

"연대에서 탐망할려고 올라갈 때, 산봉우리 아래 작은 암자에 한

늙은 중이 있기에 같이 연대로 올라가서 양산과 김해의 두 강의 으슥한 곳과 그 두 고을 쪽을 바라보니, 적선이 나뉘어 정박해 있는 수는 거의 100여 척쯤 되는데, 그 늙은 중에게 적선의 동정을 물었더니, 대답하는 말이 '날마다 50여 척이 떼를 지어 드나들며, 11일 본토에서 그 강으로 들어왔다가 어제 안골포 접전 때 포 쏘는 소리를 듣고는 간밤에 거의 다 도망가고 100여 척이 남아 있는 것이다.'라고 하였습니다."

왜군들은 조선 수군이 두려워서 모두 도망쳐 버렸던 모양이다. 이순신은 더 이상 적을 찾을 수 없게 되자 해가 저물 즈음 천성보로 나아가 잠깐 머물면서 왜군에게 조선 수군이 오랫동안 있을 것이라 생각하게 한 다음, 밤을 이용하여 군사들을 철수시켰다.

7월 13일, 이순신은 연합 함대를 해산하고 본영으로 귀환했다. 그리고 조정에 자신이 거둔 승전의 내용을 낱낱이 적은 장계를 올렸다. 장계를 받은 선조와 조정의 대소신료들은 크게 기뻐하며, 이순신에게 정2품인 정헌대부를, 이억기와 원균에게는 종 2품인 가의대부의 품계를 내렸다.

이것이 조일전쟁 사상 3대첩으로 불리는 한산도대첩의 전말이다. 훗날 왜 진영에서 흘러나온 정보에 의하면 한산도와 안골포에서 죽어간 왜군의 숫자가 모두 9,000명에 달한다고 하였다.

20세기 중엽 일본에서 출판된 ≪근세 일본국민사≫라는 책에서는 히데요시가 꿈꾼 조선 정복의 야망이 이 한산도 대첩으로 인해 사형선

063

고를 받았다고 표현했다. 히데요시가 애초에 계획했던 수륙병진계획, 즉 함대에 왜군을 태우고 서해로 진격하여 조선의 내륙을 장악하고 조선을 손에 넣은 후에 명나라로 대군을 상륙시키려 했던 방책이 이 한산도대첩으로 인해 완전히 좌절되고 말았던 것이다.

1592년 9월 1일, 이순신은 왜군의 조선 침략 본거지가 된 부산으로 연합 함대를 이끌고 출정했다. 이날 전투에서 이순신은 약 100여 척의 왜의 수군 전함을 격침시켰으며, 헤아릴 수 없이 많은 왜군들을 죽였다. 전투의 양상은 매우 격렬하여 녹도만호 정운이 적이 쏜 포탄에 맞아 전사했다. 이순신은 그가 평소에 전투에만 열심이고, 적의 수급을 챙기는 데 급급하지 않았던 훌륭한 장군이라면서 아쉬움을 토로했다.

이로써 조일전쟁 초기, 이순신이 이끈 조선 연합 함대는 눈부신 연승 행진의 금자탑을 쌓았다. 조선 수군이 일패도지와 고전을 면치 못하고 있을 때, 바다에서는 정반대로 일본 수군이 조선 수군을 두려워하며 얻어맞고 있었던 것이다. 참으로 극명하게 대조되는 일이었다.

05

조선 수군의 우수한 전함, 해전의 승리를 가져오다

(1) 판옥선과 거북선

이제까지 설명한 대로 조선 수군은 일본 수군을 상대로 한 전투에서 언제나 승리를 거두었다. 그렇다면 그 이유는 무엇일까? 물론 이순신이라는 뛰어난 지휘관의 존재도 빼놓을 수 없다. 그러나 가장 중요한 것은 조선 수군이 가진 하드웨어적인 요소였다. 아무리 천재적인 지휘관이라고 해도 기초적인 요소가 부실하면 힘을 제대로 쓸 수 없기 때문이다.

조선 수군의 주력함인 판옥선

먼저 조선 수군의 근간을 이룬 함대에 대해서 알아보자. 조일전쟁 동안 조선 수군의 주력함은 판옥선이었다. 판옥선은 그 크기나 규격이 일본의 아다케부네와 비슷한 대형 선박이었다. 판옥선은 구조가 2층으로 이루어진 배였는데, 노를 젓는 격꾼들과 전투에 임하는 전투원들이 서로 분리되어 지내는 형태였다. 이렇게 되면 전투가 벌어져도 격꾼들은 싸움에 휘말리지 않고 안전하게 노를 젓는 일에 몰두할 수 있었다.

또 판옥선은 세키부네나 고바야 같은 대부분의 일본 선박들보다 배의 높이가 높았다. 그래서 전투가 벌어지면 세키부네나 고바야에 타고 있던 왜군들은 서둘러 판옥선의 갑판 위로 기어 올라가려 했지만, 그때마다 판옥선에 타고 있던 조선 수군들은 높은 곳에서 활과 총통을 쏘아 대며 적의 공격을 잘 막아 내었다.

판옥선은 한국산 소나무로 제조되었는데, 외부 표면의 두께가 12cm나 되어, 매우 단단했다. 배의 좌우 갑판에 설치하는 방패는 소나무보다 더 두꺼운 전나무로 만들어졌다. 이렇게 철옹성 같은 판옥선은 일본군이 쓰는 조총의 탄환이 좀처럼 뚫을 수 없었고, 조선 수군들은 놀랄 만큼 안전하게 보호를 받으면서 전투에 임할 수 있었다.

그리고 판옥선은 배의 밑바닥이 넓고 편평해서 방향을 바꾸기가 쉬웠고, 대포를 발사할 때의 흔들림을 선체가 잘 흡수할 수 있어서 일본 선박들보다 더 많은 대포를 싣고 다닐 수 있었다.

판옥선에 실린 다양한 화포들

판옥선의 가장 큰 장점은 바로 막강한 원거리 화력이다. 판옥선은 많은 화포로 무장하고 있으며, 그 포의 구경도 일본의 화포(30mm)보다 월등히 커서 천자총통天字銃筒의 경우 130mm, 지자총통地字銃筒 100mm, 현자총통玄字銃筒 75mm, 황자총통黃字銃筒은 40mm에 달했다.

천자총통은 조선의 대표적인 대형 화포였으며, 중량이 무거워 자체 이동은 불가능하고 따로 동차銅車에 탑재하여 사용하였다. 포의 재질은 구리이며, 길이는 2m이고 전체 무게는 725kg에 이르렀다. 철제 포탄을 발사할 경우 최대 사정거리는 1500보(약 1.4km)나 되었으며 작은 알갱이 같은 산탄들을 한꺼번에 200개나 발사할 수 있었다.

지자총통은 천자총통보다는 작았지만 역시 대형 화포였으며 포의 전체 길이는 90cm였고, 철제 포탄을 발사할 경우 최대 사정거리는 900보(약 1km)였다. 이 또한 천자총통처럼 100개의 산탄을 쏠 수 있었다.

현자총통의 사정거리는 800보(약 700m)였으며, 소형 화포인 황자총통은 400보(약 300m)였다. 모두 일본군의 주력 무기인 조총과는 비교가 안 될 만큼 멀리 나가고 더 강력했던 것이다.

가까운 거리에서 접전을 할 때에는 개인용 화기火機인 승자총통勝字銃筒를 사용하였다. 승자총통은 선조 8년(1575년)에서 11년 사이에 전라좌수사와 경상병사를 역임했던 김지가 1575년에 개발한 무기이다. 이 승자총통은 1583년 신립이 여진족인 니탕개의 난을 진압했을 당시와

1588년 여진족 시전부락 토벌 당시에 큰 위력을 발휘했다. 무게가 가벼워 병사가 들고 자유롭게 이동할 수 있고, 최대 사정거리는 200m가 넘는 장거리 무기였다.

100개의 불화살을 한꺼번에 발사하는 화약 무기인 신기전神機箭은 명량해전 이후 해전에서 사용되었는데, 최대 1km의 사정거리를 지녔으며 유효 사정거리는 200m 이내였다. 여기서 말하는 불화살火箭은 흔히 생각하는 화살촉에 불만 붙인 화살이 아니라 화살 끝에 작은 화약통이 달려 있어 적에게 닿으면 폭발하는 무기다.

길이가 3m에 이르는 거대한 목제 화살인 대장군전大將軍箭은 천자총통이나 지자총통 같은 대포에 넣고 화약의 힘으로 발사했는데, 최대 사정거리가 600m에 달했다. 일본 측의 기사에 따르면 이 대장군전을 맞은 일본 배의 갑판과 방패는 모두 파괴되었다고 한다. 이렇게 조선 수군이 보유한 각종 화약 무기로 공격을 받은 일본 전함은 크게 부서지거나 불에 타 침몰되었다.

조선 수군의 돌격함인 거북선

물론 판옥선도 사람이 만든 것인 만큼 당연히 약점도 가지고 있다. 그것은 안정성과 견고성에서는 탁월하지만 속도가 느리다는 것이다. 이러한 단점을 보완하기 위해 나온 것이 바로 거북선龜船이다.

거북선은 태종 때 처음 만들어졌다고 하지만 실전에서 본격적으로 사용된 시기는 조일전쟁 무렵이다. 거북선은 이순신의 부관인 나대용이 만들었는데, 옛 기록을 참고하여 제작한 것으로 여겨진다.

거북선의 가장 큰 장점은 빠른 기동성에 있었다. 거북선의 노는 양쪽에 8개씩 도합 16척이 있었으며, 80명의 노꾼이 담당하였고, 각 노에는 1명의 조장組長과 4명의 노꾼이 배속되어 있었다. 평상시에는 노 하나에 노군 2명씩 교대로 노를 저었으며, 전투 시에는 노 양쪽에 2명씩 4명 전원이 전력을 다하여 노를 저었다. 조장은 전투 상황에 따라 전후좌우로 노 젓는 방법을 수시로 바꿀 수 있었으며, 격렬한 전투 중에도 전진前進과 후진後進, 선회旋回와 정지停止, 가속加速과 감속減速이 자유자재로 조절될 수 있어 전투 중 기동성이 더욱 뛰어났다.

또한 거북선의 노櫓는 선체 안쪽으로 배치되어 있어 배가 적선과 부딪쳤을 때도 계속 노를 저을 수 있었다(선체 밖으로 노가 나와 있으면 적선과 충돌 시에 노가 부러져 사용할 수 없다).

배의 앞에 달린 용머리는 입을 통해 대포를 쏘았다. 배 후미의 거북꼬리 부분에도 총구가 달려 있어 유사시 사격을 할 수 있었다. 배의 좌우에는 각각 6개의 대포 구멍을 냈다. 전후좌우 사방에 자유자재로 포격을 가하며 신속하게 움직여 적진 속으로 들어가 적의 전열을 유린하는 것이 거북선이 가진 본래의 역할이었다. 영국의 해군 제독인 조지 알렉산더 발라드는 이러한 거북선의 탁월한 성능을 20세 초기의 혁신적인 전함 '드레드노트(Dreadnought)'에 비유하며 극찬했다.

조선 수군은 판옥선과 거북선 외에 협선이라는 소형선을 운용했는데, 이 선박은 전투보다는 연락용이나 적의 동태를 살피는 척후선으로 더 많이 사용되었다. 그 밖에 뱃전에 칼과 창을 빽빽이 꽂은 창선槍船이라는 군함도 있었지만, 조일전쟁 이후인 1599년에 등장한 것이므로 여기서 자세히 언급하지는 않겠다.

판옥선과 거북선을 앞세운 조선 수군의 전술

조선 수군의 두 핵심 축은 판옥선과 거북선인데, 판옥선이 주 전력이었고 거북선은 보조 전력이었다.

조일전쟁 동안 조선 수군이 즐겨 사용했던 전술은 이러했다. 먼저 재빠른 기동성을 갖춘 거북선이 적진으로 돌입하여 전열을 유린하고 적 함대를 붙잡아 두는 동안, 상대적으로 속도가 느린 판옥선이 다가와 각종 화포와 대장군전과 불화살 같은 원거리 무기들을 집중 포격하여 적에게 치명타를 가하는 것이다.

이순신은 당포해전을 치르면서 이러한 전술을 처음 도입했는데, 해전을 치른 후에 조정에 보낸 장계인 당포파왜병장唐浦破倭兵狀에서 이렇게 설명하고 있다.

"먼저 거북선으로 하여금 층루선 밑을 '곧바로 들이받게 하고', 용의 입으로는 현자포 철탄을 쏘고, 또 천자와 지자 대포로 대장군전을 쏘아서 그 배를 깨뜨리게 했습니다. 그리고 뒤쪽에 있던 판옥선들은 포

이순신의 조일전쟁

탄과 화살들을 교대로 쏘아 댔습니다."

　여기서 이순신이 언급한 '곧바로 들이받게 하고直衝'는 정말로 거북선을 왜의 수군의 전함과 충돌시킨다는 뜻이 아니라 가까이 다가가서 포격을 한다는 말이다.

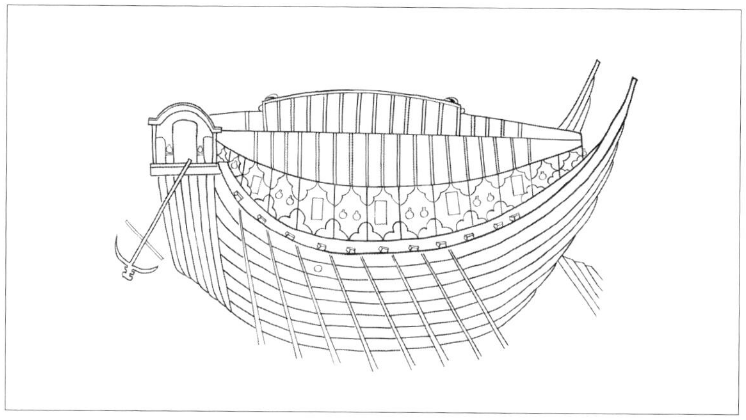

▲ 귀선도(ⓒ 현충사)
조일전쟁 당시 거북선의 구조를 엿볼 수 있는 기록은 이순신이 2차 해전에 대한 승첩 장계를 올릴 때 묘사한 것과 조카 이분이 쓴 《행록》이다. 이 귀선도는 충무공 종가에 전해 내려오는 거북선 그림으로, 덮개 위에 장대(將臺)를 설치한 것과 머리와 꼬리가 표범 모양인 것이 이채롭다.

　우수한 함선과 강력한 화력의 무기, 거기에 불세출의 천재적인 지휘관까지 겸비한 조선 수군은 찬란한 불패의 신화를 이룩할 수 있었다.

일본 수군의 열악한 전함, 해전의 패배를 안겨주다

(1) 의외로 열악했던 일본의 수군

이에 반해 일본 수군은 어땠을까? 조선 수군에 비하면 일본 수군은 매우 열악하기 그지 없었다.

지금 우리의 눈으로는 믿을 수 없겠지만, 역사적으로 일본은 근대 이전까지 해운이 그다지 발달했던 나라가 아니었다. 삼국 시대에도 중국으로 가기 위해 신라의 뱃길을 빌려야 했고, 여몽 연합군이 일본을 공격했을 때도 일본의 전함들은 매우 작은 소형선들이어서 연합군이 보유한 대형 선박과의 접전에서 맥없이 침몰되기 일쑤였다. 고려 말 최무선의 진포 해전에서도 왜구의 함대는 고려 함대에 의해 전멸되었던 점을 기억하라.

또 14세기 중엽 남북조 시대와 15세기 중엽의 오닌의 난 이후 일본 국내에서 벌어진 내전은 거의 대부분 육전이었으며 해전은 매우 드물었다. 16세기 말 전국 시대에 일본에 살고 있던 중국인 의원 허의후가 명나라에 보내는 편지에서 "일본인들은 육전에는 뛰어나지만, 해전에는 졸렬하다."라고 적었던 것은 바로 이 때문이었다.

조일전쟁 당시에도 이러한 사정은 크게 달라지지 않았다. 전쟁에 동원된 일본 수군의 최대 목적은 아군을 조선 땅에 실어 나르는 상륙이었고, 조선 수군과의 전투는 부차적인 것이었다. 히데요시나 일본 수군의 지휘관들은 조선 수군은 아예 안중에도 없었다. 조선 수군에 대해서 잘 몰랐던 것일까, 아니면 지나치게 얕잡아 보았던 것일까? 아마도 전자일 것이다.

일본 수군의 주력함인 세키부네

상륙을 주 임무로 하는 전략적 목표 이외에도 일본 수군의 장비나 상태 또한 그다지 좋지 못했다. 조일전쟁 무렵, 일본 수군의 주력은 중형 함선인 세키부네였다. 세키부네는 70명까지 탑승할 수 있었고, 배의 밑바닥이 영어 알파벳의 V자처럼 된 협저선으로, 물살을 잘 갈라 항해 속도가 매우 빨랐다. 진격할 때나 후퇴할 때나 신속하게 움직일 수 있어서 과거 왜구들이 자주 타고 다니던 배였다. 재빨리 이동하여 전투원을 상륙시킨 다음, 노획물을 가지고 빨리 달아나는 데 매우 유리했기 때문이었다.

그러나 세키부네는 많은 결함이 있었다. 우선 세키부네는 속력을 내기 위해 배의 무게를 최대한 가볍게 해야 했다. 따라서 배에 많은 장비를 싣지 못했다. 대부분의 세키부네에는 대포가 실리지 않았으며, 싣더라도 고작 1문 정도였고, 그나마 잘 사용하지도 않았다. 해전에서 세키부네는 적함에 신속히 접근하여 병사들을 적의 배로 올려 보내는 방식으로 동원되었다. 물론 세키부네에도 전투원들을 보호하는 장비가 아예 없었던 것은 아니었다. 대나무를 엮어서 만든 방패가 배의 측면에 달리기는 했지만, 그 정도로는 조선 수군의 대포 공격을 막아 낼 수 없었다.

또 선체가 협저선이다 보니 직진할 때는 가속을 받아 매우 빨랐지만, 배의 방향 전환을 할 경우에는 물의 저항을 많이 받아 불편했다. 조선 수군의 판옥선이 방향 전환을 쉽게 할 수 있던 것과는 대조적이다.

세키부네보다 더 작은 소형 전함이었던 고바야小早는 탑승 인원이 30명이었으며, 전투보다는 연락용이나 적의 경계를 살피는 척후용으로 이용되었다. 그나마 세키부네에 설치하던 방패도 고바야에는 설치되지 않아 적의 공격이 퍼부어졌을 때, 승무원들을 보호해줄 방어구는 거의 없는 것이나 다름없었다.

일본 수군의 대형 전함, 아다케부네와 니혼마루

물론 일본 수군에 이러한 중·소형 전함들만 있었던 것은 아니다. 조선의 판옥선과 거의 동등한 크기인 아다케부네安宅船나 그보다 더욱 큰 대형 전함인 니혼마루日本丸도 존재했다.

아다케부네는 140명의 인원이 탑승할 수 있었으며, 평균적인 선체의 길이는 약 28m에 달했다. 아다케부네도 판옥선과 마찬가지로 2층 구조의 전함이었고, 갑판 아래는 노를 젓는 격꾼들이 위치했으며, 위에는 조총과 일본도로 무장한 전투원들이 탑승했다. 그때그때의 상황에 따라 달라졌지만 전투원의 수는 대개 60명가량이었으며, 격꾼들은 80명 정도였다.

하지만 아다케부네에는 판옥선과는 달리 대포 등이 설치되어 있지 않아 조선 수군과의 대결에서 불리했다. 간혹 대포를 1~3문 정도 탑재하기는 했지만 거의 사용하지 않았다. 세키부네와 마찬가지로 아다케부네에 탑승한 수병들은 적선을 향해 등선육박전술을 구사했으며, 배에서 조총의 일제 사격으로 그들을 엄호하며 싸웠다.

더욱이 판옥선과 아다케부네에는 결정적인 차이점이 하나 더 있었다. 판옥선은 조선 수군의 주력함이자 전투함으로 사용되었지만 아다케부네는 주로 지휘관이 탑승하는 기함의 용도로만 사용되었으며, 순수한 전투함으로 사용되는 경우는 드물었다.

니혼마루는 원래 도요토미 히데요시가 조선에 갈 경우를 대비해서 만들어진 대형 전함으로, 선체의 길이가 35m에 달하고 갑판 위에 성의

1부. 이순신, 역사의 전면에 등장하다

모습을 본뜬 높은 누각이 설치되었으며, 수백 명이 탑승할 수 있을 정도로 거대한 규모를 자랑했다. 선체의 곳곳에는 불에 잘 타지 않는 비단을 마치 상여에 쓰는 끈처럼 늘어뜨렸고, 현에 매단 굵은 밧줄 끝에 오리목이나 나무 그루터기 모습을 한 세공품을 매달아 놓아 적의 공격에 대비했다.

이 니혼마루는 안골포 해전에서 구키 요시타카와 가토 요시아키가 탑승한 기함으로, 이순신이 이끄는 조선 수군과 결전을 벌였다. 그 당시 조선 함대는 니혼마루를 향해 온갖 포탄과 대장군전과 화살을 소나기처럼 퍼부어 댔지만, 니혼마루에 매달린 불연성의 비단들이 방화재 역할을 하였고, 돛대가 부러지고 배의 측면에 큰 구멍이 뚫리면서도 끝내 가라앉지 않았다고 한다.

그러나 아다케부네와 마찬가지로 니혼마루 역시 지휘관이 탑승하는 기함의 용도로 주로 사용되었으며, 판옥선처럼 수군의 주력함으로는 사용되지 못했다. 노량해전과 같은 대규모 해전에 투입된 니혼마루의 수도 10척에 불과했다. 더욱이 니혼마루의 경우는 육중한 중량 때문에 배의 속도가 매우 느렸으며, 그 둔중함으로 인해 안골포 해전에서처럼 적의 집중 공격 목표가 되기에 안성맞춤이었다. 그리고 일본 수군의 고질적인 문제인 화포를 장착하지 않은 것은 니혼마루 역시 마찬가지였다.

급조되어 부실했던 일본 전함의 약점들

이밖에도 일본의 배들은 건조 방식에서 몇 가지 치명적인 결함을 안고 있었다. 히데요시는 1591년 3월 9일, 일본 전국의 영주들을 오사카에 모아 놓고 조선 침공을 공식적으로 결의했다.

그로부터 약 1년 후인 1592년 3월 1일, 조선 원정군이 일본 본토로부터 출정했으므로 일본 전국의 목수와 조선공들은 불과 1년 안에 무려 1,000척이 넘는 대선단을 만들어 내야 했다. 빠른 시일 내에 많은 배를 만들어야 했으므로 어쩔 수 없이 나무의 재질이 부드러워 가공하기 쉬운 삼나무를 쓸 수밖에 없었다.

그나마 이조차도 제대로 하지 못해 기존에 쓰고 있던 배를 대충 고쳐서 새로 만든 배라고 속여 할당량을 채우는 일본의 지방 영주들도 많았다. 한마디로 조일전쟁 당시 일본 전함들 중 많은 수는 시간에 쫓겨 만든 부실의 산물이었던 셈이다. 이렇게 만들어진 일본의 전함들은 내구성과 재질이 매우 약해서 조선 수군이 발사하는 대형 총통의 포격을 당하면 쉽게 큰 구멍이 뚫리는 피해를 입었다.

또 일본의 배들은 조선처럼 나무못을 쓰지 않고 쇠못을 써서 만든다. 쇠못을 쓰면 처음에는 목재와 목재 사이를 결합한 강도가 강하지만, 시간이 지나면 바다의 소금기에 노출되어 쇠가 녹이 슬면서 목재 사이들을 결합한 강도가 약해진다.

이러한 선박 제조의 결함과 전투 방식의 낙후성으로 인해 일본의 수군들은 전쟁 기간 내내 조선 수군에 고전했으며, 급기야 한산도 대첩에서 70여 척이나 되는 함대의 대부분을 격침당하자 히데요시는 조선 수군과 일체의 전투를 벌이지 말고 만약 조선 수군을 만나면 그냥 도망가라는 비상 명령을 내릴 정도였다.

이러한 일본 수군의 부실한 약점으로 인해 조선 수군은 남해와 서해의 제해권을 장악하여 일본군의 보급로를 차단하고 히데요시가 애초에 계획했던 수륙병진전략을 완전히 좌절시키기에 이르렀다. 7년 동안의 피의 전쟁을 결국 승리로 이끌 수 있었던 가장 큰 요인은 이순신이 이끄는 조선 수군의 분투였다.

이순신이 역사의 전면에 등장한 후,

이순신이 싸운 조일전쟁은 어떻게 흘러갈까요?

2부 조일전쟁의 재구성

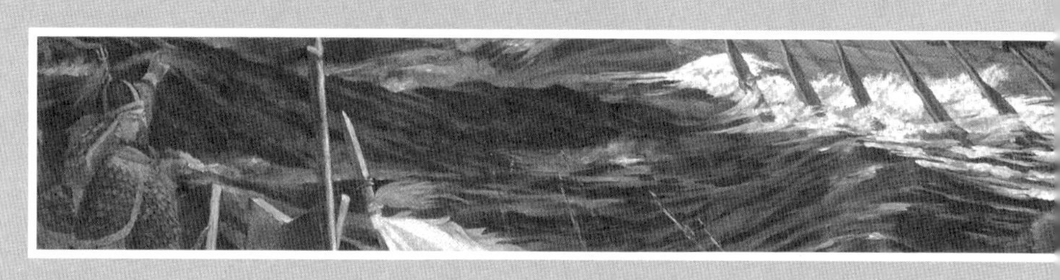

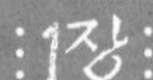

1장

조선의 의병들,
진주대첩과 행주대첩

홍의장군 곽재우,
최초의 항일 의병을
일으키다

이순신을 필두로 한 조선 함대의 눈부신 승전에 버금가는 전승의 주역들은 단연 의병들이다. 빈약한 장비와 부족한 훈련에도 불구하고 오직 자신의 가족과 고향을 지키겠다는 일념하에 강대한 일본군에 맞서 과감히 분투를 벌였던 의병들은 적을 맞아 달아났던 왕실과 조정 대신들에 비하면 살아 있는 영웅이라 할 만하다.

최초의 항일 의병을 일으킨 장본인은 경상도 의령 출신의 곽재우였다. 그는 퇴계 이황과 더불어 조선 중기의 대학자인 남명 조식의 제자이자 사위였다. 곽재우는 젊어서 과거를 보아 급제하였지만 답안지에 조정의 부패를 꼬집는 내용을 적어 낙방하고 말았다. 이후, 그는 과거를 포기하고 오랫동안 말타기와 활쏘기를 연마하며 친구들과 어울리는 한량 생활을 하였다.

1592년 4월 13일, 고니시 유키나가가 이끄는 일본군 제 1군 1만 8,700명이 부산포에 상륙해 조일전쟁이 시작되자 그는 집안에 있던 재산을 모두 털어 평소에 친분이 있던 용감한 장사들과 친구들을 설득하여 약 1,000명 규모의 의병을 조직했다. 전쟁이 시작된 지 11일 후인 4월 24일의 일이었다.

곽재우의 집안은 매우 부유했지만 재산을 모두 털어도 의병들을 먹이고 입히기에는 부족했다. 그래서 곽재우는 의병을 일으키자마자 가장 먼저 초계草溪의 빈 성으로 들어가 무기와 군량을 가져왔다. 이러한 그의 행동이 합천 군수 전현룡에게 도적으로 의심을 받아 고초를 겪기도 했지만 도사 김영남과 초유사 김성일이 그를 직접 만나보고 의심을 풀어 큰 탈 없이 끝났다.

곽재우를 만난 김성일은 그에 대해서 "성정이 매우 급하고 과격하여 돌격 대장으로 적합하다."라고 평가했는데, 그에 걸맞은 일이 발생했다. 경상감사 김수는 전쟁이 터지자 싸워보지도 않고 달아났는데, 이에 곽재우는 매우 분개하여 김수의 10가지 죄를 적은 격문을 경상도 내의 여러 장령들에게 보내어 김수의 머리를 베어 선조가 피난해 있는 행재소에 보내야 한다고 선동했을 정도였다.

경상감사를 꾸짖은 곽재우

〈선조수정실록〉에 따르면 곽재우가 지은 격문에는 이러한 무시무시한 내용이 적혀 있었다.

"네(김수)가 하늘과 땅 사이에서 숨을 쉬고 있지만 실제로는 머리가 없는 시체와 같다. 네가 조금이라도 신하된 자로서의 의리를 안다면 너의 군관으로 하여금 너의 머리를 베게 하여 천하 후세에 사죄해야 마땅하다. 만일 그렇게 하지 않으면 내가 장차 너의 머리를 베어 하늘과 사람의 분노를 씻겠다. 너는 그것을 알라."

자신을 죽이겠다는 내용의 격문을 읽은 김수는 크게 노하여 휘하의 수령들을 시켜 곽재우가 일개 백성의 신분으로 감히 감사를 죽이라는 협박을 했으니 역적이나 다름없다는 격문을 지어 돌리게 했으며, 초유사 김성일에게 이 사실을 알려 곽재우를 옥에 가두어야 한다는 내용의 편지를 보냈다.

그러나 김성일은 김수의 부탁을 거부하고 선조에게 장계를 올려 곽재우가 자발적인 충성심에서 자신의 재산을 털어 의병을 일으킨 정황을 보고했다.

그는 장계에서 이렇게 곽재우를 변호했다.

"곽재우가 일개 백성의 신분으로 감사의 죄를 성토하여 그를 죽이

2부. 조일전쟁의 재구성

라는 격문을 돌린 일은 아무리 스스로 국가를 위하여 했다고 해도 질
서를 어지럽힌 백성의 행위에 해당되니 즉시 처형하는 것이 마땅합니
다. 그러나 생각건대 곽재우는 온 나라가 함몰된 때를 당하여 홀로 외
로이 군사를 일으켜 적을 무찔렀으므로 도내의 쇠약한 백성들이 그를
방패나 성처럼 든든하게 믿고 있습니다.

그런데 지금 말실수를 하였다는 이유로 즉시 처형한다면 남은 성을
보존하여 적을 막을 계책이 없을 뿐더러 군사와 백성들도 필시 일시에
무너지고 흩어져 버릴 것입니다.

그래서 신이 미봉책으로 재삼 경계시키고 타일러 이미 순종하였는
데, 이 일 때문에 순찰사에게 죄를 얻게 된다면 서로 용납하기 어려울
듯하여 신이 또 김수에게 편지를 보내어 그로 하여금 잘 대우하게 하
였으니 염려할 만한 변고는 없을 듯합니다.”

마침 선조도 김수가 곽재우를 역적이라고 욕한 장계를 보고 어떻게
해야 할지 몰라 난처하게 여기고 있던 차였다. 그런데 김성일의 장계를
보고는 미심쩍은 의심이 풀려 즉시 김수를 소환함으로써 이에 경상도
의 인심이 크게 감동하였다고 한다.

곽재우와 김수의 악연(?)은 계속 이어져, 훗날 김수는 산음현에 있
다가 곽재우가 이끄는 의병들이 근처에 왔다는 소식을 듣고는 말을 거
꾸로 타고 정신없이 함양으로 달아났을 정도로 그를 두려워했다. 이에
경상도의 사람들 중에서 “김수가 왜적에게 겁먹고, 또 곽재우에게 겁

을 먹었구나!"라고 비웃지 않는 자가 없었다고 한다.

분신술 같았던 홍의장군의 위장술

말이 잠시 빗나갔는데 다시 본론으로 돌아가서, 곽재우는 의병 조직을 이용한 게릴라전에 탁월한 재능을 발휘했다. 그는 아버지가 명나라 북경에 갔을 때 황제가 하사한 붉은 비단 철릭帖裏을 입고 자신과 얼굴과 체격이 비슷한 의병 10명을 선발하여 그들에게도 역시 붉은 비단 옷을 입히고 말에 태워 싸우게 했다.

그리고 의령현의 경내 및 낙동강 가를 누비면서 일본군을 보면 재빨리 돌격하여, 번번이 그들을 패주시켰다. 곽재우는 자신과 닮은 복장과 얼굴을 가진 기병 10명을 함께 내보내어 일본군으로 하여금 어느 누가 장수인지 알아볼 수 없게 만들어 그들을 더욱 혼란에 빠뜨렸다. 일본군에게 사로잡혔다가 돌아온 사람들의 말에 의하면 '왜적들이 이 지방에는 홍의장군이 있으니 조심하여 피해야 한다고 했다.'라고 했을 정도였다.

곽재우가 거둔 전공 중 가장 빛나는 승리는 승려 출신의 일본 장수인 안고쿠지 에케이安國司의 경상우도 진출을 막아 낸 것이었다. 안고쿠지 에케이는 스스로 전라감사라고 칭하면서 창원과 함양을 거쳐 의령에 들어와 남강을 건너려 했다. 그 사실을 미리 입수한 곽재우는 중요한 지역마다 척후병과 복병을 숨겨 놓아 일본군의 움직임을 면밀히 살

폈으며 산 위에서 일본군의 병력 규모에 따라 횃불로 신호를 보내게
했다.

안고쿠지가 거느린 일본군이 강을 건너는 순간 산마루에 숨었던 곽
재우의 척후병이 호각을 불어 알렸고, 곽재우가 미리 숨겨 둔 복병들
이 일제히 화살을 날렸다. 예기치 못한 조선 의병의 공격에 일본군이
당황해하면서도 조총을 쏘았지만 조선 의병들은 적이 총을 당기기도
전에 몸을 숨겨 총탄에 맞는 사람이 거의 없었다. 곽재우는 미리 조총
의 장전 속도와 발사 시간까지 면밀히 조사해 의병들에게 알려준 것이
다. 조선 의병들은 일본군에게 기습적인 돌격을 감행해 최소한 100명
을 참살했으며, 놀란 일본군은 서둘러 달아났다.

곽재우는 정인홍 및 김면 같은 다른 의병장들과 연합 작전을 벌여
일본군이 점령한 현풍성을 탈환하는 데도 앞장섰다. 그는 연합 의병
4,000여 명을 이끌고 1592년 7월 말, 낙동강을 건너 현풍으로 진격했
다. 곽재우는 군사들을 시켜 성 주변의 비파산에 배치한 후 한밤중에
갑자기 함성을 지르며 횃불을 올리는 식으로 여러 차례 무력시위를 벌
이며 "홍의장군이 여기 왔다. 내일 성을 함락시키고 너희들을 모두 죽
일 것이다!"라고 고함을 지르게 했다.

곽재우가 벌인 이 심리극에 동요한 일본군은 다음 날 성을 버리고
창녕 쪽으로 철수했다. 이로써 곽재우는 피 한 방울도 흘리지 않고 현
풍성을 손에 넣을 수 있었다.

또 곽재우는 낙동강에서 일본 배 한 척을 나포하기도 했는데, 그 배를 조사해 보니 조선 왕실의 진귀한 보물들이 가득 실려 있었다고 한다. 아마도 조선 왕릉을 도굴한 한양의 일본군과 같은 패거리였을 것이다. 〈선조실록〉과 〈선조수정실록〉에서는 조일전쟁 동안 의병에 앞장섰던 곽재우에 대해 다음과 같이 평가하고 있다.

곽재우가 의령 등 두어 고을을 수복하고 군사를 정진강 오른쪽에 주둔시키니 하도下道가 편안히 농사를 지을 수 있게 되었다. 또 왜병을 현풍과 창녕 사이에서 잇따라 물리치니 적이 주둔지에서 철수하여 도망하였다. 왜적들이 감히 정암진을 건너 호남으로 가지 못하게 한 것도 바로 곽재우의 공이다.

02

안동의 의병장 권응수와 서자 출신의 의병장 홍계남

안동의 의병장 권응수

안동 사람인 권응수는 무과에 급제한 경력을 가지고 있었으며, 일본군을 피해 도망친 사람들을 규합해 자체적으로 의병을 조직했다. 그러나 무기와 군량이 부족해 제대로 싸울 수 없자 진주에 주둔한 초유사 김성일에게 자초지청을 설명하고 도움을 요청하였다. 그는 흔쾌히 승낙하며 모든 지원을 아끼지 않았다.

당시 영천성에는 일본군 1,000여 명이 주둔하여 안동에 주둔한 적과 서로 연계하여 활동하고 있었다. 권응수는 이 영천성을 탈환하고 안동에 있는 일본군과의 연계를 끊기로 결심했다. 그는 경상좌병사 박진과 합동 작전을 펴기로 합의를 하였으며, 박진은 권응수에게 많은 양의 화약과 병장기를 지원해주었다.

1592년 7월 24일, 권응수는 다른 의병장인 정대임, 정세아, 조성, 신해 등과 함께 2,000명의 연합 의병 부대를 거느리고 영천성을 향해 진군하다가 도중 박연에서 일본군 분견대를 만나 격파하고 그들의 병기와 재물을 노획했다.

초전에 승리를 거둔 권응수 부대는 4일 후인 28일, 영천성에 이르렀다. 이때 성에는 약 1,000명의 일본군이 주둔해 있었다. 그들은 수적으로 훨씬 많은 조선 의병을 보고는 섣불리 나와 싸우려 하지 않았다.

아무리 수가 적다고 해도 조총과 장창, 일본도로 무장한 일본군은 가볍게 볼 수 없었다. 권응수는 일본군을 효과적으로 상대하기 위해 경상좌병사 박진에게 부탁해 미리 준비한 화포를 가져와 성에 포격을 퍼부었다. 일본군 일부가 나와 조총과 활을 쏘아 댔지만 의병들은 미리 세워 둔 허수아비를 엄폐물로 내세우고 화살로 응전하였다.

그런데 때마침 거센 바람이 일본군 쪽을 향해 불어 닥치는 일이 발생했다. 갑작스러운 바람에 일본군 병사들은 제대로 눈을 뜨기조차 힘들었지만 조선군으로서는 하늘이 보내준 천군만마나 다름없었다. 의병 부대는 거센 바람을 이용하여 불을 붙인 짚단을 성 안으로 던져 넣었다. 불어오는 바람을 타고 불길이 크게 번져 성 안이 화염에 휩싸였으며, 때마침 화약 창고에 불이 붙는 바람에 대폭발이 일어났다.

일본군은 큰 혼란에 휩싸였으며, 이 틈을 놓치지 않고 의병 부대가 성 안으로 진입하는 데 성공했다. 화공을 이용한 조선 의병 부대의 공격을 더 이상 견딜 수 없게 된 일본군은 결국 성을 버리고 상주 방면으로 달아났다.

이 영천성 전투에서 권응수가 이끄는 의병 부대는 수백 명의 일본군을 베어 죽인 데 비해 83명의 전사자만을 냈으며, 수많은 무기와 말을 노획하고 빼앗긴 성을 탈환하는 전과를 거두었다.

서자 출신의 의병장 홍계남

다소 특이한 이력을 가진 의병장으로는 홍계남이라는 인물을 들 수 있다. 그는 수원 출생으로, 충의위를 지낸 홍자수의 서자이며 어머니는 기생이었다고 전해진다.

조일전쟁을 앞둔 3년 전인 1590년, 군관의 자격으로 김성일과 황윤길이 이끄는 통신사에 소속되어 일본에 다녀오기도 했다. 이때 홍계남은 일본인들 앞에서 말타기와 활쏘기를 보였는데, 그 솜씨가 출중하여 보는 사람들을 무척 놀라게 했다고 한다.

조일전쟁이 발발하자 홍계남은 이일과 신립의 휘하에 들어갔지만 두 장수가 탄금대에서 대패하고 신립이 자결하자, 홍계남은 고향인 수원으로 돌아와 아버지, 여러 이복형제들과 함께 의병들을 모집하여 게릴라전을 펼치며 일본군과 싸웠다.

그런데 그가 다른 의병 부대에 연락을 하기 위해 떠난 사이, 부친인 홍자수가 일본군의 공격을 받고 전사하는 일이 발생했다. 왜군은 홍계남을 유인해 죽이기 위해 부친인 홍자수의 시신을 성벽에 매달아 놓는 반인륜적인 계략을 꾸몄다.

부친의 죽음을 안 홍계남이 안성으로 달려가자 왜군들은 홍자수의 시체를 성 밖으로 내던지고 그를 죽이기 위해 성에서 나왔지만, 홍계남은 부친의 시신을 안고 말을 달려 무사히 빠져나갔다.

홍계남은 죽은 아버지를 대신하여 의병 부대를 총괄하게 되었고, 이에 다른 이복형제들도 반발하지 못하고 그의 지시를 따랐다. 서자를 천시하던 조선 시대의 풍습에 비추어본다면 매우 이색적인 일이다.

그가 이끌던 의병은 약 100여 명에 불과했지만, 소수의 인원이라는 점을 최대한 살려 날랜 기병 부대로 일본군을 기습하며 적의 후방과 보급로를 노리는 전술로 번번이 큰 공로를 세웠다. 〈선조실록〉에서는 그의 용맹이 군중에서 제일 뛰어났고, 왜군을 많이 살해하여 홍계남의 이름만 들어도 그들이 매우 꺼려했다고 한다. 조정에서도 그의 무훈을 인정하여 1592년 9월 11일, 수원 판관에 제수하였다.

다음 해인 1593년, 홍계남은 휘하 의병을 거느리고 다른 의병장인 이빈과 선거이, 송대빈과 연합하여 남원과 진주, 경주 등지에서 일본군과 싸워 전공을 올렸다. 그 해 6월 6일에는 용인 지방에서 일본군을 만나 58명을 참살하는 전과를 거두기도 했다.

6월 29일에 있었던 제 2차 진주성 전투에는 홍계남도 참전하여 일본군을 치고자 했지만, 유감스럽게도 그가 가진 병력이 너무 적어 본 전투에는 참여하지 못했고, 진주성이 이미 함락된 뒤에 현장에 도착했다. 다만, 그는 휘하 의병 300명을 거느리고 영을 내려가다가 일본군의 선봉 부대를 만나 분투하여 구례와 광양에서 그들을 격퇴시켰다고 한다.

한편 홍계남의 의병 부대는 조선에 파병 온 명나라 군사를 구해 내기도 했다. 11월 2일, 안강에서 벌어진 전투에서 명나라 장수 오유충의 군사들은 산골짜기에 복병을 설치하기 위해 길을 가다가 일본군이 먼저 그 자리를 차지하여 뜻하지 않게 싸우게 되었다. 그러나 당시 명나라 군사들은 양가죽으로 만든 긴 옷을 입어서 행동이 민첩하지 못했기 때문에 일본군과의 육박전에서 크게 불리한 상황이었다. 그때, 마침 홍계남의 부대가 나타나 일본군 병사들을 사살하고 포로로 잡혀가던 명나라 군사 70여 명을 구출하였다.

1594년 이후로 전쟁이 소강 상태로 접어들면서 홍계남은 이렇다 할 활약상을 보이지 못한다. 단지 조정에서 그의 가족에게 식량을 지급하고 그에게 좋은 말을 내려주거나 포布를 내려준다는 간략한 기사만이 보인다.

수수께끼 같은 죽음

홍계남의 최후는 확실하지 않다. 다만 〈선조실록〉 선조 30년(1597년) 1월 24일자 기록을 보면 홍계남이 권응수, 김태허와 같은 다른 의병

이순신의 조일전쟁

장들과 부산 산성에 진을 치고 있다는 기록이 보이며, 5월 3일자 기사에는 홍계남이 세운 전공에 따라 죽은 뒤에 내리는 증직贈職을 더하게 하고 그의 늙은 어머니에게 매달 요미料米를 내리게 하자는 논의가 나타난다.

이로 미루어 보건대, 홍계남은 부산 산성을 치는 공방전을 벌인 후에 죽은 것으로 보인다. 일본군과의 전투에서 전사했다면 으레 기록이 남을 텐데 그런 언급도 없으므로 아마 병으로 죽은 듯하다.

홍계남의 죽음에 대해 실록을 적는 사관은 다음과 같이 그의 용맹과 전공을 극찬하였다.

"홍계남은 본시 미천한 사람으로 분연히 떨치고 일어나 몸을 돌보지 않고 우뚝이 충청도의 한쪽 보루가 되었다. 그가 과감히 보인 용맹과 적개심에 불타 왜적을 막은 공로가 어찌 저 한 몸만을 온전히 하고 처자식을 보전시킨 신하들과 같은 차원에서 논의될 수 있겠는가?"

선조 임금 또한 그의 공적을 인정하며 증직을 해야 마땅하다는 전교를 내렸다.

왜군의 침략을 맞은 함경도의 상황은 어떠했을까?

조일전쟁 동안에 가장 유명세를 얻은 의병장은 곽재우나 김덕령이지만, 이룩한 전과로 따진다면 필자는 단연 함경도를 일본군의 손에서 되찾은 정문부를 꼽고 싶다.

함경도로 진격한 왜군

가토 기요마사가 이끄는 일본군 제 2번대와 매국노 국경인의 수작으로 함경도는 한때 도의 대부분이 일본군의 수중에 떨어지는 불상사를 겪기도 했다. 그러나 북평사 정문부의 탁월한 의병 전쟁으로 인해 일본 세력을 축출하고 국토와 백성을 지킬 수 있었다.

조일전쟁이 발생하자 가토 기요마사가 이끄는 2진 2만 800명은 한양에 입성한 후, 진로를 동북 방향으로 돌려 강원도를 순식간에 석권하고 함경도로 북상하기 시작했다.

가토는 6월 1일, 함경도와 강원도의 길목인 철령을 거치면서 "우리는 새로운 임금을 세우고 너희들을 잘살게 해주겠다. 항복하는 주민들은 결코 해치지 않으므로 안심하고 나와 우리를 맞으라."하고 외치며 통행증을 뿌렸다.

무섭게만 여겨지던 일본군이 뜻밖에도 난폭 행위를 하지 않는 모습을 보자 함경도 백성들은 그동안 억눌려 있던 나라와 조정에 대한 불만을 터뜨리며 적군의 앞잡이로 돌변했다.

가뜩이나 함경도 주민들은 추운 날씨, 여진족의 잦은 침입, 중앙 정부로부터 고위 관직에 등용되지 못하는 차별 대우 등으로 인해 조선 왕조에 대한 불만이 매우 높았던 터였다. 여기에 함경도로 피신을 온 두 왕자인 임해군과 순화군이 주민들을 상대로 식량과 옷가지를 빼앗는 등의 행패를 부리자 주민들의 분노는 극에 달했다. 이러한 상태에서 일본군이 들어와 위민 정책을 펴자 함경도 주민들의 억눌려 왔던 불만이 폭발한 것이다.

함경도를 지키고 있던 남병사 이혼과 병마절도사 한극함은 일본군과 교전했지만 병력이 너무 적은데다가 조총으로 무장한 일본군을 당해 내지 못하고 일패도지했다. 이혼은 달아났다가 일본군과 내통한 백성들에게 붙잡혀 죽임을 당했고, 한극함은 여진족의 영토로 넘어 갔지만 도로 그들에게 붙잡혀 일본군에게 넘겨졌다. 함경감사 유영립은 일본군이 쳐들어오자 도망쳤지만 역시 친일 반역자들에게 생포당해 일본군에게 넘겨졌다.

명천과 종성에서는 관가의 노비들이 반란을 일으켜 관아를 점거하고 관원들을 붙잡아 적에게 내주었다. 외적의 침입을 당한 함경도는 이처럼 자중지란을 맞아 붕괴되고 있었다.

자신들을 지켜줄 군대도 없어지고 주민들이 적개심을 품고 반민 행위를 일삼자 겁에 질린 임해군과 순화군은 국경의 끝인 회령까지 도망쳤다. 그러나 그곳에서도 그들은 무사하지 못했다.

회령의 아전인 국경인은 일본군이 승승장구하고 함경도 백성들의 민심이 조선 왕조로부터 등을 돌렸다는 사실을 알았다. 그는 숙부인 국세필과 짜고 회령의 군사들과 무뢰배들을 선동하여 두 왕자를 붙잡아 일본군에 넘기는 경천동지할 일을 저지르기에 이르렀다.

순변사 이영과 부사 문몽원이 사태를 진정시키려 했지만 국경인이 그 사실을 미리 입수하고 부하들을 보내 군관들을 죽이자 겁이 나서 달아나 버렸다.

이렇게 해서 여진족과 마주한 함경도 북방 최전선인 회령마저 일본군의 수중에 들어갔다. 여러 진과 보의 토병과 호수가 모두 관리를 붙잡고 배반하며 항복하였으므로 일본군은 함경도에 들어온 지 한 달도

이순신의 조일전쟁

안 되어 피 한 방울 흘리지 않고 대부분의 성과 마을을 점령하게 된 셈이었다.

흔들리는 함경도의 민심

이대로 일본군과 반민들의 손에 계속 지배될 것만 같았던 함경도의 상황은 그러나 얼마 되지 않아 급변하였다. 1592년 9월 1일, 조정에서 몰래 함경도로 파견된 서북보 만호 고경민은 다음과 같은 소문을 퍼뜨렸다.

"명나라 군사가 곧 조선을 도와 왜적들을 몰아 내려 올 것이오. 그런데 조정에서는 이미 북계(北界, 함경도)를 역적의 소굴로 판단하고 있으므로 왜적을 평정하고 나서 곧바로 토벌할 것이오!"

고경민의 말이 전해지자 함경도 백성들은 서로 그 말을 주고받으며 두려워하였다. 사실 엄격히 따지면 그들이 저지른 행동은 분명한 역모였다. 함경도로 피신한 두 왕자 임해군과 순화군을 붙잡아서 가토 기요마사에게 넘긴 장본인은 국경인을 비롯한 함경도 주민들 자신이었다. 명군과 조선군이 들어온다면 일본군이야 자기들 나라로 도망쳐 버리면 그만이지만 그들이 떠나고 나면 자신들은 어떻게 되겠는가? 꼼짝없이 적과 내통한 역적들로 몰려 죽임을 당하고 말 것이 자명했다.

　한편 가토가 지휘하는 일본군 쪽에서도 식량 부족과 추위에 시달리면서 함경도 백성들을 상대로 양식과 옷을 빼앗고 반항하는 백성들을 가차 없이 죽이자 전쟁 초기에 일본군을 환영했던 백성들의 인심이 점차 차갑게 얼어붙고 있었다.

함경도 의병장 정문부, 함경도를 지켜내다

이 무렵 북병사 정문부는 일본군과 배신자들을 피해 자신의 제자인 교생 지달원의 집에서 은신하고 있었다. 지달원의 집은 경성의 가장 외진 해변 가에 있었기 때문에 일본군의 눈을 피하기 쉬웠다.

그는 왜군에 대한 주민들의 심기가 적대적으로 변해가고, 조정에서 명군을 끌어들여 일대 반격을 하려 한다는 조짐을 파악하자 지금이 바로 일어설 때라고 판단했다. 그는 제자인 지달원, 최배천 등과 함께 은밀히 뜻있는 선비들과 무사들을 규합했다. 수백 명의 함경도 지방 군사들과 선비, 무사들이 모였고 그들은 정문부를 의병장으로 추대하고 함경도에서 왜군을 남김없이 몰아 낼 것을 다짐했다.

정문부가 이끄는 의병대는 경성 사람인 전 만호 강문우를 선봉에 내세우고 즉시 부성에 이르렀다. 부성은 국경인의 숙부인 국세필이 다스리고 있었다. 정문부가 강문우를 보내 "관북의 여러 사람들이 우리를 따르고 있다. 항복하면 살려 두겠지만, 저항하면 살아남지 못할 것이다."라고 위협하자 국세필은 대적하지 못할 것을 알고는 성문을 열어 맞아들였다.

정문부는 "크고 작은 병사와 백성들이 예전에 범한 죄는 문책하지 말라."는 명령을 내렸고 국세필에게 그대로 예전처럼 군사를 거느리게 하였다. 아마 일단 국세필 일당들을 안심시켜 놓은 뒤에 부성을 근거지로 삼아 의병들을 더 모으고 그렇게 해서 세력을 탄탄히 다진 다음 국세필 일당들을 제거하려 했던 계책의 일환으로 보인다.

부성을 제압한 정문부는 각 성읍에 격문을 퍼뜨렸다. 그것을 본 종성의 무사 김사주와 경성인 오박 등이 병사들을 거느리고 달려왔다. 종성 부사 정현룡과 경원 부사 오응태, 경흥 부사 나정언과 고령 첨사 유경천, 군관 오대남 등은 산속에 숨어 대세를 관망하고 있던 중 정문부가 의병을 일으켰다는 소문을 듣고 모이기 시작했다.

이렇게 하여 함경도 의병들의 수는 3,000명으로 늘어났다. 의병 중에서 날쌔고 용맹한 기병들을 뽑아 선봉대를 조직했고, 이를 유경천이 거느렸다.

길주에 주둔한 왜군이 이 소식을 듣고 100명의 군사를 보내 성의 서쪽에 와서 정황을 알아보게 했는데, 강문우가 선봉 기병대를 이끌고 성문을 열고 나가 공격하여 수십 명을 참살하자 남은 왜병들은 달아났다.

일단의 왜군 병력을 격퇴시키자 의병들은 자신감을 얻었고, 부성의 백성들도 안정을 찾아가고 있었다. 각 지휘관들은 군사를 출동시킬 날짜를 가려 출발하려 했지만 그 전에 먼저 할 일이 있었다. 바로 왜군과 내통했던 국세필 등의 반역자들을 처단하는 일이었다.

배신자들의 처단과 의병들의 잇따른 봉기

정문부는 국세필과 그 일당 13명을 잡아 참수하여 여러 사람들에게 보여주면서 "애당초 왜적과 내통해 역모를 하는 데 앞장선 자들은 이들뿐이며 이 밖에는 참여한 자가 없으니 성 안 사람들은 안심하라." 하고 말하므로 많은 사람들이 기뻐하였다. 왜군과 내통한 수천 명의 백성들을 전부 처벌하려고 했다가는 심한 반발을 사고, 폭동이 일어날 우려도 있었다. 최소한의 처벌로 불안한 민심을 수습하고 백성들을 안심시키는 정문부의 이러한 조치는 현명한 일이라고 봐야 한다.

국세필 일당을 처단했으니 이제 남은 것은 국경인 차례였다. 정문부는 육진에 격문을 보내어 "수천 명의 의병들이 정의의 깃발을 들고 일어섰으므로 이제 곧 함경도는 회복될 것이며 왜적도 물러갈 것이다. 누구든 의기 있는 자는 역적 국경인의 목을 쳐 죄인의 굴레를 벗고, 나라에 공을 세우라!"라고 외쳤다.

이 격문은 순식간에 퍼져 나갔고, 글을 읽은 회령의 유생 신세준은 동료 유생들과 군사들을 모아 국경인이 사는 집을 포위하고 불을 질렀다. 갑작스러운 화재에 놀라 집 밖으로 뛰쳐나오는 국경인을 신세준과 다른 유생들이 참살하였고, 이로써 함경도 제일의 반역자는 숙부와 함께 더러운 이름을 남기고 사라졌다.

국경인의 사망으로 많은 성과 요새들을 의병들이 접수했으며, 다른 반역자들은 백성들에 의해 살해되거나 달아났다. 하지만 아직 함경도에서 왜군이 완전히 물러간 것은 아니었다.

본격적인 함경도 의병의 항일투쟁

정문부는 의병을 둘로 나누어 한쪽은 고참역으로, 다른 한쪽은 명천으로 보내 일본군과 내통했던 정말수를 죽이고 성을 되찾게 하였다. 그러자 부성에 군사를 보냈다가 패한 길주의 왜군이 다시 성 밖으로 나왔고, 그중 하나가 명천의 해창으로 향했다.

일본군은 길주성의 동쪽에 있는 장덕산 밑에 이르렀지만 이미 길주의 남쪽 마을에 함경도 의병들이 매복해 있었다. 의병들이 먼저 산 위를 차지하자 일본군은 조총을 쏘아 대며 서둘러 산에 오르려 했다. 이때 유경천이 기병대를 이끌고 산 아래로 내려가 일본군을 무찔렀다. 그와 동시에 고경민이 미리 군사를 서쪽 산 밑에 잠복시켰다가 대포를 쏘며 병사들을 돌진시키자 일본군은 포위될 것을 우려하여 황급히 계곡으로 들어갔다. 그 뒤를 의병들이 추격하였다. 그들은 계곡을 겹겹이 에워싸고 일본군이 달아나지 못하게 하였다.

그날 밤, 폭설이 내리고 추위가 심해 일본군 대부분이 동상에 걸리고 제대로 움직일 수조차 없었다. 물론 의병들도 추운 것은 마찬가지였지만, 그들은 오랫동안 함경도에서 살아오면서 추위에 익숙해진 형편이었는데 반해 대부분의 일본군은 따뜻한 남쪽 지방 출신이어서 추위에 더욱 약했다.

아침이 되자 의병들은 포위망을 열고 계곡 안으로 들어가 급습을 감행했다. 이미 일본군 중 적지 않은 병사들이 손발이 부르터서 싸울 수 있는 상태가 아니었다. 이 전투에서 600명의 일본군이 죽임을 당했고, 간신히 살아남은 자들은 길주성으로 들어가 성문을 굳게 닫고 감히 나올 엄두를 내지 못하였다.

정문부가 의병 본대를 이끌고 성을 포위하자 일본군은 성벽 위에 올라 조총을 쏘아 댔다. 섣불리 공격했다가는 아군의 피해도 커질 것 같아 정문부는 일단 물러나고, 그들을 더욱 추위에 떨게 만들어 전투력을 약화시키려는 속셈으로 성의 땔감 공급로를 차단했다.

이때 한 왜군 부대가 마천령 아래 영동관 책성에 주둔하면서 임명촌을 불태우고 노략질하자 정문부는 의병들을 이끌고 공격하였다. 양측 군대는 쌍포에서 전투하였는데, 수와 기세에서 밀린 왜군이 패주하자 의병들이 추격하면서 적병 60명을 참살했다. 패배한 왜군은 책성으로 퇴각하여 성을 굳게 지킨 채 나오지 않았고, 정문부는 군사를 둘로 나누어 포위하였다.

해가 바뀐 1593년 1월 1일, 마침내 길주에서 농성하던 왜군이 성을 비워 놓고 후퇴했다. 의병들의 포위가 계속되자 성 안의 왜군은 불을 피울 장작과 양식을 공급받을 수 없어 민가를 뜯어서 땔나무로 쓰는 등 그 형세가 점점 궁색해지다가 더 이상 견디지 못하고 철수한 것이다.

길주성의 왜군은 조선군의 추격이 두려워 한밤중에 도주하였지만, 그조차 여의치 않아 조선 의병들이 쫓아오자 정신없이 패주하여 황급히 고개를 넘어 남쪽으로 달아났다. 도망가면서 왜군은 단천과 이성 등 주변 고을들을 모두 불태웠고, 약탈하였다. 이로써 1592년 12월, 길주성을 접수한 정문부는 북으로 육진을 순행하면서 반역자들을 찾아내어 처형하고 여진족과 교섭하여 그들이 침입하지 못하게 하였다. 그리고 모든 요새를 수복한 후 장교들을 파견하여 굳게 지키게 한 후, 해가 바뀐 1593년 1월 13일 길주로 돌아왔다.

가토가 이끄는 왜군 주력 부대과의 혈전, 북관대첩

한편 안변에 머무르던 가토 기요마사는 이 소식을 접하자 군사들을 이끌고 북상하면서 "내가 다시 함경도를 평정하겠다!"라고 호언장담했다.

가토가 이끄는 왜군 주력 부대가 전진해 오자 단천 군수 강찬은 정

이순신의 조일전쟁

문부에게 군사를 보내어 함께 싸우자고 요청했다. 정문부는 그의 전언을 듣고 정예 기병 200명을 4대로 나누어 1대장은 훈련 정 구황, 2대장은 훈련 첨정 박은주, 3대장은 훈련 판관 정원침, 4대장은 훈련 판관 고경민이 각기 50명씩을 거느리고 1593년 1월 20일에 산길로 단천에 도착했다.

이튿날 아침 4대의 군사를 단천성 밖 20리쯤되는 지점에 숨기고 단천 군사 30명으로 하여금 성 밖 4리가량되는 지점까지 진출하여 도전하게 하자 성안에 머물던 적들은 200여 명이 일시에 성을 나와 곧바로 진격해 왔다.

단천 군사들이 패하는 척하면서 되돌아 달아날 즈음, 피로한 말을 탄 두 병졸이 적에게 살해되자 적은 더욱 기세등등하게 추격해 왔다. 왜군이 조선 의병들이 잠복한 지점까지 이르렀을 때, 4대의 복병들이 일시에 쏟아져 나와 정면을 막고 후방을 차단하면서 화살을 비 오듯이 퍼붓자 왜군은 갑자기 튀어 나온 기병들을 만나 어찌할 바를 모르고 조총을 마구 쏘아 댔지만 당황한 중에 쏘는 것이라 모두 빗나갔다. 사기가 떨어진 왜군은 도망가기에 바빠서 감히 조선 의병에게 덤비지 못했다.

조선군이 추격하여 성 밑에까지 이르자 왜군은 거의 사살되고 겨우 30여 명이 남았는데, 그것도 태반은 화살에 맞아 부상을 입은 상태였다. 이때 죽인 적의 수효는 적어도 100여 명은 되며 싸우면서 간 거리는 20여 리나 되었다.

107

그러나 아직 가토가 이끄는 왜군 본대는 도착하지 않았다. 가토의 본대에 앞서 순찰 중이던 왜군 척후대를 유경천이 만나 수십 명을 참살하자 가토가 대병력을 이끌고 추격해 왔으므로 유경천은 급히 후퇴했다. 소수의 기병으로 족히 수천 명이 넘는 대군과 정면으로 부딪치는 것은 무모한 일이었다.

가토가 지휘하는 왜군 본대가 마천령을 넘어오자 정문부는 3,000명의 의병들을 거느리고 영동책 외곽에서 그를 맞아 격전을 벌였다. 3번의 치열한 교전 끝에 수적으로 불리한 의병들이 일단 경성으로 후퇴하여 농성전의 태세를 갖추었다.

그러나 왜군 쪽에서도 피해가 만만치 않았고, 무엇보다 혹독한 추위와 보급의 어려움으로 인해 더 이상 전투를 계속한다는 것이 무리임을 알고 밤에 고개를 넘어 남쪽으로 철수했다. 정문부가 이 소식을 듣고 즉시 빠른 경기병 부대를 거느리고 추격하여 함흥에 이르렀지만 가토가 이미 안변으로 들어가 버려 잡을 수 없었다.

안변성에 도착한 가토는 의병들의 공격보다 더 큰 곤경에 처하게 되었다. 군량과 보급 물자들이 다 바닥 났던 것이다. 남쪽의 후방에서는 의병들의 연이은 봉기로 인해 보급로가 차단당했고, 이로 인해 일본군은 극심한 추위와 굶주림에 시달리며 겨울을 보내야 했다. 결국 1593년 2월 1일, 가토는 안변에서 모든 군대를 이끌고 철수하여 한양으로 향했다. 이로써 함경도는 완전히 평정되었다. 이것이 약 8개월에 걸친 '북관대첩'의 진상이었다.

이순신의 조일전쟁

백성의 손으로 나라를 지키려 했던 항일 의병은 그 후 병자호란과 구한말 일제의 국권 강탈에 맞선 전국적인 의병 전쟁으로 이어진다. 국란을 맞아 민중들이 스스로의 힘으로 외적과 싸워 가족과 나라를 지키려 한 의병 전쟁은 민중들 속에 생생하게 살아 있는 힘을 깨닫게 한다.

05

조선 관군의 명예를 되살린 진주대첩

각지에서 일어난 의병들이 곳곳에서 왜군들과 싸우고 그들을 교란시키는 게릴라전을 열심히 벌이고 있을 무렵, 조선 관군도 결코 방관만 하고 있지는 않았다. 이순신이 이끄는 조선 수군이 바다에서 무패 행진을 계속 하고 있었지만, 조선 육군도 초기의 연패에서 벗어나 전열을 가다듬고 왜군에 대한 반격을 개시하여 큰 성과를 거두기 시작했다. 그중 대표적인 것이 바로 진주성에서 거둔 진주대첩과 행주산성에서 있었던 행주대첩이다. 시간순으로 보면 진주대첩이 앞서므로, 진주대첩부터 이야기하도록 하겠다.

진주대첩의 서막

1592년 9월경, 일본군은 초기의 일방적인 우세에서 벗어나 점차 조선군의 반격에 밀리며 수세에 몰리고 있었다. 해상에서는 조선 수군에게 당한 연패로 말미암아 제해권을 빼앗겼으며, 육상에서도 곳곳에서 봉기한 조선 의병들의 게릴라전으로 인해 보급로가 토막나 더 이상 육군이 진격할 수 없는 상태였다.

일본군 수뇌부는 이와 같은 위기를 타개하고 군량을 확보하기 위한 방책으로 조선의 곡창 지대인 전라도를 점령하려는 계획을 세웠다. 조일전쟁 초기, 전라도는 조선에서 일본군의 군홧발에 짓밟히지 않은 몇 안 되는 지역 중 하나였다. 이로 인해 전라도에서 나는 풍부한 곡식은 조선 수군 및 각지에서 분전하고 있던 조선군의 식량 창고의 역할을 톡톡히 했다.

만약 전라도를 일본군이 점령한다면 일본군이 겪고 있는 식량 부족을 타개할 수 있고, 더 나아가 여태까지 무적의 위세를 떨치며 일본 수군을 제압했던 이순신과 조선 수군에도 치명적인 타격을 입힐 수 있다. 아무리 수군이라고 해도 육상에서 보급을 받지 않고 언제까지나 바다에 머무를 수는 없기 때문이다. 배와 병사들은 반드시 항구에 정박해야 하고, 신선한 물과 식량을 정기적으로 공급받지 않으면 싸울 수가 없다.

1592년 9월 24일, 남부 지방에 주둔해 있던 가토 미쓰야사, 하세가와 히데카즈, 나가오카 다다오키 등의 일본군 장수들은 약 2만 명의 병

111

력을 이끌고 김해에 집결했다. 그들은 창원을 거쳐 진주성으로 진격하려 했다.

물론 조선군도 이러한 일본군의 움직임을 가만히 앉아서 지켜만 보지는 않았다. 이보다 한 달 앞서 8월에 진주목사로 부임한 김시민은 성곽을 수축하고, 성 안에 화포와 화약을 충분히 비축했으며, 휘하 군사들을 잘 조련하여 곧 닥칠 전투에 대비했다. 또 경상도와 전라도에서 활약하던 곽재우와 최경희 등의 의병장들과 일본군이 성을 공격하면 성 밖에서 일본군을 공격하여 함께 호응하기로 미리 합의를 해 놓은 상태였다.

진주로 진격하던 도중, 창원에 다다른 일본군은 전라우병사 유숭인이 지휘하는 2,000명의 조선군과 전투를 벌였지만 어렵지 않게 격퇴시키고 창원과 함안을 함락시켰다.

10월 3일, 일본군은 진주성의 인근에 도착했는데 창원에서 패배한 잔여 병력들을 지휘하던 유숭인이 성의 외곽에 먼저 도착하여 진을 쳐 놓고 있었다. 원래 유숭인은 진주성에 들어가 김시민과 함께 싸우려 했지만, 어찌된 일인지 김시민이 성문을 잠그고 열어주지 않았다. 결국 유숭인은 2만 명의 일본군에 맞서 최후까지 분전하다 휘하 병력과 함께 전사하고 말았다.

김시민이 왜 유숭인의 입성을 거부했는지는 확실치 않다. 전투를 앞두고 패잔병들을 성 안에 들어오게 했을 때, 그들을 통해 패배감이 아군 병사들 사이에 확산되어 사기가 떨어질 것을 우려했기 때문일까?

이순신의 조일전쟁

시작된 제 1차 진주성 전투

어찌되었든 유승인 부대의 전멸과 동시에 진주성 전투는 시작되었다. 김시민은 자신과 함께 성 안에 있던 판관判官 성수경과 곤양 군수 이광악 및 전 만호 최덕량 등과 함께 각자 병력을 이끌고 성문을 나누어 지켰다. 이때 성 안에 있던 조선군은 약 3,800여 명에 불과했다.

10월 5일, 일본군은 대나무로 엮은 방패를 줄지어 앞세우고 진형을 만들었다. 여러 개의 대나무를 엮어 만든 방패는 일본의 전국 시대에 흔히 쓰였으며, 주로 적의 화살이나 총탄을 막기 위한 도구로 사용되었다.

대나무 방패의 사이사이에는 나무판자로 만든 다락들을 세워 놓았는데, 이는 성벽을 기어 올라 위에서 성 안을 내려다보며 공격을 하려는 것이었다.

공성 준비를 마친 일본군은 성 아래로 몰려와 크게 함성을 지르며 조총을 어지럽게 쏘아 댔다. 조선군보다 훨씬 많은 병력을 가진 일본군은 이 장점을 십분 활용하여 순차적으로 병력을 투입하는 전술을 구사했다. 일본군은 병력을 나누어 신시에 물러갔다가 초경에 다시 진격해 왔으며, 삼경에 다시 병력을 철수시켰다. 연이은 공격으로 조선군에게 쉴 틈을 주지 않고 피로를 가중시키기 위한 술책이었다.

본격적인 총공세는 이틀 후인 7일에 있었다. 일본군은 한밤중에 진주성의 동문과 북문, 그리고 서문에 병력을 투입하여 공격했다. 이때 그들은 다양한 공성 방법을 동원했는데 긴 사다리를 성벽에 걸쳐 놓기

113

도 하고, 성 밑에 땅굴을 파기도 했으며, 장작과 짚단에 불을 놓아 성 안으로 던지는 화공 전술까지 구사했다.

그러나 조선군의 저항도 만만치 않았다. 총사령관인 김시민은 자신이 직접 병사들을 독려했다. 그는 일본군이 사다리를 타고 성벽에 오르면 뜨거운 물을 퍼붓도록 했으며, 많은 일본군이 3층의 다락에 탑승하여 성벽을 향해 다가오자 화포를 쏘아 부숴 버렸으며, 땅굴을 파고 기어 올라오는 적들에게는 불을 밝혀서 그 위치를 알아낸 다음, 끓는 물을 쏟거나 수류탄의 일종인 진천뢰를 던져 모두 죽여 버렸다.

전투가 한창이던 8일경, 일본군의 거센 파상 공세에 일말의 불안감을 느낀 김시민이 "아마도 성을 온전하게 지키기는 어려울 듯하니 몰래 수문水門을 열어서 노약자들을 내보내야 하겠습니다."라고 제안하자 이광악은 "그렇게 하면 군사들의 마음이 약해지고 사기가 떨어져 성을 지킬 수 없습니다!"라고 하면서 큰 소리로 말렸다. 이광악의 태도에 김시민도 마음을 굳게 먹고 다시 전투에 전념했다.

이 무렵, 뜻하지 않은 변고가 발생했다. 전투를 독전하던 김시민이 난데없이 날아온 총탄에 이마를 맞고 쓰러지고 말았다. 목사의 절명을 안 병사들은 당황했고, 성 안은 매우 소란스러워졌다.

조선군의 혼란을 안 일본군이 북문을 5~6척이나 뚫고 들어오려 하자 곤양군수 이광악이 여러 장수들을 독려하여 임전태세를 가다듬었다. 그의 침착한 지휘로 조선군은 다시 전열을 가다듬었으며, 성 내로 난입하려는 일본군에게 화살과 돌을 퍼붓고 끓는 물을 쏟으며 화포를 쏘아 대 적의 공세를 저지했다.

이때 비단옷을 입은 한 일본군 장수가 말을 타고 와 군사들을 지휘하며 돌진해 오자 이광악이 직접 활을 쏘아 사살했다. 화살에 맞아 쓰러진 일본 장수의 시체를 일본군 병사들이 메고 구슬프게 통곡을 하며 도망쳤는데, 그것을 본 조선군 병사들은 모두 기뻐하며 사기가 충천했다.

서문을 공격한 일본군 수천 명이 맹렬한 공세를 퍼붓자 성곽 위를 지키던 조선군들이 겁을 먹고 도망쳐 버렸다. 그러자 서문의 방어 책임자인 최덕량은 영장 이눌과 함께 도망가는 군졸 몇 사람을 베어 죽이며 끝까지 싸울 것을 명령하자 군사들이 그제야 다시 모여 죽기를 각오하고 용맹을 떨치며 힘껏 싸웠다. 조선군의 결사적인 저지에 일본군은 큰 피해를 입고 다시 철수했다.

동문을 지키던 성수경은 5일 동안 밤낮을 가리지 않고 성을 넘어오는 적들을 무수히 베어 죽인 끝에 결국 적의 공격을 막아 내고 성을 지킬 수 있었다.

성의 외곽에서도 전투가 벌어지고 있었다. 김시민과 미리 협력을 하기로 계획을 세웠던 의병장 곽재우는 일본군이 본격적인 공세를 펼쳤던 10월 6일 밤, 선봉장 심대승으로 하여금 200명의 의병과 함께 북산北山에 올라가 횃불을 들고 나팔을 불며 포를 쏘아 대고 성을 향해 "전라도의 원병 1만여 명과 의령의 홍의장군 곽재우가 합세하여 내일 아침에 와서 적을 죽이기로 하였다."라고 크게 외치게 했다. 이 말을 듣고

성 안에 있던 조선군 병사들과 백성들 역시 크게 외치면서 기뻐하였다.

곽재우를 비롯한 의병장 윤탁과 정언충 등은 성의 동쪽 방면에서 일본군의 배후를 위협했고, 합천 가장 김준민은 용맹한 육군 장수 정기룡과 조경형 등과 함께 성의 북쪽 방면으로 들어갔으며, 최경회는 임계영과 더불어 2,000명의 군사로 서쪽에서, 고성 가장 조응도와 복병장 정유경은 500명의 군사로 남쪽에서 각각 일본군을 압박했다.

상황이 이렇게 되자 일본군은 진주성을 포위한 것이 아니라 오히려 성 안팎의 조선군에 의해 역포위를 당한 꼴이 되고 말았다.

성의 북쪽 방면을 공략한 김준민이 결사대 80여 명을 거느리고 단계현丹溪縣에 도착해 관사官舍를 불태우던 일본군을 발견하고 곧바로 돌격하여 20여 리를 뒤쫓자 일본군은 흩어져 퇴각했다. 다른 의병장 조응도는 남강南江 10리 밖에 이르러 멀리서 형세를 이루어 대기하고 있으면서 남은 일본군을 나누어 소탕했다.

결국, 조선군의 굳건한 방어와 의병들의 파상 공세에 더 이상의 전의를 상실한 일본군은 공격을 시작한 지 약 닷새가 되는 10월 10일, 성 밖에 있는 1,000여 채의 집을 불사른 후 신시申時에 포위를 풀고 물러나 함양으로 철수했다. 일본군의 공세가 집중적으로 퍼부어졌던 동문과 북문 앞에는 그들의 시체가 즐비했다. 조선군은 목사 김시민이 전사한 것을 제외하고는 큰 피해가 없었다.

진주성 전투에서 분전하며 일본군을 격퇴시킨 김시민은 그의 직함인 '목사'를 따서 일본군에게 '모쿠소'라고 불리게 되었다. 이 모쿠소는 일본군들의 뇌리에 깊은 인상을 주었던지, 조일전쟁이 끝나고 한참 후인 에도 막부 시대 일본에서 상영된 가부키에서 일본을 멸망시키려는 사악한 괴수인 '모쿠소'라는 캐릭터로 남게 된다.

어느 정도의 일본군이 전사했는지는 정확히 알 수 없지만, 족히 수천 명의 병력을 잃은 것으로 추측된다.

이 전투의 승리로 일본군의 전라도 장악은 무산되었으며, 동시에 전세도 조선군에게 유리하게 전개되었다. 오늘날의 역사가들은 김시민과 다른 조선 장수들이 진주성에서 거둔 승전을 이순신의 한산도 대첩과 권율의 행주대첩에 필적하는 진주대첩이라 부르며 기리고 있다.

06

명나라 장수들도
감탄한 행주대첩

진주대첩을 얘기했으므로 이번에는 행주대첩을 다룰 차례이다. 정상적인 교육 과정을 거친 사람이라면 누구나 한 번쯤 교과서에서 행주대첩과 전투를 승리로 이끈 지휘관인 권율에 대해서 들어보았을 것이다.

행주대첩은 조일전쟁이 발발한 지 1년 후인 1593년 2월에 발생했다. 전투가 벌어졌을 무렵, 초반에 기세 좋게 참가하여 평양성을 탈환했던 명나라 구원병은 내친 김에 이대로 한양까지 탈환하겠다고 큰 소리를 쳤다. 그리고 1593년 1월 27일, 이여송이 이끄는 명군은 패주하는 일본군을 쫓아 급하게 남하하다가 벽제관에서 고바야카와 다카카게의 4만 명의 일본군에게 예기치 못한 참패를 당했다. 이여송의 부장 두 명이 전사하고 그도 간신히 살아서 도망쳤을 만큼 위험한 순간이었다.

벽제관 전투에서 패배한 명군은 평양까지 도로 후퇴했다. 하늘처럼 믿었던 명나라 군대가 왜군에게 역습을 당해 물러나자 조선 조정은 충격과 공포에 휩싸였다. 한양 탈환은 물론이고 명군을 격퇴한 왜군이 다시 전열을 수습하고 북상할지도 모른다는 두려움에 조정의 대소 신료들은 불안해했다.

행주로 향한 권율

그러나 명군이 없다고 해서 조선군이 완전히 무기력해진 것은 아니었다. 웅치와 이치 전투에서 끈질긴 투혼으로 왜군을 물리친 조선군 장수 권율은 평양에 주둔한 명군과 연합하여 한양을 되찾기 위해 북상하여 행주산성에 진을 치고, 방비를 갖추었다.

이때 행주산성은 삼면이 구릉지대였고, 한쪽은 강가에 위치하고 있었다. 권율은 행주산성의 방비를 더욱 튼튼히 하기 위해 먼저 성의 외부에 목책을 설치한 후에 흙과 돌로 성벽을 쌓았다. 행주산성에 주둔한 권율의 군사는 2,300명이었지만, 모두 그와 함께 전쟁을 치러왔던 정예 병력들이었다. 또 승려들로 구성되어 사기가 높았던 승군들도 합류하여 함께 싸울 준비를 갖추었다.

하지만 2,300명의 조선군이 싸워야 하는 상대는 그보다 10배나 많은 3만 명의 왜군이었다. 더욱이 당시 왜군을 지휘하는 장수들은 조선 침략의 총사령관인 우키다 히데이에를 비롯하여 고니시 유키나가와 이시다 미쓰나리와 마시타 나가모리, 구로다 나가마사, 깃카와 히로시에, 모리 히데모토, 오타니 요시쓰구, 고바야카와 다카카게 등 왜군 부대에서 이름이 높은 자들이었다.

시작된 행주산성 전투

마침내 2월 1일, 행주산성 앞에 3만 명의 왜군이 당도했다. 그들이 울리는 북소리가 땅을 진동하였고, 그 소리를 듣는 조선군은 수적인 열세에 몰려 매우 두려워하였지만, 권율이 군기를 엄하게 갖추어 진정시켰다.

전투는 새벽 5시에서 7시 사이인 묘시卯時에 시작되었다. 왜군은 수적인 우세를 살려 교대로 군사를 투입하는 축차전술을 썼다. 산성을 공격하는 왜군은 기병과 보병이 서로 섞여 있었다. 원래 왜군은 조선에 상륙했을 당시, 기병이 매우 적었는데 조선군으로부터 노획한 말들로 기병대를 편성해 싸우고 있었다.

조선군은 왜군보다 훨씬 열세였지만, 몇 가지 이점도 지니고 있었다. 우선 행주산성은 뒤로는 강과 절벽에 막혀 있어서 달아날 길이 없었으므로 성에 있는 조선군은 모두 죽을 각오를 가지고 싸울 수밖에 없었다. 또 조선군은 성벽 위에서 적을 내려다보는 위치에 있었기 때문에 활의 명중률이 높았고 왜군이 빽빽하게 밀집된 상태였기 때문에 쏘는 대로 모두 맞았다. 반면, 왜군은 조선군을 올려다보고 공격하는 처지가 되어 화살이나 조총 탄환도 잘 맞지 않고, 쏘는 데도 힘이 들었다.

여기에 행주산성의 조선군에게는 화약의 힘으로 200개의 화살을 한꺼번에 날리는 화차火車와 권율이 고안한 수레방아의 원리로 돌을 날려 보내는 수차석포水車石砲가 있었다. 아울러 화약 무기인 승자총통과 진천뢰 및 지신포와 대중발화 등 우수한 무기들이 충분히 갖추어져 있었다. 이러한 무기들은 밀집 상태에서 몰려오는 왜군들을 상대하는 데 그 위력을 발휘했다.

조선군의 두터운 방어망을 뚫지 못하고 사상자가 속출하자 제 3대의 지휘관인 구로다 나가마사는 나무로 높은 탑을 만들고 그 위에 조총을 가진 왜군 수십 명씩을 배치해 성 안으로 조총을 쏘게 하였다. 그러자 방어를 맡은 조선군 장수 조경은 대포를 쏘아서 탑을 모두 박살내 버렸다. 또 조전에는 화살에 칼날을 달아 쏘게 하여 왜군들을 잇달아 사살하였다.

왜군의 인해전술에 고전했지만, 결코 물러서지 않았던 조선군

하지만 왜군들의 사기도 조선군에 결코 뒤지지 않았다. 더욱이 왜군들이 가진 수적인 우세는 그 자체가 강점이었다. 왜군들은 조선군이 쏘아 대는 화살과 각종 화약 무기에 맞아 죽어가면서도 후퇴하지 않고 계속 진격해 왔다. 아무리 무기가 우수해도 그것을 다루는 것은 사람이다. 더욱이 아침 5시부터 시작된 전투가 오후 5시에서 7시 사이인 유시酉時에 이르기까지 계속되자 양쪽 모두 지쳐 버렸다. 그러나 왜군은 숫자가 많아 지친 인원들을 교대로 투입하여 쉬게 할 수 있었는데 반해 조선군은 수가 적어 쉴 수도 없었다.

그래서 한때는 왜군들의 저돌적인 돌격에 조선군이 설치한 목책이 무너지고, 승군들이 후퇴하는 사태가 벌어지기도 하였다. 이에 권율이 직접 칼을 빼어 들고 도망가는 병사들 6~7명을 베어 죽이고 전투를 독려하자 조선군은 다시 전열을 가다듬고 방어에 나서 왜군들을 막아내는 위급한 상황이 연출되기도 했다.

하지만 유시 무렵 조선군의 진영에 큰 문제가 발생했다. 왜군들을 상대로 화살을 계속 쏘느라 화살이 거의 바닥나고 있었던 것이다. 조선군의 화살 공세가 뜸해졌음을 안 왜군들이 다시 돌격을 감행하자, 조선군은 화살 대신 돌을 던지면서 임시로 위기를 모면했는데, 마침 기적 같은 일이 벌어졌다. 충청병사인 정걸이 두 척의 배에 수만 개의 화살을 가득 싣고 왔던 것이다. 이로써 조선군은 화살을 보충받아 다시 싸울 수 있었다.

전투는 12시간 동안 계속되었고, 왜군은 8~9차례나 돌격했다가 후퇴하기를 반복하며 행주산성을 점령하려 애썼다. 그러나 왜군이 돌격할 때마다 화차와 승자총통과 진천뢰 같은 조선군의 화약 무기가 불을 뿜어 내며 날아갔고, 그럴 때마다 왜군 진영에서는 비명과 함께 피를 흘리고 땅바닥에 나뒹구는 시체들이 늘어났다. 더욱이 왜군의 공세에 끝끝내 버티며 저항하는 행주산성의 방어 태세를 도저히 뚫을 수 없었다.

또한 반나절에 걸친 공세가 지속되면서 왜군 진영에서도 죽고 다친 병사들이 너무나 많아졌다. 심지어 총사령관인 우키다 히데이에마저 부상을 입고 후방으로 이송될 정도였다.

결국 계속된 공격을 감행했음에도 불구하고 성을 점령하지 못하고 피해자만 늘어가던 왜군은 어쩔 수 없이 후퇴하고 말았다. 그런데 왜군들은 철수하면서 죽은 아군들의 시체를 네 무더기로 쌓아 놓고 풀로 덮은 후 태워 버렸다. 아마 아군의 수급을 조선군에게 넘겨주어 전공으로 삼지 못하게 하려는 속셈에서 비롯된 것 같다. 그렇게 해서 왜군들의 시체를 태우는 냄새가 10리 밖까지 풍겼다고 한다. 이렇게 해서 행주대첩에서 죽어간 왜군들의 숫자는 무려 1만 명에 달했다.

명나라 장군들의 행주대첩 평가

전투가 끝난 다음 날인 2월 2일, 명나라 장군인 사대수는 행주산성을 직접 방문하여 눈으로 전장을 둘러본 다음 소감을 이렇게 말했다.

"외국(조선)에 진짜 장군이 있다!"

또한 명나라 경략인 송응창은 조선 조정에 이러한 서신을 보냈다.

왜적들이 조선 왕국을 함몰시키니 삼도三都와 모든 군현들이 소문만 듣고도 무너졌으며, 의병을 불러 모아 대란을 평정하고 국토를 지키어 회복을 꾀한 한 사람의 영웅도 없었다. 들리는 소문에는 술이나 마시며 시나 짓고 기생이나 끼고 산에 노닐어 치국과 난세를 모르고 나라의 존망은 관심 밖에 붙이는 자가 있다고 하였다. 이러한 말까지 있으니 왕국에는 사람이 없다고 할 만하다.

그런데 오직 전라도 관찰사 권율만은 외로운 성을 굳게 지키면서 많은 백성들을 불러 모아 여러 차례 기발한 계략을 써서 큰 적을 물리쳤고, 오늘에는 또 모래 자루를 곡식인 것처럼 만들어 왜적을 유인, 이들을 죽였으니 이는 실로 왕국 위기 시의 충신이며 나라를 중흥시킨 명장이다.

본부에서는 심히 가상하게 여겨 장차 별도로 구제하려 한다. 지금 붉은 비단 4필, 은 50냥을 본관에서 상으로 주어 충성과 용기를 권장한다. 왕은 벼슬을 더하여 본국의 막료와 재신을 고무하라.

이밖에 송응창은 행주산성 전투의 전황을 명나라 만력황제에게 알렸다. 황제는 명나라 관원을 조선 조정에 보내어 "조선은 본디 강국으로 일컬어졌는데, 지금 보건대 권율이 참획한 것이 매우 많으니 조선의 백성의 인민이 그나마 보존될 수 있겠다. 내가 매우 가상하게 여긴

이순신의 조일전쟁

다.”라고 축하의 말을 전했다.

평양으로 후퇴했던 명나라 장군 이여송도 행주산성의 대승 소식을 들고는 너무 빨리 후퇴했다면서 후회하기도 했다.

한편, 왜군에 잡혀 있다가 탈출해 온 조선 백성은 행주대첩에서 묵사동에 있는 왜장을 포함한 모든 왜군들이 죽었으며, 그 밖에 5곳의 진에 있는 왜군들도 대부분 죽거나 부상을 입었고, 지금은 남산의 3진과 소공주동의 1진만이 남아 있다고 알렸다. 행주대첩에서 왜군이 입은 피해가 실로 컸음을 알 수 있다.

조일전쟁 중 명나라 장수들도 칭찬하고 황제가 축하의 말을 전한 전투는 행주대첩이 유일하다. 행주대첩은 전란 초기에 도망가기에 바빴던 조선 육군의 명예를 다시 되살렸을 뿐만 아니라 조선 백성과 군사와 조정 신료들에게 왜군과 싸워서 이길 수 있다는 자신감을 심어주었다.

그리고 행주대첩에서 참패한 왜군은 더 이상 한양에 머물 힘을 잃고, 서둘러 남쪽으로 후퇴하게 된다. 조일전쟁의 전반부는 이렇듯 행주대첩으로 인해 사실상 끝나게 된 것이다.

명나라와 일본의 휴전 협상

제2차 진주성 전투,
조일전쟁
최악의 비극

조일전쟁 도중 벌어진 단일 전투로 가장 규모가 크고 또 양상이 처참했던 것은 2차 진주성 전투였다. 1차 전투가 끝난 지 5개월 후인 1593년 3월과 4월에 도요토미 히데요시는 조선에 나가 있는 장수들에게 다시 진주성을 공격하라는 명령을 내렸다. 당시 일본군은 1월에 조명 연합군에 의해 평양성을 빼앗기고 한양에서 철수하여 남쪽으로 철수해 전황이 매우 불리했다. 더욱이 명나라와 휴전 협상을 벌이고 있던 때였다.

그런데 이러한 즈음에 돌연 5~6개월 전에 있었던 진주성을 다시 공격하라는 비상식적인 명령을 내린 이유는 무엇일까?

우선, 행주와 진주성 등지에서 계속된 패배로 사기가 떨어진 군대를 다시 추스르고 승리를 거둠으로써 자신감을 회복하기 위한 동기를 들 수 있겠다. 특히 1차 진주성 전투에서 일본군이 당한 패배를 히데요시는 무척이나 분하게 여겨 반드시 진주성을 쳐 치욕을 씻으라고 세 번이나 직접 지시를 했다고 한다. 사기를 높이기 위해 전투를 벌인다는 것이 얼핏 이해가 안 갈지 모르지만 군사들은 그런 것에 많은 영향을 받는다.

그리고 전쟁의 장기화에 대비하여 전라도로 통하는 길목인 진주성을 점령함으로써 전라도로 진출하여 군량을 확보하려는 의도도 있었을 것이다. 일본군 수뇌부는 작은 진주성을 치기 위해 사전에 미리 철저한 준비를 했다. 우선 한양에서 철수하여 부산에 집결한 대부분의 일본군 병력을 진주성 공격에 투입하기로 결정했으며, 그 부대를 총 6개로 나누어 고니시 유키나가와 가토 기요마사 등 조선 침략을 담당한 중요 장수들에게 지휘하도록 했다.

또 수군을 동원하여 진주 연해로 나아가 마치 조선 수군과 일전을 벌이려는 것처럼 위장해 만에 하나 조선 수군이 진주성에 주둔한 조선군을 돕지 못하도록 전력을 분산시키는 역할을 맡겼다.

일본군이 대군을 동원해 다시 진주성을 공격하려 한다는 정보를 입수한 명군의 부총병 유정은 가토 기요마사에게 사자를 보내 "진주성은 작은 지역인데 무엇 때문에 명나라에 신의를 잃으려 하는가? 돌아가지 않는다면 100만 대군을 동원하여 너희들을 남김없이 섬멸할 것이다!"라고 엄포를 놓았고, 일본과 외교 교섭을 하던 명의 심유경도 고니시 유키나가에게 항의했지만 가토는 유정의 말에 일언반구도 하지 않았고, 고니시도 "내가 아니라 가토가 주장했으므로 성을 비워주는 것이 좋을 것이다."라고 무시했다. 유정의 엄포는 아무런 힘도 근거도 없는 말이었음이 나중에 입증된다.

일본군이 명의 교섭을 거부하자 명군과 조선군은 다급해졌다. 명의 제독 이여송은 유정에게 진주성으로 내려가 조선군을 지원하라고 말했지만 유정은 여러 가지 핑계를 대며 따르지 않았다.

조선군 수뇌부는 전쟁을 피할 수 없음을 깨닫고 다시 일전을 준비했다. 순변사 이빈과 전라병사 선거이와 충청병사 황진, 그리고 전라방어사 이복남이 권율의 지휘 아래 창녕 등지에 분산 주둔했다. 그러나 이빈과 권율의 군대는 양식이 떨어져 제대로 싸울 처지가 못 되었다. 진주성 전투에 참가하라는 명을 받은 의병장 곽재우는 "무모한 전쟁에 아까운 병사를 잃을 수 없다."라며 회의적인 태도를 보였다.

제 2차 진주성 전투의 시작

총 8만 3,000명의 일본 육군은 1593년 6월 15일, 예전의 침공 루트였던 김해와 창원을 거쳐 함안으로 진격했다. 함안에 주둔해 있던 이빈과 권율, 선거이가 거느린 군대는 뿔뿔이 흩어져 달아났으며 곽재우도 승산이 없다고 여겨 철수했다.

다음 날인 6월 16일에는 일본 수군 함대 800척이 웅천과 제포, 안골포에 나타났으며, 그 선봉대가 영등포와 견내량 사이의 해협에 이르렀다. 이를 본 이순신은 통영 앞 한산도에 조선 수군의 주력을 이끌고 나가 대치했으며, 만에 하나 있을지도 모르는 적의 공격에 대비했다. 그러나 이때 일본 수군은 조선 수군을 견제하고 진주성의 조선군을 돕지 못하도록 붙잡아 두는 역할이었기 때문에 끝내 전투는 벌어지지 않았다.

6월 19일, 일본군은 진주성의 외곽에 도착했다. 이때 진주성 안에는 창의사 김천일과 진주목사 서예원, 경상우병사 최경회와 충청병사 황진, 김해부사 이종인, 호남의 의병장 고종후와 임회진 등이 각기 군사 3,500명을 거느리고 주둔해 있었다. 장수들 대부분이 이미 지난 진주성 전투에서 일본군을 상대로 싸워 이긴 경험이 있었기 때문에 사기가 충천해 있었지만, 문제는 진주목사 서예원이었다. 그는 전투 경험이 없었고 평소에도 겁이 많아 다른 장수들로부터 신망을 얻지 못했다.

성 안에는 화포와 화약 무기도 충분히 비축되어 있었고, 양곡도 10여 만 섬이나 있어 장기전을 한다고 해도 별 문제가 없어 보였다. 더욱이 지난 진주성 전투의 승전보를 기억하고 있던 인근 주민들도 끝없이 몰려들어 그 수가 6만여 명에 달했다. 그들 중 4분의 1가량은 싸울 수 있는 장정들이었으며, 그들도 병사들을 도와 전투에 참가하였다.

장수들은 상주와 구례에 주둔한 명군에 지원군을 요청하는 편지를 보냈지만, 그들은 전투가 끝날 때까지 끝내 모습을 보이지 않았다.

처절한 혈전, 드디어 막이 오르다

6월 21일, 일본군의 선발대인 기병 200여 명이 동북산 위에 나타났고, 다음 날인 22일 오전 7시에서 9시 사이의 시간인 진시辰時에 일본군의 기병 500여 명이 북산에 올라 진형을 갖추고 그 위세를 과시하였다.

진주성의 조선군 수뇌부는 섣불리 군사를 내보내 응전하지 않고, 사태의 추이를 관망했다. 이제 중요한 싸움이 벌어질 텐데 자칫 적의 도발에 넘어가 한 명이라도 귀한 병력을 잃을 수는 없는 노릇이었기 때문이다.

드디어 일본군 본대가 성 아래에 도착했다. 일본군은 병력을 나누어 1대는 북문, 2대는 서문, 3대는 동문을 향해 공격을 감행했으며, 나머지 4대와 5대는 각각 동쪽과 서쪽 길 외곽에 주둔하여 혹시 있을지도 모르는 조선군의 지원 병력을 상대하는 임무를 맡았다.

일본군이 진주성에 도착하기에 앞서 성을 지키던 조선군 수뇌부는 성의 남쪽은 험한 촉석루와 남강이 흐르고 있으니 성의 서쪽과 북쪽에 깊은 해자를 만들면 적이 동쪽으로만 공격하리라고 예상했다. 그런데 전투가 벌어지자 일본군은 해자를 파내어 물을 빼고, 이것이 다 마른 뒤에 흙을 운반해 날라 해자를 메워 큰 길을 만들었다. 조선군은 일본군의 기발한 작전에 의표를 찔린 셈이었다.

일본군 병사들이 새로 만든 길을 이용해 성벽 밑으로 다가와 성벽의 밑돌을 파내기 시작하자 성벽 위에 있던 조선군이 화살과 총통을 퍼부어 30여 명을 쏘아 맞히자 일본군은 급히 철수했다. 하지만 이것은 시작에 불과했다. 일단 물러난 일본군은 초저녁에 다시 진격해 와서 한참 동안 크게 싸우다가 2경에 물러갔고, 3경에 다시 진격해 와서 5경이 되어서야 물러갔다.

6월 23일, 한낮에 일본군은 본격적인 공세를 세 번이나 감행했다. 그러나 조선군도 결사적으로 항전하여 모두 격퇴시켰으며, 밤에 일본군이 다시 네 번을 공격해 오자 화포와 화살을 어지럽게 날리며 악전고투 끝에 네 번 모두 물리쳤다. 이때 수만 명의 일본군이 외치는 고함 소리가 밤중에 천지를 진동하여 조선군 병사들의 간담을 서늘하게 하였다.

다음 날인 6월 24일에 적의 증원군 5,000~6,000명이 와서 마현에 진을 치고 또 500~600명의 증원군이 와서 동편에 진을 쳤다. 갈수록 늘어나는 적의 군세와 그에 반비례하여 지원군의 소식이 전혀 없는 조선군 장수와 병사들은 그저 한숨만 내쉴 뿐이었다.

6월 25일, 일본군은 동문 밖에 흙을 메워 언덕을 만들고 그 위에 흙으로 만든 탑을 세워 성 안을 내려다보면서 조총을 비처럼 퍼부었다. 잠깐 사이에 수많은 조선군 병사들이 적탄에 맞아 쓰러졌다.

그러자 충청 병사 황진은 이에 대한 대응책으로 성 안에 높은 언덕을 쌓도록 지시했다. 그는 갑옷과 투구를 벗고 초저녁부터 밤중까지 몸소 돌을 짊어지고 날랐으며, 이를 본 성 안의 백성들이 감격하여 눈물을 흘리며 힘을 다해 축조를 도왔으므로 하룻밤 사이에 언덕은 완성되었다. 황진은 언덕 위에서 현자총통을 쏘아 일본군의 토옥을 모조리 부숴 버렸지만 일본군은 즉시 다시 만들었다. 이날 일곱 번에 걸친 일본군의 파상 공세를 조선군은 힘겹게 막아 낼 수 있었다.

토옥에서의 조총 공격이 실패하자 일본군은 다음 날인 6월 26일에는 동문 밖에 큰 나무 두 개를 세워 그 위에 판자 옥탑을 만들어 놓고는 그 위에서 많은 불화살을 성 안으로 쏘아 대었다. 이에 성 안의 초가집이 일시에 연달아 불에 타서 연기와 불꽃이 하늘까지 뻗쳐 올랐다. 이를 본 서예원이 겁을 먹고서 허둥대며 어쩔 줄을 몰라 하자 김천일은 서예원이 목사의 자격이 못 된다고 판단하여 급히 의병 부장인 장윤을 임시 목사로 삼았다.

쉴 새 없는 적들의 파상 공격과 용장 황진의 죽음

진주성을 지키는 조선군에게 악재는 계속 이어졌다. 때마침 날씨가 습기 차서 조선군의 활시위가 느슨하게 풀려 버렸다. 시위가 풀리면 화살을 쏠 수 없기 때문에 이는 활을 주력 무기로 하는 조선군에게 매우 불리한 일이었다. 더욱이 닷새 동안 하루도 쉬지 못하고 밤에도 계속 전투를 벌여 조선군 병사들은 모두 피로가 누적된 상태였다.

일본군은 "명나라의 군대도 항복하였는데 너희 나라가 어찌 감히 항거하는가?"라는 내용의 편지를 성 안으로 쏘아 보냈다. 조선군 수뇌부는 즉각 "우리는 죽음으로 싸울 뿐이며, 더욱이 명나라 군사 30만 명이 지금 너희들을 추격하여 남김없이 섬멸하고 말 것이다."라고 답장을 보냈다. 그러자 그 편지를 읽은 일본군 병사들이 바지를 걷고 엉덩이를 두드리며 "명나라 장수들은 이미 다 물러갔다!"라고 조롱하였다. 사실, 명나라 장수들이 물러간 것은 아니지만 그들은 조선군을 전혀 돕지 않고 방관만 했으므로 일본군의 말이 전혀 틀린 것은 아니었다.

편지를 보냈다고 해서 일본군이 공세를 멈춘 것은 아니었다. 일본군은 이날 낮과 밤에 각각 3~4회의 공격을 감행했다. 조선군은 모두 막아 내었지만 이제 더 이상 버티기 힘든 지경에까지 이르렀다.

6월 27일, 일본군은 동문과 서문 밖 다섯 군데에 언덕을 축조하고 그 위에 대나무를 엮고 조망대를 만들어 놓았다. 그리고 조망대에 많은 병사들을 올려 보내 성 안을 내려다보고 조총을 쏘아 대게 하자 순식간에 성 안의 조선군 병사 중 300여 명이 총탄에 맞아 사망했다.

가토 기요마사는 바퀴가 네 개 달린 큰 나무 궤짝을 만들어 군사들로 하여금 갑옷을 입고 궤를 옹위하여 나아가며 쇠망치로 성벽에 구멍을 뚫게 했다. 이때 일본군이 사용한 나무 궤짝을 '귀갑거'라고 부른다.

성 안의 조선 병사와 백성들은 급히 성 아래로 기름을 붓고 횃불을 계속 던져 귀갑거와 이를 끌고 온 일본군 대부분을 불에 태워 죽였다. 요행히 타죽지 않은 일본군들은 도망쳤다. 초저녁에 일본군이 다시 신북문으로 침범해 오자 이종인이 휘하 병력과 더불어 힘을 다해 싸워서 많은 적을 죽여 격퇴시켰다.

모든 장수들이 이렇게 분발하고 있는데도 불구하고 서예원은 전혀 그렇지 못했다. 그는 야간 경비를 맡고 있음에도 임무를 소홀히 하였고, 그 바람에 일본군 병사들이 몰래 와서 성벽을 허물어 성이 무너질 위기에 처했다. 28일 새벽 무렵에 성을 점검하다 이를 안 이종인이 분노하여 서예원을 크게 꾸짖었다.

일본군이 성 밑까지 바싹 다가오자, 성 안의 병사와 백성들은 모두 죽을힘을 다하여 싸웠다. 한참 싸움이 치열해질 무렵, 일본군 장수 한 명이 조선군이 쏜 조총에 맞아 죽자 일본군 병사들은 그 시체를 끌고 황급히 후퇴했다.

전투가 끝난 성 안을 황진이 둘러보며 "오늘 싸움에서 죽은 적이 1,000명은 될 것이다."라고 말하고 있을 때, 성 밑에 잠복하고 있던 일본군 병사 한 명이 위로 대고 조총을 쏘았다. 그 총탄이 나무판자에 비껴 맞고 튕겨 나와서 황진의 왼쪽 이마에 맞았다. 저격을 당한 황진은 급히 의원 막사로 옮겨졌지만 상처가 깊어 그만 숨지고 말았다. 진주성 전투 내내 황진의 용맹과 전공은 최고였으므로, 그의 죽음을 접한 조선 장병들은 매우 흉흉해하고 두려워하였다.

황진은 조일전쟁 기간 중에 활동한 조선 육군의 장수들 중, 매우 용감한 장수로 알려졌다. 그는 전쟁이 일어나기 전에, 김성일 일행과 함께 일본에 통신사로 갔는데 여비를 모두 털어 일본도日本刀 두 자루를 사왔다. 이상하게 여긴 주위 사람들이 그 까닭을 묻자 "왜적이 언젠가 쳐들어 올 테니 그때 이 칼로 무찌를 것이오."라고 자신만만하게 대답했다. 2차 진주성 전투를 다룬 일본 측의 기록들에서도 "붉은 갑옷을 입은 조선 장수가 쌍칼을 휘두르며 우리 병사들을 보는 족족 베어 죽이니 매우 두려웠다."라고 전해진다.

성의 함락과 끔찍한 대량 살육

다음 날인 6월 29일, 황진의 죽음으로 인해 서예원이 그를 대신하여 순성장이 되었다. 그러나 서예원은 장수의 재목이 못 되었다. 그는 겁을 먹고 투구도 벗은 채 말을 타고서 눈물을 흘리며 순행하는 추태를 보였다. 이 한심한 모습에 병사 최경회는 서예원이 군사들의 사기를 떨어뜨린다고 하여 죽이려다가 그만 두고서 장윤을 순성장으로 삼았다. 그러나 얼마 되지 않아서 장윤도 일본군의 총탄에 맞아 전사했다.

이날 미시未時에 갑자기 비가 내려 동문 쪽의 성 일부가 무너졌다. 비 때문만은 아니었다. 며칠 동안 일본군 병사들이 성에 달라붙어 성 밑의 기초석을 빼내는 일을 열심히 해 왔고, 그런 노력의 결실로 인해 성이 드디어 무너진 것이었다.

뜻밖의 기회를 포착한 일본군 병사들이 개미떼처럼 몰려오자 이종인은 휘하 병사들에게 활과 화살을 놓아 두고 창과 칼을 들고서 육박전을 하도록 지시했다. 격렬한 저항 끝에 일단 일본군은 많은 희생자를 내고 철수했다.

그러나 곧이어 서문과 북문 쪽이 일본군의 공세를 막아 내지 못하고 뚫리고 말았다. 일본군 병사들이 고함을 지르며 돌진해 오자 잇따른 전투에 지친 병사들이 무너지고 흩어져 모두 촉석루로 집결했다. 일본군이 본성으로 올라와 칼을 휘두르며 날뛰자 겁에 질린 서예원이 제일 먼저 달아났다. 그 모습을 본 많은 조선군이 사기를 잃고 뿔뿔이 흩어져 달아났다. 끝까지 도망가지 않고 싸우던 이종인은 결국 일본군의 총탄에 맞아 장렬히 전사했다.

나머지 장수들인 김천일과 그 아들 김상건 및 최경회와 고종후, 양산숙 등은 촉석루 밑 남강 바위 위에 모였다. 그들은 선조가 있는 북쪽을 향해 두 번 절을 하고 모두 강으로 뛰어내려 투신자살했다.

성을 함락한 일본군은 우왕좌왕하며 도망치는 조선 병사와 백성들에게 "창고 안으로 들어가면 살려주마!"라고 소리쳤다. 그 말을 믿고 많은 사람들이 창고 안으로 들어가자 불을 질러 모두 태워 죽이고 말았다. 창고 안으로 들어가지 않고 도망치거나 곳곳에서 저항하던 사람들 역시 남김없이 죽임을 당했다. 더 이상 죽일 사람이 없자 소나 말, 개나 닭 같은 동물들까지 모조리 죽여 버렸다. 도요토미 히데요시는 미리 일본군 수뇌부들에게 진주성 안에 있는 사람과 동물을 싸그리 도륙하라는 지시를 내렸던 것이다.

일본군이 이처럼 잔혹한 살육을 벌인 저의는 어디에 있을까? 여러 가지 이유가 있겠지만 '공포 전술'의 일환이라고 본다. 일본군에게 저항했다가는 이렇게 무자비한 죽임을 당한다는 메시지를 조선과 명에 알린 것이다. 또 조선인들에게 일본을 상대로 싸워 이길 수 없다는 패배감을 심어주고, 그로 인해 조선의 통치를 더욱 쉽게 하며, 더 나아가 이 승리를 계기로 조선 정부를 압박하여 조선의 영토 중 일부를 할양받

137

기 위한 일석삼조의 계책도 담고 있지 않았을까?

그러나 히데요시가 직접 기획하고 일본군 수뇌부가 실행한 이 진주성 전투는 조선인들에게 일본인에 대한 극도의 적개심만을 심어주었을 뿐 그들이 기대하던 효과는 나타나지 않았다.

2차 진주성 전투에서 얼마나 많은 사람들이 죽었는지는 확실하지 않다. 최소 3만 명에서 최대 8만 명이라고도 한다. 다만 그 규모를 확인할 수 있는 기록이 있다. 전투가 끝난 후 감사 김늑이 사근 찰방 이정을 시켜 조사하게 하였는데 성 안에 쌓인 시체가 1,000여 구이고, 촉석루에서 남강의 북안까지 쌓인 시체들이 서로 겹쳤으며, 청천강에서부터 옥봉리, 천오리까지 죽은 시체가 강 가득히 떠내려갔다고 한다.

이로써 열흘 동안에 걸친 처절했던 제 2차 진주성 전투가 끝이 났다. 조일전쟁 7년 동안, 한 성을 치는 데 8만 명이 넘는 대병력이 동원되어 이렇게 처절했던 싸움을 치른 적은 없었다. 비록 일본군이 승리를 거두었지만, 절대적으로 부족한 병력과 지원군의 부재에도 불구하고 열흘 동안이나 치열하게 맞서 싸운 조선군 장졸들은 대단한 저력과 투혼을 보여주었다.

만약, 성 안의 병사들이 더 많이 있었고 1차 진주성 전투에서처럼 성 밖에서 일본군을 견제할 지원 병력들이 있었다면 2차 진주성 전투의 양상이 바뀌지는 않았을까? 지나간 역사의 현장과 비극을 상기해 보면 무척이나 안타깝다.

굶주리는
병사와 백성들

극히 일부를 제외하고 전쟁은 대부분의 사람들에게 고통스럽다. 우선 자신의 생명이 끊임없이 적에게 위협받기 때문이고, 그로 인해서 행동을 극심하게 제약받기 때문이다. 그러다보니 자연스레 전쟁 중에는 먹을 것을 챙기기가 여간 어려운 일이 아니다.

조일전쟁 당시, 식량 사정이 가장 어려웠던 쪽은 단연 조선의 백성들이었다. 일본군의 공격으로 제대로 농사를 지을 수도 없는 데다 조선에 명군이 들어오면서 더욱 사정이 나빠졌다. 조정이 각 읍에 저축된 곡식을 우선적으로 공급할 상대를 백성이 아닌 명군으로 지정하면서 백성들은 기아에 허덕였다.

조정의 진휼에도 계속되는 백성들의 굶주림

물론 조정에서도 백성들이 굶주리도록 완전히 내버려 두지는 않았다. 〈선조실록〉 선조 26년(1593년) 4월 2일자 기사에 따르면 비변사에서 이러한 구휼책을 제시했다.

경기도의 백성들은 겨우 적의 위협에서 벗어났지만 굶주림에 시달리고 있으니 경기 감사와 한성 판윤 유근에게 명하여 잡곡을 덜어 내어 계속 구휼하게 하소서.

선조 임금도 이에 동의하여 그대로 시행하게 했다. 그러나 그 뒤에 사관은 이러한 비판을 남겼다.

굶주린 사람들을 진휼하였지만, 굶어죽은 시체가 날이 갈수록 더욱 쌓였으니 이는 겉치레만 있고 실제적인 것은 없었기 때문이다.

왕실과 조정 대신들의 가족을 제외한 거의 모든 백성들이 배고픔에 시달렸다. 그나마 식량이 제대로 준비되어 있는 곳인 임시 조정으로 가려고 무수한 백성들이 모여 들었지만, 많은 사람들에게 한꺼번에 나뉘줄 식량이 없어 대부분이 굶주려 쓰러져 죽을 지경이 이르렀다. 그중 에는 양반들도 포함되어 있었다.

백성들의 기아가 해결되지 않은 이유는 식량이 워낙 부족한 탓도 있었지만 구휼을 담당하는 관리들이 본업을 충실히 하지 않은 탓도 있었다. 이 문제는 1593년 11월 25일, 비변사에서 구휼을 담당하는 관리 들을 엄히 다스려야 한다는 건의를 했다.

비변사의 요지는 곡식을 나눠 먹일 때에 그다지 굶주리지 않은 백 성들은 하급 관리들과 결탁해서 얻어먹고, 너무나 굶주려 기력이 없어 문 밖으로 나오지도 못하는 백성들은 오히려 먹지 못하게 되며, 각 지 방 관아의 관원 중에는 구휼 임무를 게을리하는 자도 있으므로 매일 감독하여 상벌을 내리자는 것이었다.

관리들에 대한 처분은 더욱 구체적이다. 구휼 업무를 맡는 진휼사 와 서울시 시장격인 한성 판윤을 다른 잡무에서 제외시키고 한양의 구 휼장인 다섯 군데의 진장 중에서 진휼사가 세 진장을, 판윤이 두 진장 을 전담하되 아침저녁으로 직접 검열하게 하여 관원 중에서 직무를 잘 수행하는 자와 직무를 수행하지 못하는 자를 낱낱이 구분하여 상과 벌을 내리고, 하급 관리들을 엄히 단속하여 중간에서 곡식을 함부로 빼돌리지 못하도록 하자는 것이었다.

같은 날에 비변사는 두 번째로 한양의 굶주린 백성들에 대한 구휼 책을 내놓았다. 용산 지역에 가마솥을 쌓아 둔 다음, 죽을 끓여서 굶 주려 문 밖에 나오지 못하는 백성들을 찾아가 먹이게 하자는 방침이었다. 예전에 명나라 장수들이 가마솥에 죽을 끓여 수레에 싣고 병사들을 시켜 백성들이 있는 곳을 돌아다니며 먹게 하였는데, 백성들이 왔다 갔다 하는 번거로움을 피할 수 있다는 이점이 있어 이를 본받자는 발상에서 나온 생각이었다. 선조도 그 방안을 찬성하여 이 안은 시행되었다.

하지만 이러한 구휼책이 가져다줄 수 있는 혜택의 범위는 매우 제한되어 있었다. 절대 다수의 백성들은 전쟁 기간 동안 내내 굶주림에 시달렸으며, 그러다 보니 영양 섭취를 하지 못해 몸이 쇠약해져 전염병에 쉽게 죽어 나갔다.

영의정 유성룡이 본 굶주린 백성들

유성룡의 저서인 〈징비록〉을 보면 백성들이 겪고 있는 기아가 얼마나 심각했는지 짐작할 수 있다. 유성룡은 징비록에서 자신이 본 비참한 광경을 다음과 같이 술회했다.

명나라 군사들이 음식을 먹고는 그중 한 명이 속이 안 좋아서 구토를 했더니, 주위에서 지켜보고 있던 백성들이 앞다투어 몰려들어 그것을 주어서 먹으려 했다. 그 모습을 보고 나는 슬픈 마음이 들어 눈물을 그칠 수 없었다.

명나라 군사들이 토해 낸 구토물을 먹을 정도로 조선 백성들의 굶
주림은 극에 달했던 것이다.

그나마 토사물조차 먹을 수 있는 사람들은 운이 좋은 편에 속했다.
오랫동안 음식을 먹을 수 없게 된 백성들 중 일부는 흙을 먹기까지 했
다. 흙 중에서도 하얀 흙白土을 체에 잘 걸러 가장 부드럽고 고운 부분
을 받아낸다. 그런 다음 그것을 물에 잘 씻어서 말린 후, 떡을 하는 방
식으로 먹었다고 한다. 하얀 흙은 아무곳에서나 있는 것이 아니고 몇
몇 특정한 지역에서만 발견할 수 있다고 한다.

극단적인 방법, 식인

하얀 흙도 먹지 못하고 굶주렸던 사람들은 끔찍한 선택을 하기도
했다. 인간이 저지를 수 있는 가장 혐오스러운 범죄 중 하나가 바로 식
인이다. 그런데 〈조선왕조실록〉을 비롯한 기록들을 살펴보면 배고픔의
극한에 시달린 백성들이 사람을 죽이거나 죽은 사람의 살점을 떼어 먹
었다는 대목이 심심치 않게 발견된다.

〈선조실록〉 선조 26년(1593년) 12월 3일자 기사에 따르면 선조가 좌
의정 윤두수를 불러 "경상도에서는 사람들이 서로 잡아먹는다고 하는
데 사실인가?"하고 묻자 윤두수는 이렇게 대답했다.

그렇습니다. 신이 팔거에 갔을 때에 사람을 잡아서 먹은 자가 있다

143

는 말을 듣고는 즉시 군관을 보내어 베었습니다. 충청도와 전라도에 들어갔을 적에는 이러한 일이 있다는 말을 못 들었습니다.

당시 경상도는 일본군의 점령하에 있었고, 모든 식량들은 일본군이 차지하고 백성들은 굶주려 있었다. 반면 충청도와 전라도는 조선 수군과 의병들의 활약으로 일본군에게 점령당하지 않은 상태였기 때문에 그나마 식량 사정이 나아 식인이라는 끔찍한 일까지는 벌어지지 않았다.

식인의 문제는 이후로도 자주 거론된다. 1594년 1월 17일, 사헌부에서는 이러한 흉흉한 장계를 올렸다.

기근이 극도에 달해 도성 안에서 사람들이 죽은 사람의 살점을 먹으면서도 전혀 이상하게 생각하지 않습니다. 길가에 쓰러져 있는 굶어 죽은 시체에 완전히 붙어 있는 살점이 없을 뿐만이 아니라 어떤 사람들은 산 사람을 죽여서 내장과 골수까지 먹고 있다고 합니다. 옛날에 이른바 사람이 서로 잡아먹는다고 한 것도 이처럼 심하지는 않았을 것이니, 보고 듣기에 너무도 참혹합니다.

백성들이 굶주림에 못 이겨 식인을 한다는 끔찍한 사실에 충격을 받은 선조 임금은 자신의 죄를 스스로 꾸짖는 교서를 지어 전국 각지에 내리게 했다(《선조수정실록》 선조 27년(1594년) 4월 1일자 기사).

같은 해 4월 6일, 사헌부는 다음과 같은 상소를 올리기도 했다.

굶어죽은 시체가 즐비하고 심지어 부모 자식과 부부 간에도 서로 잡아먹는 일까지 있으니 지금보다 더 환란이 극에 달한때는 없었습니다. 백성들이 이렇게 고통스러운데 어떻게 궁궐을 보수하는 공사에 그들을 동원할 수 있겠습니까?

이 상소를 읽고, 선조도 사헌부의 주장에 동의하여 궁궐 보수를 그만 두도록 했다.

왕과 대신들이 겪었던 굶주림

백성들에 비해 왕실이나 조정 대신들 같은 권력층은 어떠했을까? 일본군이 진격해 올 무렵인 1592년 4월 무렵에는 워낙 허둥지둥 피신하느라 제대로 끼니를 챙기지 못했다. 선조 일행은 임진강 나루에 도착했을 때, 미처 먹을 것이 없어 한 의원이 상투 속에 넣어 두었던 사탕 반쪽을 강물에 타서 선조에게 바쳤다고 한다.

다음 날 새벽 동파역에 도착했을 때는 파주목사 허진과 장단부사 구효연이 음식을 해 왔는데, 선조를 호위하던 군사들이 달려들어 몽당 먹어치우는 바람에 선조 일행이 먹을 음식이 모자랐다. 평소 같으면 엄정한 군기를 가지고 있어야 할 호위 군사들이 그럴 수는 없었겠지만 그

들도 워낙 굶주리고 있어 허진과 구효연이 군사들을 동원해 뜯어 말려
도 아무 소용이 없었다고 한다.

왕과 왕실 및 대신들이 먹어야 할 음식에 손을 댄 호위 군사들은
처벌을 두려워하여 모두 달아나 버렸다. 허진과 구효연도 이 사태를 초
래한 책임을 추궁당할 것이 두려워 역시 도망쳤다.

세자인 광해군은 밥을 먹지 못해 굶고 있다가 재상인 유성룡이 민
가로 들어가 쌀을 얻어다 밥을 지어 세자에게 바쳤을 정도로 왕실 일
행은 기아에 시달렸다.

선조는 한 끼 식사도 제대로 하지 못한 상태에서 동파역을 출발해
판문점에 도착했다. 판문점을 지키고 있던 군사들이 가지고 있던 곡식
서너 말로 밥을 지어 간신히 끼니를 해결했다.

선조 25년(1592년) 5월 1일, 개성에 도착해 선조와 조정 대신 일행들
은 잠시나마 굶주림에서 해방되었다. 그러나 일본군이 한양을 점령하
고 북상하자 선조는 개성을 버리고 평양으로, 다시 평양을 버리고 의
주로 피신하였다. 역시 피난하는 도중에는 제대로 밥을 먹지 못하고 굶
주리기 일쑤였다. 의주에 도착하고 나서야 비로소 선조 일행은 배고픔
을 면할 수 있었다. 남쪽에서 수군들이 보내주는 식량이 속속 공급되
었기 때문이었다.

해가 바뀌어 명군이 도착해 평양성을 탈환하고 곧이어 일본군이
한양에서 철수하자 왕실과 대신 일행들은 기아와 궁상에서 완전히 자
유로워졌다. 〈선조실록〉 선조 25년(1592년) 5월 8일자 기사에 따르면, 선

조는 자신과 세자가 먹을 식사는 생물生物로 하고, 수량도 풍족하게 하
라는 지시를 내렸다. 같은 기간에 백성과 군사들은 여전히 굶주림에 허
덕였지만, 그것은 왕실이나 대신들과는 상관없는 얘기였다.

〈난중일기〉에서
이순신이 기록한
전쟁 중의 굶주림

　　조선 군사들의 식량 사정은 어떠했을까? 왜군을 피해 도망을 다니거나 그들에게 먹을 것을 빼앗기던 백성들보다는 잘 먹었을 테지만 형편이 크게 나은 것은 아니었다.

　　조일전쟁 7년 동안 조선 수군을 통솔했던 이순신은 그의 저서 〈난중일기〉에서 자주 군량에 관한 어려움을 털어놓았다.

　　1592년 7월 16일, 이순신은 전라좌수영과 거기에 소속된 각 진포의 군량은 원래의 양도 모자랐는데, 세 번이나 전투를 벌이고 바다에서 여러 날을 보내느라 많은 군졸들이 굶주리게 되었다고 기록했다.

그리고 아직도 전투가 끝나지 않고, 바다로 나가 출정해야 하므로, 순천부에 보관했던 500여 섬의 군량을 전라좌수영과 방답진에 나누어 주고, 또한 흥양에 보관된 군량 400여 섬을 여도와 사도와 발포와 녹도 등 네 개의 포구에 백 섬씩 나누어주었다고 적었다.

1594년에는 이러한 일도 있었다. 그 해 7월 9일, 전라좌수영에 가리포와 임치와 소근포의 현령들이 찾아왔다. 그러자 이순신은 낙안에서 자신에게 보냈던 군량인 벼 200섬을 나누어주었고, 남아 있는 벼들을 찧어 군량으로 보관했다.

의병들의 식량 공급과 둔전 문제

철두철미하게 군사들의 사정을 챙겼던 이순신은 식량 문제로 다른 장수나 관리들과 다투기도 했다. 〈난중일기〉 1593년 1월 12일자 기사에서 이순신은 다음과 같이 불만스러운 어조로 복잡한 심정을 토로하기도 했다.

"병마사와 순찰사가 징발한 군사들을 먹여 살리느라 전라도의 곡식과 옷감이 모두 소모되어 많은 군사들이 굶고 추위에 떨고 있다. 다섯 명의 의병장들이 서로 연이어 군사를 일으키니 이러한 소동 때문에 공사간의 재물을 다 없애고, 늙고 허약한 백성만 남긴다."

오늘날 사람들이 보면 좀 의외겠지만, 이순신은 의병 활동을 그다지 반가워하지 않았다. 의병들 자체를 못마땅하게 여긴 것이 아니라 의병들이 활동하면 그들에게 군량을 공급하기 위해 자신이 관할하는 수군 병사들에게 먹일 식량이 줄어들기 때문이었다.

이순신은 〈난중일기〉 1593년 3월 22일자 기사에서 별도의 장을 할애하여 다음과 같은 장계 내용을 옮겨 적기도 했다.

군량조차 의뢰할 길이 없어, 온갖 생각을 해봐도 조처할 도리가 없으므로 수군의 일은 어쩔 수 없이 끝내게 되겠습니다. 저 같은 한 몸이야 만 번 죽어도 아깝지 않겠지만, 나라 일을 어찌 하오리까. 전라도에 새로 온 관찰사와 원수조차 바닷가 수군의 양식을 군관을 보내어 곳간 째 털어서 싣고 가니, 저는 다른 도의 먼 바다에 나와 있으므로 어떻게 조치할 길이 없어 사세가 이렇게까지 되었으니 어찌 하오리까.

만약 특별히 수군에 어사를 보내어 수군에 관한 일을 통틀어 검사하게 한다면 바로잡을 도리가 있을 것입니다. 그래서 장계를 올렸지만, 아직 조정의 처분을 알 수가 없습니다. 종사관 정경달이 둔전을 감독하는 일에 무척 애썼는데, 전 관찰사의 공문에는 관찰사 이외에는 둔전을 계속 경작할 수 없고 일체 검사하지 말라고 하니 그 뜻을 알 수 없습니다. 추수할 때까지만이라도 그대로 눌러 둘 수는 없겠습니까?

하지만 이순신은 전라좌수영의 수사로서 자기 관할 고을의 군졸들을 먹여야 할 의무가 있다는 점도 잊지 않았다. 그래서 이순신은 식량 사정이 어느 정도 좋아졌을 때마다 다른 고을에 군량을 나누어주는 일을 게을리하지 않았다. 1593년 6월 25일, 이순신은 낙안에 군량 130 섬 9말을 나누어주었고, 순천부사 권준이 군량 200섬을 가져오자 벼를 찧어 쌀을 만들게 했다.

다른 수사들에 대한 식량 지원

또한 이순신은 다른 수사들이 군량 요청을 하면 거절하지 않고 대부분 승낙했다. 1593년 6월 27일, 충청수사인 최호가 휘하 군관을 시켜 자기가 관할하는 고을인 흥양에 군량이 떨어졌으니 쌀 석 섬을 빌려달라고 하자 이순신은 흔쾌히 나누어주었다.

이순신에게 군량 요청을 한 사람 중에는 원균도 끼어 있었다. 물론 개인적으로 이순신은 원균을 아주 혐오했다. 그의 무능력함과 무례함과 거친 태도가 전황의 타결에 아무런 도움도 되지 않는다고 판단했기 때문이었다.

그렇다고 해서 같은 수사이자 그의 휘하에 있는 군졸들을 굶어죽게 내버려 둘 수는 없는 일이었다. 그래서 이순신은 1593년 7월 21일, 원균이 동생인 원연을 보내 군량을 얻어가는 것을 승인했다.

하지만 식량 공급이 원활하지 못한 때도 있었다. 특히 추운 겨울에는 식량 사정이 나빴다. 날이 추워 농사를 짓는 것이 어려웠기 때문이었다. 그래서 〈난중일기〉 1594년 1월 20일자 기사에 이순신은 살을 도려낼 정도로 추운데, 배에 탄 사람들 중 옷이 없는 사람들은 거북이처럼 웅크리고 추위에 덜덜 떠는 소리를 차마 들을 수 없으며, 군량미조차 오지를 않았으니 더욱 민망했다고 기록했다.

이순신이 병사들을 동원해 한산도에 둔전을 일구게 한 배경에는 이러한 식량 사정의 어려움을 극복하려는 눈물겨운 노력이 숨어 있었다.

그러나 군량이 제때에 오지 않으면 병사들은 굶게 된다. 그래서 이순신은 자신에게 오게 될 군량이 늦게 도착하거나 오지 않으면 군관을 보내 해당 고을의 수령이나 군수들을 문책하기도 했다.

한편, 이순신은 외부로부터의 공급이 여의치 않으면 자발적으로 식량을 생산하는 길도 모색했다. 〈난중일기〉 1594년 6월 5일자 기사에 따르면 한산도에 무씨를 뿌리고 밭을 갈았다는 내용이 나온다. 즉, 이순신은 한산도에 무를 재배하는 밭을 일군 셈이다.

예부터 동서고금을 막론하고 군대에서 식량을 재배할 경우에는 무를 키우는 일이 많았다. 삼국지의 명재상인 제갈공명도 여섯 번의 북벌을 할 때, 장기전에 대비해 국경 지대에서 병사들을 시켜 둔전, 즉 밭을 일구게 했다. 그때 제갈공명이 병사들에게 재배하게 한 작물이 바로 무였다.

무는 추위와 병충해에 강하고 빨리 자란다. 그리고 사람의 몸에 들어가면 소화를 돕는다. 식량 사정이 다급한 군대에서 키우기에는 가장 알맞은 작물이라 할 수 있다.

이순신의 조일전쟁

그래서 현대의 군대에서도 병사들에게 무를 많이 지급한다. 제 1차 세계 대전 당시, 독일군은 영국 해군의 해상 봉쇄로 식량 수급이 어려워지자 국내에서 순무를 재배해 병사들에게 순무로 만든 통조림과 스프 등을 보급했다. 오늘날 북한군에서도 식량 공급이 어렵게 되자 병사들에게 하루 세 끼니를 무로 만든 깍두기나 단무지나 동치미만 주는 바람에 단조로운 식단에 질린 병사들이 불만을 품을 정도라고 한다. 시대는 달랐지만 이순신의 군대도 무로 만든 음식을 병사들에게 나누어주었으리라.

바다에서 고기를 잡아 군량으로 충당한 이순신

그런가 하면 이순신은 자신이 맡은 군대가 바다에서 활동하는 수군이라는 이점을 살려, 부족한 곡식을 고기잡이로 해결하기도 했다. 1595년, 이순신은 병사들을 시켜 잡은 벽어 13,240두름을 이종호라는 군관을 시켜 이웃 고을들에 보내어 곡식으로 바꾸게 했다.

또 전라도 지역에서 많이 잡히는 청어는 전라좌수영 병사들의 굶주림을 해결해주는 가장 좋은 방법이었다. 〈난중일기〉 1595년 12월 4일자 기사에 따르면 이순신의 부하인 황득중과 오수 등이 청어 7,000마리들을 묶은 두름을 싣고 왔으며, 역시 하급 군관인 김희방이 곡식을 사러 가는 배에 청어들을 실어 계산해주도록 했다는 구절이 나온다.

다음 해인 〈난중일기〉 1596년 1월 4일자 기사에 따르면 이순신의 부하인 송한련과 송한 등이 청어 1,000여 마리를 잡았으며, 이순신이 나간 사이에 800마리를 더 잡았다고 한다. 이틀 후인 1월 6일에는 하루 종일 비가 내리는 와중에도 오수와 박춘양 등이 청어 2,080마리를 잡아와 이를 하천수가 받아서 말리는 작업을 했으며, 황득중은 청어 묶음 200개를 바쳤다.

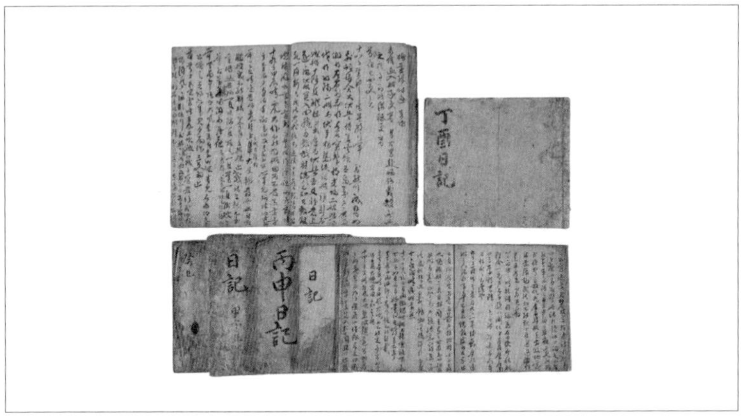

▲ 난중일기(ⓒ 현충사)
〈난중일기〉는 이순신이 기록을 얼마나 중요하게 생각했는지를 알려준다. 이 일기를 통해 후세의 역사가 및 후손들이 전쟁 당시의 상황을 알 수 있었고, 이 책 역시 〈난중일기〉의 기록을 바탕으로 조일전쟁을 재구성할 수 있었다.

〈난중일기〉 1596년 1월 6일자 기사에 따르면 사도첨사 김완이 술을 가지고 와서 군량 500섬을 마련해 놓았다고 보고하는 구절이 나온다. 아마 잡아 놓은 청어를 가지고 상인들에게 가서 곡식으로 바꾼 것으로 보인다.

이순신의 조일전쟁

사흘 후인 1월 9일에는 이순신 본인의 입으로 날씨가 매우 추워서 살을 에는 것 같다고 술회한다. 그런 와중에도 부하 군관인 오수는 청어 360마리를 잡아와서 이를 하천수가 싣고 (쌀을 얻기 위해 곡식 상인에게) 갔다고 전한다. 군사 작전에 필수적인 군량을 마련하려는 이순신의 의지가 참으로 무섭게 느껴진다.

이순신은 이렇게 해서 얻은 청어를 종종 다른 사람들에게 보내주기도 했다. 〈난중일기〉 1596년 2월 13일자 기사에 따르면 제주도를 지키고 있던 목사 이경록에게 식량으로 쓰일 청어와 대구에다 화살대를 만드는 전죽을 함께 보냈다는 내용이 있다.

같은 해 10월 11일, 진무성이 청어 4,300두름을 가지고 왔다는 내용을 끝으로 〈난중일기〉에 청어 관련 부분은 더 이상 등장하지 않는다. 아마도 조정에서 보내주는 식량 사정이 나아져 청어잡이에 의존할 필요가 없어진 듯하다.

군량 관리 문제의 어려움

전쟁을 치르면서 군량은 매우 귀중한 물품이었다. 그런 만큼, 이순신은 군량을 훔친 자들은 매우 엄하게 처벌했다. 〈난중일기〉 1595년 6월 11일자 기사에 따르면 광주의 군량을 훔쳐간 도둑을 이순신이 잡아서 가두었다고 한다. 닷새 후인 16일에는 순천 7호선의 장수인 장일이 군량을 훔치다가 잡혀 와 처벌을 했다는 내용도 있다.

2년 후인 1597년 8월 17일에는 장흥의 군량을 담당하는 감관과 색리가 군량을 자기들 마음대로 모조리 훔치다가 적발된 일도 있었다. 이 사실에 노한 이순신은 그들을 잡아다가 호되게 곤장을 쳤다.

흔히 쓸 수는 없는 방법이지만, 왜군이 약탈한 곡식을 노획하는 일도 있었다. 1597년 10월 24일, 이순신은 해남에 있던 왜군의 군량 322섬을 노획하여 실어오기도 했다. 물론 왜군들이 가지고 있던 군량은 대부분 조선 백성들에게서 빼앗거나 약탈한 것이었다.

드물지만 부유한 민간인이 이순신에게 곡식을 기부하는 일도 있었다. 1597년 11월 28일, 무안에 사는 진사 직함을 가진 김덕수라는 사람은 군량에 보태 쓰라면서 벼 15섬을 가져와 바치기도 했다.

이밖에 조선 수군의 총사령관으로서 이순신이 반드시 해야 할 의무가 있었는데, 그것은 바로 의주로 피난을 간 왕실과 조정에 곡식을 공급하는 일이었다. 가뜩이나 병사들이 먹을 군량도 모자라는 현실에서 괴로운 일이 아닐 수 없다. 하지만 이는 신하된 자에게 부여된 당연한 의무였다. 전쟁 기간 동안 이순신은 뱃길로 왕실에 군량과 다른 잡물들을 자주 보내 주었다.

조일전쟁을 겪으면서 조선의 모든 백성과 군사들은 정도의 차이는 있었겠지만, 너나 할 것 없이 굶주렸다. 이순신 같은 명장도 전쟁터에서 적과 싸우는 일보다 군사들을 먹이는 일을 더 중요시했다. 전쟁에서 가장 무서운 것은 전사가 아니라 굶어죽는 일이었다.

조일전쟁의 새로운 국면 :
항왜병과 이순신의 전력 증강,
흔들리는 민심

01

조선에 항복한 왜군(1)
조총과 검술의 도입

항왜란, 글자 그대로 '항복한 왜인'을 말한다. 7년 동안의 전쟁 중 적지 않은 일본군 병사들이 조선에 항복하고 정착하여 살아갔다.

과연 무슨 이유로 그들은 자신들이 침략한 나라의 백성이 되겠다고 투항한 것일까? 전쟁 초기, 일본군이 승승장구하는 동안에는 조선에 투항하는 자가 별로 없었다. 그런데 전쟁이 길어지면서 식량이 부족해지고 조선군의 반격이 거세지면서 전세가 불리해지자 불안해진 왜인들이 조선에 항복하여 목숨이라도 건지는 편이 낫다고 판단하여 투항하기에 이르렀던 것이다.

아군과의 불화로 투항했던 항왜들

또한 다른 이유에서도 찾아볼 수 있다. 〈선조실록〉 선조 28년(1595년) 2월 29일자 기사에 따르면 항왜들이 다음과 같이 말하는 부분이 나온다.

"우리들과 같이 온 왜인 구질기의 형인 고로비라는 자가 지금 가토 기요마사의 가장 가까운 군관으로 있는데, 그 사람 역시 기요마사와 사이가 나빠서 매번 그 아우와 더불어 공모하여 투항해 오려고 하였는데, 지금은 뒤떨어져서 현재 기요마사의 막하에 있다."

이를 통해 자기네 장수와의 갈등으로 조선에 항복하려는 일본인들이 있다는 사실을 알 수 있다. 단순히 상사와 사이가 나빠진다고 적에게 넘어가려 한다는 대목을 보고 고개를 갸우뚱할지도 모르지만, 전쟁터에서 생사여탈권을 쥔 상관과 인간관계가 틀어진다는 것은 심각한 위험이다. 장수의 말 한마디면 목숨이 위태롭고, 자칫 무슨 핑계를 대어 죽일지도 모르는 일이기 때문이다. 이 밖에도 왜군에서 무슨 잘못이나 범죄를 저지른 후 처벌이 두려워서 조선군으로 도망쳐 온 부류들도 많을 것이다.

여진족 토벌에도 동원된 항왜들

항왜들은 조선군에 소속되어 일본군이나 북방 여진족과의 싸움에 동원되어 큰 활약을 했다. 대표적인 예로 1594년 10월 11일, 함경북도 병마절도사 정현룡은 조정에 장문의 치계를 올렸다. 장계에서 그는 여진족 휴악 부락의 세력자인 역수라는 인물이 조선의 변방을 약탈하자 다른 장수들과 함께 군사 1,325명과 항왜 25명을 이끌고 역수 일당이 웅거한 석성을 공격하여 함락시키고 소탕했다고 보고했다.

이때 조선군에 소속된 항왜들은 처음에 성 안에 웅거한 여진족들이 쏘아 댄 화살과 돌을 맞아 물러났는데, 조선군 장수들이 칼을 빼어 들고 독전하자 다시 용기를 얻어 진격하여 성 안으로 돌입하였고, 마침내 성을 함락시키는 데 큰 공을 세웠다고 한다. 전투가 끝난 이후, 정현룡은 항왜들에게는 여진족들로부터 노획한 소와 말을 상으로 주고 술을 먹여 위로하였다.

이 전투에서 조선군은 항왜를 선봉으로 내세웠다. 그만큼 조선군 수뇌부들이 항왜들의 전투력을 높이 사고 있었다는 뜻이다. 1년 후, 이 사건을 조정에서 어떻게 평가했는지 살펴보자.

윤선각이 아뢰기를,

"허욱에게 들으므로 13명의 왜인이 중국군을 거느리고 달자(㺚子, 여진족)에게 들어가 한밤중에 작살을 냈는데, 왜인은 단지 3명만 사살되었고 달자는 사망자가 300여 명이나 되었다 합니다."

이순신의 조일전쟁

하고, 김수는 아뢰기를

"함경도의 싸움에서 항왜들이 호인(胡人, 여진족)과 한 차례 교전할 때 많은 상해를 입었는데, 우리나라 사람이 다시 전투를 독려하자 팔을 휘두르며 돌입하였다 하므로 참으로 독종입니다."

_〈선조실록〉 선조 28년(1595년) 1월 6일자 기사

조선에 파견된 명나라 장수들은 조선 조정에 항왜들을 넘겨줄 것을 요구하는 일이 잦았다. 조선은 그 청을 들어주어 항왜 중 일부를 명군에 양도했는데, 윤선각의 말은 명군에 소속된 항왜들이 여진족들을 공격하여 대승을 거두었다는 내용이다. 13명의 왜인이 300명이 넘는 여진족을 살육했다니, 실로 무시무시하기만 하다.

윗글 중 김수의 발언은 1년 전 함경도에서 조선군이 여진족을 소탕한 사건을 말하는데, 여진족들이 성 위에서 던져 대는 화살과 돌에 맞아 상처를 입었는데도, 다시 돌진하여 성을 공격했던 일을 상기시키고 있다. '참으로 독종' 운운하는 대목이 인상적이다.

조선군에게 검술과 조총 기술을 가르쳤던 항왜들

이처럼 항왜들은 백병전에서 조선군 병사들보다 탁월한 전투력을 발휘했기 때문에 조선에서는 일찍부터 이들이 귀순해 오면, 훈련도감에 보내 조선군 병사들에게 창검술을 가르치게 했다.

161

비변사가 항복한 왜인 38명의 활용 방안을 아뢰다.

"투항한 항왜들 중 사고수계, 간내비운소, 간로수계, 조음묘우는 칼을 잘 써서 우리나라 살수殺手를 보고 아이들 놀이와 같다고 하였고, 고사로문은 칼과 총을 주조하는 법을 안다 하는데, 이들 왜인을 어찌하여 머물러 두고 전에 내린 전교에 의하여 배우고 익히게 하지 않는가? 배우려고 하지 않아서인가? 그렇다면 그만이다. 또 그들이 가지고 있는 칼을 왜 값을 후하게 주고 사들이지 않는가?"

<선조실록> 선조 27년(1594년) 8월 2일자 기사

비망기로 일렀다.

"왜인의 검술은 대적할 자가 없다. 전일 항왜 다수가 나왔을 때 그 중에 검술이 극히 묘한 자가 많이 있었으므로 적합한 자를 뽑아 장수로 정하여 교습시키도록 별도로 한 대열을 만들라고 전교를 하였는데, 끝내 실시하지 않고 그 항왜들을 모두 흩어 보냈다. 지금 이덕형이 도감에 있으니 족히 그 일을 할 만하다. 별도로 한 장수를 뽑고 아이들 약간 명을 선택하여 한 대열을 만들어서 왜인의 검술을 익히되 주야로 권장하여 그 묘법을 완전히 터득한다면, 이는 적국의 기예가 바로 우리의 것이 되는 것인데, 어찌 유익하지 않겠는가? 훈련도감에 이르라."

<선조실록> 선조 27년(1594년) 12월 27일자 기사

조일전쟁에서 조선군에게 가장 충격을 준 무기가 바로 왜군이 쓰던

장대한 일본도日本刀였다. 조선군이 쓰던 짧은 환도로는 왜군을 당해 내기 어려웠기 때문에 조정에서는 항왜들을 통해 일본도의 쌍수도법을 전수받도록 한다.

또한 항왜들 중에는 조총 제조 기술과 화약 무기에 반드시 필요한 염초 굽는 법을 아는 자가 많아 이들은 적군임에도 불구하고 조선으로부터 우대를 받았다. 유명한 항왜였던 사야가도 그중 하나였다.

임금이 분부하였다.

조총의 제도는 벌써 전해 익혔지만, 염초를 굽는 방법은 전해 익히지 못하였다. 이번에 생포해 온 왜인이 그 굽는 방법을 안다고 하는데, 그의 목숨을 살려주어 속히 오응림과 소충한을 시켜 기술자를 데리고 그 방법을 다 알아내도록 하라는 뜻을 은밀히 병조판서 이항복에게 말하라.”
_〈선조실록〉 선조 26년(1593년) 3월 11일자 기사

임금이 정원에 전교하였다.

전에 생포한 왜인 2명 중에 한 명은 염초를 구울 줄 알고, 한 명은 조총을 만들 줄 안다고 하므로 염초를 굽는 자는 영변으로 보내 관인에게 보수하게 하여 가을부터 시작하면 많은 염초를 구어 낼 것이고, 조총 만드는 자는 철이 생산되는 어느 고을에 보내 또한 관인에게 보수하게 하면 많은 조총을 만들어 낼 수 있을 것이다. 그러니 이를 군기시에게 말하고 제조에게 의논하여 아뢰라. 또 들으니 그 왜인들에게는

아직까지도 족쇄를 채웠다고 하는데, 만일 죽이지 않기로 작정하였다면 이와 같이 할 필요가 없으니 족쇄를 풀어주는 것이 어떻겠는가? 이 뜻을 아울러 군기 제조에게 물어보라."

_〈선조실록〉 선조 26년(1593년) 6월 16일자 기사

우리가 가토 기요마사를 죽이겠소!

백병전을 담당했던 항왜들은 전투에도 뛰어났지만 모략과 암살에도 능숙했다. 〈선조실록〉 선조 28년(1595년) 2월 29일의 기사에 따르면 항왜인 주질지, 학사이 등이 경상 좌병사 고언백에게 다음과 같은 제안을 하기도 했다.

"우리들은 이미 조선 사람이 되었으니 마땅히 적의 괴수를 베어야 한다. 우리들은 왜장 가토 기요마사가 드나드는 모습을 자주 보았는데, 거느리는 군사가 10여 인에 불과하였고, 홀로 와서 술을 마시며 즐기다가 해가 저물면 돌아가는 일이 자주 있었다. 또 군졸과 더불어 사냥할 때에도 단기로 뒤를 따라가 혼자 높은 봉우리에 서 있기를 자주 했다. 이때에 내응하는 사람과 도모한다면 그를 죽이는 것도 손바닥을 뒤집는 것처럼 쉬울 것이다."

항왜들은 조선의 무관인 고언백에게 일본군의 대표적인 장수인 가

토 기요마사를 자기들이 암살하겠다는 대담한 제안을 해 온 것이다.

어제까지만 해도 자신들의 상관이었던 자를 태연하게 죽이겠다는 태도를 이상하게 여길지 모른다. 그러나 항왜들의 입장에서 생각해 보자. 자신들은 이제 일본군이 아닌 조선군 소속이다. 더욱이 순수한 조선인도 아니고 얼마 전까지 조선군과 싸우던 적이었다. 그런 입장이니만큼 조선인보다 더 조선의 입장에 충실해야 의심 받지 않고 살아남을 수 있다. 그러니 조선인들이 가장 두려워하고 미워하는 왜장 가토를 죽여 그 목을 바치겠다는 제안은 얼마든지 해볼 만하다.

만약 성공한다면 자신들의 입지가 더욱 강화되고, 실패하거나 조선 쪽에서 제안을 거부해도 그만큼 자신들이 조선에 충성한다는 것을 증명해줄 사례이니 어떻게 되든 항왜들로서는 결코 손해볼 일이 아니다.

비단 조일전쟁뿐만 아니었다. 제 2차 세계대전 당시에도 미군에 항복한 일본군들은 미군들이 모르는 정보를 자세히 알려주었으며, 개중에는 자원해서 폭격기를 몰고 옛 동료들이 있던 일본군 기지를 공격하는 자들도 많았다. 뿐만 아니라 미국에 살던 일본인 이민자들은 미군에 입대하여 일본계 미국인들만으로 구성된 사단을 만들어 미 국무성에 일본 상륙전에 자신들을 선봉으로 세워달라는 부탁을 할 정도였다. 그들이 외친 구호는 "(일본에) 가서 죽자!"라는 것이었다고 한다.

〈선조실록〉 선조 29년(1596년) 4월 23일자 기사에 따르면 항왜 주사 불은 다른 항왜들보다 힘과 용맹이 뛰어났으며, 항상 "왜인을 치고자 하면 나를 선봉으로 삼으라."라는 말을 자주했다고 한다.

02

조선에 항복한 왜군(2)
사백구와 여여문

사백구_{沙白仇}라는 항왜는 황석산성 전투에서 패전한 김해 부사 백사림을 구하기 위해 조총을 쏘아 일본군 4명을 사살했으며, 백사림이 비만한 체구로 인해 잘 뛰지 못하자 그를 바위굴에 숨겨 놓고 노란색의 돌로 가린 후 초목으로 덮어 일본군으로 하여금 그가 있는 줄 모르게 하였다.

그런데 날이 새어 성 안으로 들어간 일본군이 사방 성문을 지켜 성 안에 있는 사람들이 나가지 못하도록 했다. 그러자 사백구는 꾀를 내어 백사림을 결박하고 자신은 원래의 일본군 차림으로 꾸며 백사림을 여러 일본군들 가운데로 끌어내어 성문을 지키는 병사들에게 "너희들이 성문을 어떻게 지켰기에 조선인이 성 안에 들어와 있는 줄도 모르고 체포하지 못했느냐? 너희들의 죄는 죽어 마땅하다!"고 거짓 연극을 하며 그들을 꾸짖었다.

이에 성문을 지키던 일본군 병사들은 잔뜩 겁을 먹고 "우리들이 멀리서 오느라 노곤하여 깊이 잠든 사이에 조선인이 함부로 성 안에 들어오게 되었으니 죄가 크다. 상관이 이 사실을 알게 되면 결코 용서해 주지 않을 터이니, 우리들의 실수한 바를 보고하지 말고 목숨을 구제해달라."며 성문을 열어 사백구와 백사림을 보내 주었다.

사백구는 백사림을 성 밖으로 인도해 나와 산 속에 숨겨 둔 뒤에 한참 동안 나가서 돌아오지 않았다. 그러자 백사림은 '이 자가 도로 일본군에게 투항하여 사실대로 말하고는 무리들을 이끌고 나를 죽이려 오고 있구나.'라고 생각하며 겁을 먹었다. 하지만 사백구는 백사림을 배신한 것이 아니라 식량과 물을 구하기 위해 산을 뒤지고 다닌 것이었다. 3경 무렵에 사백구가 산에서 내려오면서 커다란 바가지에 쌀밥과 간장, 무를 담고 냉수가 든 호로병과 쌀 한 말까지 가지고 오는 모습을 본 백사림은 기뻐하면서 일의 자초지종을 물었다.

사백구는 "상관께서 너무도 배고프고 목말라 하시기 때문에 내가 도로 일본인의 모습으로 꾸며 일본군의 진지로 들어가 '나는 바로 안음에 진을 치고 있는 장수의 부하인데, 양식이 벌써 떨어지고 날씨마저 추워 장차 살 수 없게 되었다. 그대들이 성을 함락시킬 때에 노획한 물건을 내게 조금만 주어 쇠잔한 목숨 하나 구제해주는 것이 어떻겠는가?'하고 구걸을 하여 쌀과 간장과 옷을 얻어 가지고 온 것입니다."라고 밝혔다. 사백구의 정성에 감복한 백사림은 그를 끌어안고 눈물을 흘릴 뿐이었다.

경상우병사 김응서는 이와 같은 사실을 적어 올린 장계에서 "지금 우리나라의 사람들도 가장이나 처자식을 잘 구제하지 않는데, 오랑캐로서 이렇게 지성스러운 마음을 가졌으니 사람으로서 부끄럽게 여겨야 할 것입니다. 사백구에게 특별히 중한 상을 내려 그의 마음을 위로해주시고, 아울러 항복한 왜인들에게 조선식의 성과 이름을 내려 조선 사람과 같이 대우해주소서."라고 말했다(《선조실록》 선조 30년(1597년) 9월 8일자 기사).

조선인도 아닌 투항한 일본군이 자신의 상관을 구하기 위해 두 번이나 목숨을 걸면서 분투한 일은 참으로 믿기 어려울 만큼 감동적이다.

사백구의 일보다 앞서, 조정에서 각별히 후대하라고 명한 여여문이라는 항왜도 있었다.

임금이 정원에 하교하였다.

"항왜 여여문을 각별히 후대하라고 전날에 전교하였는데 실행하는지 모르겠다. 요사이 들건대, 이 자가 병이 났다가 차도가 있다고 하는데 이는 보통 왜인이 아니다. 대우를 후하게 하지 않아선 안 된다. 그리

이순신의 조일전쟁

고 그도 진력하기를 원하므로 마땅히 한 초관을 차출, 젊은 병사 수십 명을 뽑아 전적으로 여문에게 맡겨 교습시키고, 이영백과 산소우로 좌편과 우편을 삼아 모든 시재試才에 서로 승부를 겨루게 하고 등급을 매겨 논상한다면 저들은 이기지 못할까 두려워하여 각기 그 재주를 다할 것이니 멀지 않아 전습이 성취될 것이다. 이와 같은 일을 어찌 유의하여 하지 않는가.

만약 젊은 병사들의 급료가 곤란하다고 한다면 긴요치 않은 사람으로서 급료를 받는 자가 많고, 또 사수射手같은 데에 용잡하고 쓸데없는 자가 많이 끼어 있으므로 그와 같은 사람들을 도태시키고 그 급료로써 지급하도록 훈련도감에 말하라."

_〈선조실록〉 선조 28년(1595년) 6월 19일자 기사

투항해 오는 항왜들과 그들을 보는 조선 백성들의 눈

일본군 내부에서도 전쟁이 길어질수록 조선에 투항하는 항왜들이 많아진다는 사실을 인식하고 이를 큰 문제로 여겼다. 믿기는 어렵지만 〈선조실록〉 선조 28년(1595년) 2월 10일자 기사에 따르면, 접반사 이시발이 고시니 유키나가의 동생인 소장과 만나 대화를 나누었을 때, 소장이 "조선에서 항왜들을 우대하여 일본군 병사들이 앞을 다투어 서로 투항하려 한다는데 사실인가? 앞으로 난처한 일이 있으면 우리들도 투항해가려 하는데, 조선에서 후히 대접해줄지 모르겠다."라고 말했다

169

고 한다.

조정에서는 항왜들을 도적떼나 민란을 진압하는 일에도 동원하려 했다. 선조는 선조 27년(1594년) 10월 18일, 토적 토벌에 대한 비망기를 내려 "경기도, 충청도, 전라도에 토적들이 도처에 창궐하는데 관군이 미처 토벌하지 못하므로 항왜군을 모아 투순군이라 부르고 반란 진압에 이용하도록 하라."고 지시했다.

이에 실록을 기록한 사관은 "난리의 폐해로 많은 백성이 생업을 잃고 일어나 도적이 되었지만, 어찌 그들의 본심이겠는가? 국가에서는 안정시켜 모아서 무마할 계책은 생각지 아니하고, 투항한 왜병을 동원하여 불쌍한 백성을 주살하려고 하니 불가한 일이 아닌가?"하고 비판하는 의견을 적었다. 하긴, 아무리 도적떼라지만 한 나라 백성을 귀순한 외국인 병사들로 죽이게 하는 것은 쉽게 납득하기 어려운 일이다.

그러나 항왜들이 우대만 받은 것은 아니었다. 〈선조실록〉 선조 27년(1594년) 8월 12일자 기사에 따르면 사헌부는 항왜들이 오랫동안 서울에 머물면서 마을들을 멋대로 돌아다니며 민심을 흉흉하게 만들고 있으며, 더러 재물을 약탈하니 이에 따른 조치를 취해야 한다는 건의를 올렸다. 또 사헌부는 같은 해 9월 1일에도 항왜들이 서울 근처에 거주하면서 칼을 차고 다녀 조선 백성들이 이를 보고 두려워하여 인심이 동요한다는 폐단을 알렸다.

결국 선조는 항왜들을 서둘러 나누어 서울 밖으로 내보내자는 사헌부의 요청을 받아들였으며, 항왜들에게 "너희들은 이미 조선 사람이 되었으니 칼을 차고 다니는 것은 옳지 않다."며 칼을 가지고 다니지 못하게 막았다. 항왜들이 평소에도 칼을 휴대하고 다니다 조선 백성과 시비나 다툼을 벌일 경우 칼로 상해를 입힐 것을 우려했기 때문이었다.

백성들뿐만 아니라 조정에서도 항왜들을 우려 섞인 눈으로 보는 일들이 잦았다. 1594년 9월 14일, 군사 담당 기구인 비변사는 "양계兩界로 보낸 항왜들의 숫자가 너무 많은데, 양계의 군읍은 전쟁 때문에 크게 피폐해져 있어 항왜들을 먹여 살릴 여건이 되지 못합니다. 이후로는 항왜들 중 재능이나 기술을 가지고 공손한 자들만 육군에 남게 하고, 나머지는 칼 같은 무기들을 거두고 한산도로 보내 여러 배에 나누어 두고 노를 젓는 격꾼으로 삼게 하소서."라는 건의를 올렸다.

그러면서도 조정은 노심초사하여 혹시 이러한 조치들이 조선에 투항하는 항왜들의 사기를 꺾을 것을 두려워하여 여러 가지 조치를 했다. 선조는 선조 27년(1594년) 8월 23일, "우리나라는 아직 전쟁을 승리로 끝내지 못했으니 항복해 오는 왜인들을 거절하는 것은 옳지 못하다. 근래에 들어 수백 명의 항왜들이 왔는데, 이는 군줄 한 명의 목숨도 버리지 않고 적의 군세를 취한 것이니 지나치게 의심할 필요가 없다."라는 전교를 내렸다.

같은 해 9월 13일, 비변사도 조정 회의에서 "항왜들이 힘을 내어 공로를 세우니, 잘 어루만져 우리에게 쓰임이 되게 하여 훗날 나라를 위해 정성을 다하도록 해야 합니다. 그런데 요즘 항왜들을 부리는 대우가 부족하니 저들로 하여금 조선에 투항한 것을 후회하는 마음이 들게

171

할 수도 있습니다."는 논의를 가졌다.

이러한 우려를 더해주는 사건이 있었는데, 투항해 온 항왜들을 조선의 지방 군관들이 조정에 보고하지도 않고 멋대로 죽인 일들이 벌어졌다. 1594년 10월 5일 경상우병사 김응서는 조정에 장계를 보내 의흥현감 노경복은 투항해 온 항왜 3명을 공격하여 그중 2명이 죽고 나머지 한 명이 도망쳤는데, 그들의 본진으로 돌아가 이 사실을 알려 조선에 투항하려는 일본군들의 생각에 부정적인 영향을 미쳤을 것이라며 노경복을 처벌해야 한다고 주장했다.

그래서 조정에서는 투항해 오는 항왜들을 조선군 지휘관들이 잘못 죽였을 경우, 엄히 꾸짖고 항왜들에게 집을 주고 벼슬을 내려 포상하는 방법으로 그들을 가급적 다독이는 정책을 펼치며 애썼다. 이렇듯 잇따른 항왜들의 투항으로 인해 전황은 일본 측의 일방적인 우세에서 서서히 달라지기 시작했다.

이순신의 전력 증강, 조선 수군을 강성하게 만들다

각종 무기의 점검과 도입

조일전쟁이 발발한 지 1년이 지나자, 대부분의 왜군은 부산과 동래 등 남해안에 쌓은 교두보에 주둔한 일부를 제외하면 모두 본국인 일본으로 철수했다. 그리하여 조일전쟁은 큰 전투가 없는 교착기에 들어갔다.

하지만 그렇다고 전쟁이 완전히 끝난 것은 아니었다. 일본 본토에서 언제 또 수십만 명의 대군이 쳐들어올지 모르는 일이었다. 그래서 이순신은 머지않아 다시 벌어질 전쟁에 대비하여 무기와 선박을 제조하고 점검하는 데 주의를 게을리하지 않았다.

이순신이 신경을 쓴 무기는 화약 무기인 조총이었다. 왜군과의 전투를 치르면서 이순신은 조선군이 사용하던 승자총통보다 왜군이 사용하는 조총이 위력, 사정거리, 명중률 면에서 뛰어나다는 사실을 체험하고 조총을 만드는 데 혼신의 노력을 기울였다. 그리하여 1593년 9월 15일, 이순신은 마침내 조총을 제조하는 데 성공했다.

이제야 온갖 연구 끝에 조총을 만들어 내니, 왜인의 총통보다도 낫다. 명나라 사람들이 와서 진중에서 시험 사격을 하고서는 잘 되었다고 칭찬하지 않는 이가 없었다. 이미 그 묘법을 알았으므로 도 안에서는 같은 모양으로 넉넉히 만들어 내도록 순찰사와 병마사에게 견본을 보내고, 공문을 돌려 알게 하였다. 지난해 변란이 일어난 뒤로 수군이 전투한 것이 수십 번이나 많이 되는데, 그 적들은 꺾여져 무너지지 않는 게 없고, 우리는 한 번도 패하지 않았다.

조총 이외에도 이순신은 다른 화기를 만들려고 노력했다. 그중 특이한 무기로는 죽총통이 있었다. 글자 그대로 대나무로 몸체를 만든 총통인데, 주변에서 쉽게 구할 수 있는 재료로 만들기 때문에 이순신도 한 번 시도해 보았다.

하지만 애써 만든 죽총통은 발사하는 소리만 요란할 뿐, 위력이나 사정거리는 뒤떨어져 그다지 쓸모가 없었다. 시험 발사를 해보고 이순

신은 죽총통에 대해 "우습다."라고 짤막하게 혹평을 남겼다(《난중일기》
1594년 2월 17일자 기사).

그런가 하면 이순신은 다소 특이한 무기에 관심을 가지기도 했다.
왜군들이 사용하던 기다란 창이었다. 나라가 수십 개의 작은 영지들
로 나뉘어 치열한 내전에 한창이던 16세기 일본에서는 보병들이 5∼
6m나 되는 긴 창을 가지고 싸웠다. 반면 조선군이 사용하던 창은 약
2.5m 내외로 왜군의 장창에 비하면 매우 짧았다. 그래서 조일전쟁이
벌어지기 직전, 왜국의 사신으로 왔던 귤강광은 조선군 병사들이 든
창을 보고 "너희들의 창은 너무 짧구나."하고 비웃었던 일화도 있었다.

왜군과의 전투에서 그들이 사용하던 장창을 노획한 이순신은 1594
년 4월 22일, 왕자인 광해군에게 조총과 함께 장창을 첨부해 보내기도
했다. 하지만 그 이후, 이순신이 왜군의 장창을 조선군의 제식 무기에
도입했다는 기록은 없다. 아마 이순신도 여러 가지로 연구를 해보았지
만, 왜군의 장창을 수전에 사용하는 것은 무리라고 여겼던 듯하다.

그렇다고 해서 이순신이 조선군이 쓰던 승자총통을 전혀 쓸모없는
무기라고 생각하여 만들지 않거나 방치하지는 않았다. 1596년 5월 2일
과 3일, 이순신은 총통 네 자루를 새로 만들어 실전에 배치하기도 했
다. '이미 왜군의 조총이 조선군의 총통보다 더 우수하다는 점을 알았
던 이순신이 왜 이러한 일을 했을까?'하고 궁금하게 여기는 사람들도
있을 것이다.

그러나 군사 문화는 굉장히 보수적이기 때문에 한번 적용되면 쉽

게 바뀌지 않는다. 수군 병사들도 이제까지 널리 사용해서 손에 익던 총통을 하루아침에 완전히 버릴 수는 없었던 것이다. 실제로 조선 말기까지 병사들은 조총과 함께 활도 함께 사용하고 있었다. 오랫동안 써 오던 활을 모두 버리지는 못했던 것이다.

단순히 무기 제조만이 아니라 이순신은 만들어진 무기들이 제대로 관리되고 있는지에도 신경을 썼다. 1596년 1월 15일, 이순신은 자신의 관할 고을인 낙안과 흥양의 전함과 무기와 군수물자들을 일제 점검했는데, 낙안에 보관된 것들이 제일 엉성하다는 판정을 내렸다. 그 후일담은 나오지 않았지만, 필시 낙안의 관리들은 이순신에게 호된 꾸지람을 듣거나 무거운 처벌을 받았으리라.

그런가 하면 같은 해 5월 6일에는 땅거미가 질 무렵, 총통을 만들 때에 쓰는 숯을 쌓아 두는 창고에 불이 일어나 모두 불타 버리는 사건도 일어났다. 창고의 화재 사건을 두고 이순신은 감독관들이 새로 받아들인 숯에 묵은 불이 있는지 살피지 않아 이러한 재난을 보게 되었다면서 감독관들을 매우 질타했다.

전함들의 관리와 정비

이순신은 수군 본부인 전라좌수영의 수사였으니만큼, 해전에 쓰이는 선박들의 문제에도 신경을 썼다. 그중에서도 배를 만드는 목수이자 나무를 베는 도끼질꾼인 자귀장들에게 관심이 많았다.

〈난중일기〉 1593년 6월 22일자 기사에 따르면 전함을 제작하는 자귀장들의 모습이 상세하게 기록되어 있다. 이때 자귀장들은 214명이었고, 전함 제작에 필요한 물건을 나르는 사람은 본영에서 72명, 방답에서 35명, 사도에서 25명, 녹도에서 15명, 발포에서 12명, 여도에서 15명, 순천에서 10명, 낙안에서 5명, 흥양과 보성에서 각 10명이 동원되었다고 한다.

다음 날인 23일, 자귀장이들을 점호하였더니 한 명도 결근이 없었고, 그래서 새로운 전함에 쓸 밑판을 만드는 것을 마칠 수 있었다. 오늘날 유능한 경영자들이 직원들의 조기 출근을 중시하는 것처럼, 이순신도 마찬가지였던 것이다.

이로부터 약 3개월 후인 9월 6일에도 선박 제조는 계속되었다. 그날 새벽에 배를 만드는 데 필요한 목재를 운반하기 위해 한산도에서 여러 척의 배들이 출항했으며, 다음 날인 7일 아침에 목재가 한산도에 도착하여 선박 제조에 쓰이기도 했다.

해가 바뀐 1594년 1월 28일, 이순신은 새롭게 전쟁에 쓰일 전함들을 제조하기 시작했다. 그리하여 열 달 후인 11월 28일, 이순신은 본영인 여수와 관할 고을들에서 총 34척의 전함을 새로 건조했다. 다음은 상황을 알기 쉽게 도표로 정리한 것이다.

고을	기존 전함	새로 건조한 전함	전함들의 총계
여수	2	5	7
순천	1	3	10
흥양	2	2	10
낙안	1	2	3
광양	1	2	4
보성	2	2	8
방답	–	4	4
여도	–	3	3
발포	–	3	3
사도	–	4	4
녹도	–	3	3

이순신의 조일전쟁

04

이순신의 항왜 인맥 활용과 첩보전

항왜들을 부린 이순신

앞선 항목에서 설명한 것처럼, 전쟁이 길어질수록 조선군에 항복하는 왜군, 즉 항왜들은 늘어갔다. 그들 중 일부는 이순신의 휘하에 배속되어 전쟁을 수행하는 데 도움이 되기도 하였다.

항왜에 관련된 기록은 〈난중일기〉 1594년 11월 4일자 기사에 처음 등장한다. 이때 이순신은 일기에 "투항해 온 왜인들의 사정을 들었다."라고 짧게 내용을 남겼다.

그리고 다음 날인 11월 5일에는 순변사 이일이 자신의 군관을 시켜

서 항왜 13명을 이순신에게 보내주었다. 이틀 후인 11월 7일에는 역으로 이순신이 자신에게 항복해 온 왜군 17명을 남해로 보내기도 했다.

11월 13일과 14일에는 각각 도원수 권율이 항왜 14명을, 우병사 김응서가 항왜 7명을 군관을 시켜 이순신에게 보낸 일도 있었다.

이렇게 해서 이순신의 휘하에 배속된 항왜들은 그들이 가진 특기를 살려 수군 영내에서 생활했다. 11월 27일, 이순신은 자신에게 보내진 항왜들을 모두 모아 놓고 그들에게 조총을 쏘는 연습을 시켰다. 그들을 통해 조선 수군 병사들에게 조총 사격법을 가르치기 위함이었다.

해가 바뀐 1595년에도 이순신을 찾아오는 항왜들은 줄어들지 않았다. 그해 3월 17일, 전라우수사 이억기는 자신이 견내량에서 항왜 심안은이를 잡아 문초했는데, 그의 상전인 심안둔(도진의홍)이 가까운 시일 내에 일본으로 돌아간다는 정보를 제공했다고 알려왔다.

그런데 1595년 4월 24일에는 뜻밖의 일도 있었다. 이순신에게 보내진 항왜들 중 몇 명이 달아난 것이다. 잠시나마 조선군 병영에 머물렀던 그들이 본래 있었던 왜군 진영으로 돌아가 조선군에 관한 정보를 말하면 큰일이므로, 이순신은 그들을 철저하게 수색하여 모두 잡아들였다. 도망간 항왜들 중에서는 망기시로라는 자도 있었는데, 자신들의 동료와 함께 모두 참수형을 당하면서도 두려워하는 기색이 없어 이순신도 그를 가리켜 참으로 독한 놈이었다고 표현했다.

항왜들은 자기들끼리 싸움을 벌여 죽기도 했다. 1595년 5월 21일에는 항왜들이 이순신을 찾아와 "우리들 중 산소란 놈이 흉측한 짓을 하

니 죽이겠다."라고 알려 와서 다른 항왜를 시켜 산소라는 항왜를 죽이
게 한 일도 있었다.

이순신에게 온 항왜들은 전투나 무기 제조 이외에 다른 잡무에 동
원되기도 했다. 1595년 10월 5일과 13일, 전라좌수영에 배속된 항왜들
은 새로 지은 다락에 올라가 대청에 흙을 붙이거나 물건을 나르는 일
을 도맡았다.

항왜들이 이순신을 찾아온 이유는 무엇이었을까? 〈난중일기〉
1596년 1월 8일자 기사에는 재미있는 설명이 포함되어 있다.

그날, 항왜 5명이 방문했다. 그래서 그 까닭을 묻자 저희네 장수가
성질이 모질고 일을 또 많이 시키므로 도망하여 와서 투항했다고 말했
다. 그들은 가덕도에 있는 왜장 도진의홍의 부하들이었다.

이순신은 항왜들을 어떻게 대우했을까? 인자하게 대했을까, 아니면
학대했을까? 자료가 많지 않아 확실히 알 수는 없다. 다만, 〈난중일기〉
1596년 1월 15일자 기사에 따르면 그날 이순신은 항왜들에게 술과 음
식을 먹였다고 한다. 음식은 그렇다 쳐도 술까지 준 것을 보면, 항왜들
을 비인간적으로 다루지는 않았던 것 같다.

그리고 〈난중일기〉 1596년 7월 13일자 기사에 따르면 이순신의 본
영에서는 항왜들이 광대놀이를 하고 즐겁게 놀기도 했다. 이순신은
〈난중일기〉에 항왜들이 광대놀이를 하고 노는 것은 그다지 좋게 보지

않았지만 항왜들이 간절히 바랐기에 막지 않았다고 적었다.

적의 본영인 부산에 첩보망을 깔았던 이순신

이순신은 단순히 전투에만 몰입했던 용장은 아니었다. 그는 직접적인 전투 이외에도 제대로 된 정보를 얻어 적의 실태를 정확하게 파악하려 했다. 그래서 이순신은 조일전쟁 내내 왜군을 상대로 한 첩보전과 정보 탐색에도 열을 올렸다.

옥포해전에서부터 부산포해전에 이르기까지 이순신은 언제나 척후선을 먼저 보내 왜군의 위치와 규모에 대해서 정확히 알아내려고 노력했다. 그리고 정보가 정확하고 믿을만 하다는 판단이 선 다음에야 함대를 이끌고 출정하여 적을 공격해 승리를 거두었던 것이다.

전쟁의 양상이 소강 상태로 접어든 1593년 무렵에도 이순신은 정보 탐색을 게을리하지 않았다. 〈난중일기〉 1593년 5월 11일자 기사에 따르면, 이순신은 영등포로 왜군의 동태를 탐지하기 위해 척후병들을 보냈다. 그들은 돌아와서 이순신에게 "가덕도 앞바다에 적선이 무려 200여 척이나 머물면서 드나들며, 웅천에는 전일과 같다."고 보고했다. 덕분에 이순신은 적과의 대결에서 유리한 국면을 차지할 수 있었다.

이순신이 이처럼 정보를 중요시했던 것은 그의 신념에서 비롯되었다. 이순신은 "나를 알고 적을 알면 백번 싸워도 다 이기고, 나를 알고 적을 모르면 이기고 지는 것이 반반이며, 나를 모르고 적도 모르면 싸워봐야 반드시 지게 된다. 이것은 만고의 바뀌지 않는 진리이다.”라고 말할 정도로 정보의 싸움에서 이겨야 비로소 전투에서도 이긴다고 굳게 믿었다(〈난중일기〉 1594년 11월 28일자 기사).

그런가 하면 이순신은 고정 첩보원을 사용해 적의 정보를 탐지하기도 했다. 〈난중일기〉에 기록된 이순신이 부렸던 첩자로는 허냇만(허내은만)이란 사람이 있다. 허냇만에 관한 기록은 주로 1596년부터 집중적으로 나온다.

〈난중일기〉 1596년 4월 22일자 기사에 따르면, 허냇만은 왜군의 교두보인 부산에 침투하여 이순신에게 편지를 올렸다. 그의 편지에 따르면 4월 8일 휴전 협상을 위해 일본에 파견된 명나라 사신 이종성이 어디론가 도망쳐 버리고, 부사인 양방형은 여전히 일본의 진영에 있다는 것이었다. 이종성의 이러한 돌발 행동으로 인해 명나라와 일본과의 휴전 협상은 결국 파탄나게 된다. 이순신은 허냇만이 보내 온 첩보를 듣고 명나라와 일본 간에 돌아가는 사정을 파악했고, 휴전이 깨어진 것에 대해 불만을 품은 일본이 조만간 다시 전쟁을 일으키리라는 예측을 하지 않았을까?

1596년 4월 30일에도 부산에 침투해 있던 허냇만이 편지를 보내 왜장 고니시 유키나가가 군사를 철수할 뜻이 있다고 알려 왔다.

한 달 후인 5월 13일, 부산의 허냇만이 이순신에게 중요한 정보를 알렸다. 왜장 가토 기요마사가 벌써 5월 10일에 그의 군사를 거느리고 바다를 건너갔고, 각 진의 왜군들도 장차 철수해 갈 것이며, 부산의 왜

183

군은 명나라 사신과 함께 바다를 건너 가기 위해 아직 그대로 머물고 있다는 내용이었다.

다음 날인 5월 14일, 김해부사인 백사림이 이순신에게 보낸 긴급 보고 내용도 허낸만의 편지 내용과 일치했다. 그래서 이순신은 순천부사에게 자신이 허낸만에게서 들은 정보를 알려주었다.

열흘 후인 5월 24일에도 허낸만이 부산에서 편지를 보냈다. 경상좌도 각 진의 왜군들이 모두 철수하고, 다만 부산에만 머물러 있다고 했다. 이 정보를 들은 이순신은 그동안 허낸만이 보낸 첩보의 공을 기려서 그에게 상으로 술과 쌀 열 말과 소금 열 말을 주고서 마음껏 정보를 잘 탐지하라고 치하했다.

6월 15일에도 허낸만은 이순신에게 왜군의 정보를 탐지해주었다. 이순신은 상으로 군량을 주어서 그의 공로를 위로했다.

조일전쟁 동안 이순신은 허낸만 같은 첩자를 이용한 정보전에 공을 들였고, 그 결과 전황의 내용과 시국의 상황을 정확하게 알 수 있었다. 이것이 그를 명장을 넘어 성웅으로 만들어준 힘이었다. '아는 것이 힘'이라는 격언은 너무 오래되었지만 그만큼 힘이 있는 말이다.

05

침략자인
왜군을 도운
매국노와 배신자들

조일전쟁 당시에 모든 조선인들이 한마음이 되어 왜군에 맞서 싸웠던 것은 아니었다. 적지 않은 조선인들이 침략자인 일본의 편에 서서 매국 행위를 했다. 조일전쟁 무렵에 활약했던 대표적인 반역자로는 국경인을 들 수 있다.

그는 원래 전주에 살다가 큰 죄를 짓고 함경도 북쪽 끝인 회령으로 유배되었다. 나중에 회령의 관아에서 일하는 아전이 되었지만 춥고 황량한 변방으로 자신을 내쫓은 조정에 대해 깊은 원한을 품고 있었다.

그런데 조일전쟁이 터지고 선조의 두 왕자인 임해군과 순화군이 함경도로 도망쳐 오자 그는 경성의 아전인 숙부 국세필과 명천의 노비 정말수, 기타 불량배들을 규합해 은밀한 모의를 했다.

이 반역자들은 백성들을 선동해 폭동을 일으켰고 왕자들을 붙잡아 일본 장수 가토 기요마사에게 넘겨주고 말았다. 1592년 7월 24일의 일이었다.

뜻밖의 선물에 기뻐서 어쩔 줄을 모른 가토는 국경인을 판형사제북로判刑使制北路에 임명하고, 그를 도운 숙부 국세필과 다른 불량배들에게도 허울뿐인 벼슬을 내렸다. 일본 장수가 준 관직을 받은 국경인과 그 일당들은 거들먹거리면서 함경도 주민들에게 온갖 행패를 부렸다.

그러나 일본군과 국경인 패거리들의 횡포는 오래가지 못했다. 북평사 정문부를 중심으로 주민들이 의병을 조직해 봉기하기 시작한 것이다.

1592년 9월 16일, 정문부가 이끄는 의병들이 경성을 탈환했다. 성에 있던 국세필과 정말수 등의 반역자 13명은 정문부에 의해 처형당했다. 길주에 있던 일본군이 경성을 공격하자 전前 만호 강문우가 기병으로 구성된 결사대 20여 명을 이끌고 나가 적을 격퇴시켰다. 이 승리를 정문부는 북관대첩비에 상세하게 기록해 놓았다.

북방의 혹독한 추위와 보급의 단절로 난감해하던 일본군은 조선 의병이 몰려오자 함경도에서 철수했다. 가토는 퇴각하기 전에 국경인에게 회령 수비의 책임을 맡겼다. 그러나 한낱 양아치에 지나지 않던 국경인은 그런 임무를 수행할 역량이 없었다. 국경인은 회령의 유생인 신세준과 오윤적에게 붙잡혀 죽임을 당했고, 그의 목은 잘려져 정문부에게

이순신의 조일전쟁

로 보내졌다.

다음 해인 1593년 1월 28일에는 길주성도 수복됨으로써 함경도에서 매국노의 자취는 완전히 사라진 듯했다.

그러나 국경인과 국세필이 죽은 뒤에도 그들의 패거리는 한동안 함경도 일대에서 은연중에 활동했다. 1593년 4월 20일, 조정에는 함경도 회령부 출신으로 국경인과 짜고 임해군과 순화군을 일본군에게 넘겨준 이언우와 함인수, 정석수 등을 처형하였다는 보고가 올라왔다. 이 셋은 삼대장이라고 자칭하면서 국경인을 왕으로 추대하려고까지 했다고 한다.

두 달 후인 6월 26일에는 회령 부사 정기룡이 "왕자와 여러 신하들을 붙잡아 일본군에 넘겨준 김수량 등 16인을 모두 체포하여 처형했다."라고 보고했다. 김수량은 앞의 세 사람과 마찬가지로 국경인의 일당으로 여겨진다.

이로부터 한참 시간이 지난 4년 후인 〈선조실록〉 선조 30년(1597년) 4월 14일자 기사에 따르면 국경인의 잔당인 이응량이 한양에서 체포되었다는 기사가 나온다. 그런데 그 내역이 재미있다. 이응량은 원래 국경인의 반란에 가담했다가 그가 처형되자 도망쳐서 4년 동안을 숨어 있다가 과거를 보기 위해 슬그머니 한양으로 올라오던 중 체포되었다고 한다. 그를 체포한 당사자는 국경인을 죽였던 신세준이었다. 아마 세월이 흘렀으니 자기를 알아보는 자가 없으리라고 생각했다가 하필 재수없게도 자신의 정체를 기억하고 있던 신세준에게 발각된 것이다.

조일전쟁 중에서 국경인은 가장 큰 해악을 끼친 반역자였다. 그래서 그런지 조선 후기에는 그의 이름이 매국노의 대명사로 불리었다고 한다. 한 번의 행적이 수백 년 동안 전해져 내려오면서 지탄의 대상이 된 것이다.

전투 때, 활약했던 부역자들

불행히도 조일전쟁 때 활약했던 친일 부역자들은 국경인 말고도 많았다. 그중 일본군과 내통한 조선인 때문에 조선군이 무너진 사례를 들어본다.

1592년 7월 9일 고경명이 이끄는 6,000명의 의병 부대는 일본군에게 점령된 금산 성을 포위하고 전투를 벌였다. 그러나 일본군이 포로로 잡힌 조선인들을 시켜 의병 부대의 사정을 샅샅이 염탐하는 바람에 번번이 반격을 당했다. 끝내 의병 부대는 참패했으며 고경명과 그의 아들인 고인후도 전사하고 말았다.

정유재란 당시인 1597년 8월 18일에 벌어진 황석산성 전투에도 이와 비슷한 일이 있었다. 방어를 책임진 안음현감 곽준은 직접 활을 쏘고 군사들을 지휘하면서 가토 기요마사가 이끈 왜군에 맞서 싸웠다.

하지만 이때 김필동이라는 자가 김해 사람 20여 명을 이끌고 몰래 성의 북문을 빠져나가 일본군에게 투항하였다. 이들이 열어준 북문을 통해 일본군은 몰려왔고 끝내 성은 함락되었다. 최후까지 남아 싸우던 곽준과 그의 두 아들인 곽이상과 곽이후는 모두 전사했고, 수많은 백성들이 참담하게 목숨을 잃었다.

권율이 3,000명의 병사를 가지고 3만 명의 일본군에 맞서 대승을 거둔 행주산성 전투에서도 일본군에 소속된 조선인 부역자들이 조선군을 향해 편전을 쏘아 많은 병사들이 부상을 입었다.

자발적으로 왜군에 항복하고 앞잡이가 된 부역자들

직접적인 전투에 가담하지는 않았지만 왜군을 도왔던 친일 반역자들도 적지 않은데 그중 공휘겸이라는 인물이 있다. 이 공휘겸은 전쟁이 터지자 자진해서 왜군의 길잡이 노릇을 하여 한양까지 안내했다고 한다.

길잡이 노릇을 마친 공휘겸은 자기 집에 편지를 보냈는데, 거기에서 그는 자신이 왜군으로부터 경주 부윤이라는 벼슬을 받았고, 머지않아 선조 임금도 일본군의 손에 붙잡힐 것이라고 자랑스럽게 적어 놓았다. 이 사실을 기록한 〈선조수정실록〉 선조 25년(1592년) 7월 1일자 기사에서는 차마 그대로 쓰기가 민망했는지, '부도不道한 문서를 가지고 있었다.'라고 돌려서 표현했다.

그런데 이 편지가 어떤 경로를 통해 홍의장군이란 이름으로 활동하고 있던 의병장 곽재우의 손에 넘어갔다. 편지를 읽어본 곽재우는 파렴치한 매국노의 행적에 분노했고, 그를 처단하려는 결심을 갖게 되었다.

공휘겸은 자신의 고향인 영산(경상남도 창녕)에 금의환향(?)했다가 편지를 입수하고 미리 잠복해 있던 곽재우와 의병들에게 붙잡혔고, 당연한 수순으로 죽임을 당했다.

그런가 하면 국경인의 반란 못지않게 조선 왕실의 위신에 먹칠을 한 사건이 조일전쟁 중에 벌어졌다. 한양이 왜군의 점령하에 있던 1592년 12월 16일, 관가의 서리였던 최업과 노비인 효인이라는 자가 왜군 병사들에게 왕릉 속에 금은보화가 가득 있으니 이를 파헤쳐 나누어 갖자고 꼬드겼다.

이 말을 믿은 왜군 병사 50여 명은 성 안의 백성 50명을 끌고 가서 명종의 능인 강릉과 명종의 어머니인 문정왕후의 능인 태릉에 가서 능을 파헤쳤지만 능위의 석회벽이 너무 단단해 팔 수가 없고 날도 저물자 그냥 돌아왔다. 그러나 왕릉 속에 보물이 있다는 말을 굳게 믿었던 것인지, 왜군은 선조의 아버지인 덕흥대원군의 묘소에 가서 도굴을 시도했지만 뚫지 못하고 되돌아왔다. 그 뒤 왜군은 도성 주변에 있는 성종의 능인 선릉과 중종의 능인 정릉을 파헤쳤다.

나중에 서울이 조선군에 의해 탈환되었을 때 선릉과 정릉을 조사했는데 능 안의 관 속에는 왕들의 유골이 아닌 전혀 엉뚱한 자의 유골들이 들어가 있었다고 한다. 그럼 성종과 중종의 유골은 어떻게 되었을까? 거기까지는 알 수 없다. 하지만 살아생전 나라를 다스리던 왕들의 유해가 침략군에 의해 그토록 무참히 망가졌다는 사실은 조선 왕실의 권위에 치명적인 타격이었다.

성세령과 함숭덕, 고관과 무관도 왜군에 협력하다

왜군에 붙었던 매국노들은 국경인 같은 하층민만 있지 않았다. 오랫동안 조정의 녹을 먹은 고관이나 군관들도 경우에 따라서는 왜군에 항복하고 그들의 앞잡이 노릇을 하기도 했다.

왜군에 부역한 매국노 중에서 가장 신분이 높았던 자는 공조참의 벼슬을 지낸 성세령이라는 사람이었다. 그는 왜군이 한양을 점령하자 아우 성세강과 함께 술과 안주를 푸짐하게 마련하고 왜군을 맞아 환영했다. 또 자신의 첩이 낳은 손녀를 왜군 장수에게 시집 보냈으며, 그 공으로 왜군으로부터 경기 방백(관찰사)의 벼슬을 받고, 집 밖을 나설 때 왜군들이 메는 가마를 타고 다닐 정도로 호강을 누렸다.

성세령의 행적을 듣고 많은 사람들이 치욕스럽게 여겼으며, 조명 연합군이 한양을 탈환한 뒤에 선조 임금이 그를 붙잡으라고 명을 내렸지만, 성세령의 행적은 전혀 찾을 수 없었다고 한다. 십중팔구 철수하는 왜군을 따라 도망쳤으리라.

또 춘천의 수문장인 함숭덕은 왜군이 춘천을 점령하자 자발적으로 그들에게 항복하였다. 심지어 그는 조선군이 춘천에 주둔한 왜군과 전투를 벌일 때 왜군에 포함된 채로 조선군을 향해 활을 쏘아 대며 싸웠다. 이때 홍천 출신의 무사인 허철이라는 사람이 전사했는데, 나중에 그의 가족이 시신을 거두어 보니 '숭덕'이라고 이름을 새긴 화살이 등에 박혀 있었다.

그런데 함숭덕은 왜군이 후퇴하자 자신이 처벌받을 것을 두려워 왜군의 목을 가져와 자신이 공을 세웠다고 가장하여 포상으로 관작을 받는 식으로 처신하였다. 카멜레온처럼 능숙한 처세술을 부린 것이다. 이 소식을 듣고 그의 행적을 잘 아는 사람들이 몹시 울분을 터뜨렸다고 전한다.

이순신의 〈난중일기〉를 보면 왜군에 빌붙은 반역자들의 이름이 자주 거론된다. 1597년 10월 13일자 기록을 보면 해남의 향리 송언봉과 신용이 왜군에 투항하여 그들을 이끌고 와서 백성들을 무수히 죽였으며, 이로 인해 사흘 후에 순천 부사 우치적 등을 보내 송언봉 무리를 죽이도록 했다는 내용이 나온다. 10월 22일에는 왜군과 내통했던 윤해 와 김언경이라는 두 사람이 해남 현감 유형에게 체포되어 죽임을 당했으며, 10월 30일에는 역시 왜군과 빌붙은 정은부와 김신웅이라는 사람이 처형당해 목이 내걸렸다고 한다.

이러한 기록들로 미루어 볼 때, 왜군을 도와준 조선인 매국노들은 그 수가 매우 많았음을 알 수 있다.

조선인 반역자들은 왜군에게 지리적인 정보와 조선군의 약점을 알려주고 결정적인 순간에는 전투에도 참여하여 조선군과 싸워주었으므로 왜군의 입장에서 볼 때는 참으로 고마운 존재였을 것이다.

06

그들은 왜
침략자에게 빌붙었을까?

지배층의 횡포에 대한 분노

이 밖에도 조일전쟁 내내 일본군에 빌붙어 동포를 해치고 제 몸의 이득을 챙긴 반역자들은 무수히 많다. 대체 이들은 왜 침략자를 도운 것일까? 우선 평소에 지배 계층들에게 핍박과 학대를 받다가 전쟁이 터지자 그동안 받았던 설움과 분노를 해소하기 위해 일본군에게 협력한 것을 원인으로 들 수 있다.

앞에서 언급했던 국경인의 왕자 체포 사건도 이에 해당한다. 함경도로 도망쳐 왔던 왕자 임해군은 선조의 큰 아들로, 정상적인 환경이라면 왕위 계승 1위의 신분이었다. 그러나 그는 장남임에도 불구하고 진작부터 왕위 계승에서 멀어져 있었다. 그것은 바로 평소에 처신을 잘못했기 때문이었다.

임해군은 어릴 적부터 성질이 사납고 난폭하여 백성들을 함부로 구타하고 남의 노비와 기생을 빼앗는 등의 패악질을 일삼았다. 부왕인 선조가 안타깝게 여겨 여러 번 그를 타일렀지만 끝내 듣지 않았다. 주인의 영향을 받아서인지 그의 하인들도 거리의 상점에서 재물들을 약탈하고 온갖 행패를 부려 많은 원성을 샀다.

조일전쟁이 발발하고 선조가 한양을 버리고 피신을 하자 그동안 임해군이 저지르는 횡포에 고초를 겪었던 백성들이 몰려가 그의 집을 불태워 버렸다. 선조가 잠시 머문 개성에서도 선비들이 임해군의 잘못을 규탄하며 그를 처벌하라고 요구하는 상소를 올리기도 했다.

평양에 도착한 선조는 순화군을 임해군과 함께 강원도로 보냈는데, 표면적인 이유는 의병을 모집해 오라는 것이었지만 내심은 격렬하게 퍼부어지는 비난 여론에서 아들을 잠시 피신시키기 위함이었다. 아울러 임해군이 의병을 모아 약간의 공이라도 세운다면 비난 여론을 잠재울 수도 있으니 일석이조가 된다.

그러나 강원도에 도착하고 보니 이미 일본군들이 대부분의 성을 점령하고 있어 북쪽인 함경도로 피신한 것인데, 그곳에서도 임해군은 제 버릇을 고치지 못하고 포악을 일삼기 시작했다.

평소 왕궁에서 호화로운 음식만 먹었던 임해군과 순화군은 쇠고기가 먹고 싶다며 백성들이 키우는 소를 강제로 빼앗아갔으며, 수령들에게 진귀한 물건을 바치라고 생떼를 썼다. 그러나 전쟁 중에 그것도 여의치 않자 아예 하인들에게 민가에 들어가 노략질을 해 오라고 시키기까지 했다.

이 두 왕자가 부리는 행패가 백성들의 입에서 입으로 전해지면서 민심이 더욱 나빠졌다. 그렇지 않아도 평안도와 함경도를 비롯한 북도 사람들은 가뜩이나 중앙 정부로부터 차별과 소외를 받아 평소부터 피해 의식이 가득한 상태였다. 조선 건국 초기부터 북도 지역 주민들은 과거에 응시해도 합격되지 못했고, 간신히 합격이 되어도 벼슬조차 얻지 못할 정도로 천대받았다. 이상하게도 그 이유는 아직까지 밝혀지지 않았다. 조선의 법률을 체계적으로 정리한 경국대전에도 북도 주민을 등용하지 말라는 내용은 전혀 없다. 순조 임금 무렵에 평안도 사람 홍경래가 반란을 일으킨 것도 이러한 지역 차별 때문이었다.

바로 이때 이러한 민심의 향방을 지켜보고 있던 국경인이 백성들을 선동하여 두 왕자를 붙잡아 적군에게 넘겼던 것이다. 국경인의 선동이 어느 정도 효과를 거두었던 것은 왕자들의 횡포에 대한 백성들의 반감을 적절히 이용했기 때문이었다.

또 다른 원인으로는 좀 더 현실적인 것을 들 수 있다. 개전 초기에 일본군은 파죽지세로 진격하며 전라도와 평안도 북부를 제외한 조선의 전 국토를 점령했다. 그 광경을 본 백성들은 이제 조선 왕조가 멸망하고 일본이 나라를 차지하는 판국이니 살아남기 위해서는 어쩔 수

195

없이 일본에 협력해야 한다고 여겼던 것이다.

너무나 끔찍했던 부역자들의 말로

이러한 반역자들의 최후는 어떠했을까? 불행히도 그들의 뒤끝은 좋지 않았다. 평양성 전투에서 일본군이 조명 연합군에게 패하자 1593년 1월 24일 한양에 주둔하고 있던 일본군들은 백성들을 무자비하게 학살했다. 승리한 조명 연합군이 남하하여 한양을 공격할 경우 성 안의 백성들이 연합군과 내통하여 일본군을 해칠 수 있다는 우려 때문이었다. 한 번 배신한 자는 두 번 배신한다. 이미 제 나라를 버리고 남의 나라에 빌붙은 자들이니 두 번은 그러지 못할 이유가 어디 있겠는가?

그것에 대해서 오희문吳希文이라는 사람이 지은 〈쇄미록瑣尾錄〉은 이렇게 전한다.

거리 곳곳 집집마다 시신이 쌓여 있는 것을 처참하여 차마 볼 수 없었다고 하니 이는 필시 정월 24일 분탕질을 할 때 피살된 사람들이다. 이들 죽어간 사람은 처음에 도성을 나가지 않고 왜적에게 잘 보여 이득을 추구하며 인가에 묻거나 방치된 물건을 모두 파서 훔쳐다가 자기 집에 쌓아 두고, 술과 음식을 배불리하고 스스로 잘살아 보려는 계책을 세웠으며 뒷날에 근심을 생각하지 않다가 필경 모두 도살당한 것이니 이것은 모두 스스로 취한 것이라 누구를 허물하고 누구를 원망할 것인가.

〈선조실록〉 선조 25년(1592년) 5월 3일자 기사에 따르면 "(한양) 시장의 장사치들과 밀수꾼이 모두 일본군에게 붙었다."라는 내용이 나온다. 기록에 나온 희생자들은 일본군이 한양에 입성하자 그들과 장사를 하며 이득을 챙기다가 결국 무참하게 살육당한 셈이 된다.

'거리 곳곳 집집마다에 시신이 쌓여 있는…'이라는 부분에서 일본군과 밀거래를 하며 살았던 조선인들이 얼마나 많았는지 짐작이 가지 않는가? 그리고 그만큼 많은 친일 부역자들이 죽임을 당했던 것이다.

07

휴전 중에 일어난
백성들의 반란,
이몽학의 난

조선판 진승의 난, 이몽학의 난

전쟁이 소강 상태로 접어든 1596년 7월 1일, 조선에 놀라운 사건이 일어난다. 충청도 홍산에서 이몽학이라는 자가 반란을 일으킨 것이다. 더욱 충격적인 것은 이 반란이 금세 많은 백성들에게 열렬한 호응을 얻었다는 사실이었다. 2010년에 개봉한 영화 〈구르믈 버서난 달처럼〉은 바로 이 이몽학의 난을 주제로 다루고 있다.

본래 이몽학은 왕가의 서자였다. 하지만 조선 시대에 왕이 되지 못한 왕족, 더욱이 정실이 아닌 첩의 몸에서 태어난 서자는 그 처지가 일반 백성보다 나을 것이 없었다. 아마 그런 이유로 이몽학은 자신의 보잘 것 없는 신세와 조선 왕실에 대한 불만을 품고 있었을 것이다.

이몽학은 홍산의 절인 무량사에 은거하면서 자신처럼 서자 출신인 한현과 친분을 맺었다. 같은 서자라는 점에서 조선의 현실에 불만이 많았던 두 사람은 금세 의기투합하는 사이가 되었다. 한현은 군대의 장교였기 때문에 군사 관련 업무에 매우 밝았다. 한현은 권인룡과 김시약 등을 끌어들이고 이몽학과 함께 어사 이시발이 이끄는 군대에 소속되어 충청도의 군사 훈련을 관할했다.

그런데 당시 충청도 지방의 민심은 일본의 침략에 대비해 조정에서 무리한 세금을 거두고 백성들을 동원해 부역을 시키는 바람에 조정에 대한 탄식과 원망으로 가득 차 있었다. 또 대부분의 고을에 방비 태세가 제대로 갖추어지지 않았다. 이러한 점을 간파한 이몽학과 한현은 반란을 일으키기로 결심했다.

이때 마침 한현의 아버지가 죽어서 장례를 치러야 했기 때문에 그 자신은 홍주에 있다가 우선 이몽학에게 거사를 일으키게 하고, 자신은 내포 지역에서 서로 호응하기로 약속했다.

이몽학은 무량사의 승려들을 자기 편으로 포섭하는 한편, 충청도 지방에 퍼져 있던 동갑회라는 풍습을 이용하여 무리를 끌어 모았다. 동갑회란 남녀노소를 막론하고 깃발을 세우고 갑년을 써 놓아 술을 마시며 즐기는 행사였는데, 이 점을 이용해 계를 만든다고 선전하고 동네 어귀 들판으로 사람들을 모이게 했다.

무량사에서 나온 이몽학은 마을 안으로 들어와서 깃발을 세우고 걸상에 앉아 나팔을 불고 북을 치면서 큰소리로 사람들을 불러 모았다. 동갑 모임 중에서 미리 이몽학과 공모한 청년이 나와 칼을 뽑아 들고 무리를 데리고 달려 나갔다.

이몽학은 그들에게 "이번에 일으킨 의거는 백성을 편안히 하고 나라를 안정시키기 위한 일이다. 거역하는 자는 죽음을 당할 것이고, 순종하는 자는 상을 받으리라."고 말하면서, 자신이 하는 일에 동참할 것을 요구하였다. 그러자 모든 사람들이 좋다고 떠들면서 그를 따랐고, 사람마다 스스로 고관대작이 될 것으로 여기고, 성불聖佛이 세상에 나왔다고 하면서 이몽학을 추앙하였다.

무리가 많아지자 이몽학은 승려와 백성들을 장군으로 나누어 배치하고 문관과 무관 등의 관직을 정해 나누어주었다. 이 소식을 듣고 주위의 많은 양반집 자제들과 무뢰배들이 이몽학 패거리로 몰려왔다.

일단 거사를 결심했으므로 가급적 빨리 움직여야 승산이 있다. 이몽학은 거사한 그날 밤에 홍산현을 습격하여 현감 윤영현과 임천 군수인 박진국을 사로잡았다. 이들은 모두 이몽학에게 항복하였고, 이몽학은 그들을 귀한 손님으로 대우했다.

첫 거사가 성공하자 이몽학의 기세는 점점 올라갔다. 그를 따르는 무리들이 잇따라 청양과 정산 등 6개 고을을 함락시켰다. 고을의 수령들은 모두 먼저 도망치고 아전과 백성들은 자진하여 항복하고 술과 음식을 차려서 반란군들을 맞이하였으며, 군사들을 뽑아 그들에게 합류시켰다.

이에 소문만 듣고도 농사를 짓다가 호미를 던지고 이몽학 반란군에게 투항하는 자가 줄을 이어 군사가 무려 수만 명에 달했다. 이몽학은 꾀를 내어 "의병장인 김덕령과 곽재우, 홍계남이 모두 군사를 이끌고 돕고 있으며, 병조판서인 이덕형도 조정 안에서 내통하고 있다."라는 헛소문을 퍼뜨렸다. 그러자 유언비어를 들은 사람들이 매우 놀라 민심이 술렁거렸다.

옛날 중국의 진승은 평범한 백성이었지만 진나라의 압제에 시달리던 백성들을 모아 반란을 일으켜 강대한 진나라를 무너뜨렸다. 그처럼 한낱 왕가의 서출에 불과했던 이몽학은 잠시 사이에 수만 명의 군사를 모아서 조선 왕실에 맞서는 반란의 선두주자가 된 것이었다.

초반의 성공이 금세 꺾이다

하지만 이몽학의 난은 초반의 놀라운 기세가 오래가지 못했다. 난을 일으킨 지 얼마 안 되어 조정이 파견한 관군에게 철저히 진압당하고 말았다.

처음에 이몽학은 곧장 서울로 향한다고 말했다. 그러나 반란군의 규모가 너무 커지면서 무리가 제대로 통제되지 않고 질서를 잃게 되자 이몽학은 자기 혼자서 그들을 통솔하지 못했다. 정규군처럼 엄격한 훈련을 받고 규율을 갖춘 집단이 아니라 다양한 집단의 사람들이 갑자

201

기 모여서 불어난 무리였으므로 당연한 일이었다.

그래서 이몽학은 홍주에 있던 한현을 찾아가려고 했다. 자신과는 달리 장교인데다 군사 훈련 경험도 있는 한현은 반란군을 제대로 통솔할 수 있을 것이라고 생각했던 것이다.

그러나 불행하게도 이몽학이 도착하기 전, 이미 한현은 면천 군수 이원에게 체포된 상태였다. 그러자 이몽학은 친구이자 조력자인 한현을 구하기 위해 홍주로 반란군을 이끌고 쳐들어갔다.

이몽학의 반란군이 오고 있다는 소식을 들은 홍주 목사 홍가신은 백성들로 구성된 민병을 모으는 한편, 홍주에 사는 장군인 임득의, 박명현, 신경항 등을 불러 성을 지킬 계책을 논의하였다. 그들은 성 밖에 연이어 있는 민간 초가집들을 그대로 놓아 둘 경우 반란군이 그 안에 머물면서 비를 피하거나 식사를 할 장소로 사용할 것을 우려하여 밤에 불화살을 쏘아 모두 태워 버렸다.

이때 남포 현감 박동선이 반란의 소문을 듣고 충청도의 수군을 이끌고 있던 충청수사 최호에게 급히 알리고 군병을 동원하여 홍주로 나아가 홍주를 구원하자고 하므로 최호는 동선에게, 자기에게 와서 상의하라고 했다.

박동선은 즉시 병사들을 모아 달려가서 곧장 홍주로 진군하자고 하자, 수사 최호가 "수군은 육지에서 싸우는 병사가 아니다."하면서 난색을 표했다. 그러자 박동선은 큰소리로 "지금이 어느 때인데 수군과 육군의 다른 점을 논하는가?"하였다.

박동선의 요구에 최호는 수군 본부인 수영에 있는 모든 병사들을 동원하였고, 보령 현감인 황응성을 시켜 보령현의 군사를 소집하여 함께 홍주성에 들어가도록 하였다. 홍주성을 지키던 군사들은 지원병을 얻자 크게 기뻐하여 성 머리로 나와 서고, 밤이 되자 성곽 위에 횃불을 벌려 세우니, 성 안팎이 환히 밝아지며 성의 기세가 크게 높아졌다.

허무하게 종결된 반란

이렇게 홍주성의 방비가 강화되자 반란군은 쉽게 성을 공격하지 못했다. 무리만 많았을 뿐 방비가 탄탄한 요새를 공격하는 데 필요한 공성 장비가 없었던 데다 지금까지 관군과 제대로 된 전투를 해보지 못했던 때문이었다. 무엇보다 이몽학 자신도 대규모 전투를 해본 경험도 없고 군사 작전을 짤만한 재간도 갖추지 못했다.

들불 같았던 기세가 주춤거리자 반란군 중에서도 초반의 열정을 잃고 달아나는 자들이 생겨났다. 반란군의 사기가 꺾이는 것을 목격한 이몽학은 이튿날, 무리들을 이끌고 덕산 길로 향하면서 장차 김덕령 및 홍계남의 군대와 합류하여 곧장 한양으로 올라가겠다고 말하며 안심시키려 하였다. 하지만 제대로 통솔되지 않은 군중의 기세가 한 번 꺾이면 다시 수습하기가 어려운 법이다. 이몽학의 선언에도 불구하고 많은 무리들은 그의 말을 믿지 못하고 거사가 실패한다는 불안감을 느껴 도망쳐 버렸다.

반란군이 주춤거리고 있을 무렵, 충청도 병사 이시언의 지원 요청을 받고 도원수 권율이 의병장 김덕령의 군사와 합류하여 반란을 진압하기 위해 달려왔다. 행주산성에서 왜군을 격퇴한 명장으로 이름 높았던 권율에다 자기들과 한패라고 믿었던 김덕령이 토벌을 위해 관군이 되어 왔다는 소식을 듣자 반란군 무리들은 더욱 동요했다.

권율과 김덕령이 이끄는 토벌군이 지금의 부여군 석성면인 석성에 나타나자 반란군 내부에서 결정적인 사태가 벌어졌다. 관군의 대규모 부대와 싸워서 도저히 이길 수 없다고 판단한 반란군 무리들이 밤중에 이몽학이 머무는 곳으로 가서 그를 죽여 버리고 그의 목을 베어 관군에게 가져가 항복하고 말았던 것이다.

갑작스레 지도자를 잃은 반란군이 충격을 받고 우왕좌왕하고 있을 무렵, 박명현 등이 홍주성의 문을 열고 나가 반란군을 기습하자 놀란 반란군은 모두 달아나 버렸다. 권율은 수색 명령을 내려서 각 고을에 숨어 있던 반란군 무리들을 색출해 체포하였고, 그들 중 적극 가담한 자들 100명을 골라 한양으로 끌고 갔다.

이리하여 한때 수만 명이 가담할 정도로 기세가 열화 같았던 이몽학의 반란은 너무나 간단하게 진압되고 말았다. 하지만 그 여파는 결코 작지 않았다.

이몽학의 난을 둘러싼 조정의 처리

반란의 진압 소식을 들은 선조 임금은 동지의금부사 윤승훈을 직산으로 보내어 난에 가담한 죄인들을 심문해서 죄의 크고 작음을 가리도록 했고, 대부분의 반란군 무리들은 단순 가담자들로 규정하여 석방했다. 그러나 서울로 송치된 100여 명의 적극 가담자들은 모두 사형시키고 그 재산을 몰수하는 한편, 연좌제를 적용하여 가족들까지 처벌하였다.

그리고 이몽학이 무리의 배신으로 죽임을 당하고 얼마 안 되어 다른 주동자인 한현도 면천으로 도망쳤다가 면천 군수 이원에게 잡혀 감옥에 갇혔다. 애초에 한현은 반란을 계획할 때, 군사들의 예리한 세력을 타고 곧장 서울로 가는 것이 상책이고, 곁으로 성곽 없는 고을을 공격하는 것이 중책이며, 홍주를 진격하는 것이 하책이라고 하였다.

그런데 한현이 초상을 당하고 홍주로 가자 이몽학은 자기 혼자서 끝까지 반란군을 감당할 자신이 없어서 홍주로 가서 한현을 불러오려 하다가 일을 망친 것이었다.

옥에 갇힌 한현은 홍주로 이송되어 심문을 받았는데, 유명한 의병장인 김덕령, 곽재우, 고언백, 홍계남 등이 자기와 연루되었다고 거짓자백을 했다. 어차피 죽을 바에야 이름 높은 사람들도 함께 끌고 들어가 죽겠다는 심산이었는데, 선조는 김덕령만을 체포하고 다른 사람들은 죄를 묻지 않았다.

불행히도 이때 김덕령이 억울하게 죽었고 나중에 선조도 안타까운 심정을 드러냈다. 한현 본인은 온몸이 갈가리 찢겨 죽는 능지처사에 처해졌다.

잠시나마 반란에 가담했던 사람들의 규모가 워낙 컸던 탓에 그 처리를 놓고 조정에서는 계속 논란이 거셌다. 1596년 7월 27일, 난에 가담한 사람들의 가족들도 처벌을 받았다. 우선 한현의 아들인 한의연은 당고개에서 교수형에 처해졌다. 그 밖에 이몽학의 숙부인 이익을 비롯하여 반란에 가담한 김양호의 숙부인 김환생과 한현의 조카 한호연은 아울러 삼수와 갑산의 여러 보諸堡에 귀양 보내졌다.

7월 29일에는 다른 조치도 있었다. 사헌부에서는 선조에게 충청도 부여 현의 도천사 인근의 아전과 백성 중에서 이몽학을 따른 자들이 많았는데, 그 연루자들을 잡아 내는 통에 민심이 불안하다는 보고를 올렸다. 그리하여 선조는 무리하게 처벌하는 것보다 가급적 백성들의 마음을 잘 달래고 진정시키는 쪽으로 방향을 잡도록 하였다.

그러나 반란을 처음 계획한 이몽학과 한현이 모두 죽었지만, 선조의 심정은 결코 편치 않았다. 그의 입장에서 볼 때, 이몽학의 난에 가담한 자들은 왜군에 협조했던 부역자들보다 더 죄질이 나빴다. 친일 부역자들이야 침략자인 왜군의 협박이나 위협이 두려워 어쩔 수 없이 협조했다고 하더라도 이몽학의 난은 달랐다. 왜군처럼 결코 협박이나 위협을 가하지 않았음에도 불구하고 수만 명의 사람들이 자발적으로 기꺼이 몰려가 합류한 것이다. 더욱이 그중에는 핍박받던 하층민뿐만 아니라 양반 집의 자제들도 상당수 포함되어 있었다. 만약 이몽학이 한

이순신의 조일전쟁

현이 세운 계획대로 곧장 한양으로 진격했다면 일이 어떻게 되었을 지 알 수 없었다.

　나중에 선조는 조일전쟁이 끝나고 난 후 자신을 따라 의주까지 피난한 사람들과 조일전쟁 때 공을 세운 장수들과 이몽학의 난을 진압한 사람들을 세 부류로 나누어 포상하였다. 이는 선조의 입장에서 이몽학의 난은 조일전쟁만큼이나 중요한 사건이었음을 드러내는 것이다.

4장

명군, 애물단지인가?
구원지인가?

명군,
거추장스러운 애물단지인가?
믿음직한 구원자인가?

명군은 조일전쟁에서 얼마나 혁혁한 전공을 세웠을까? 명군이 조선에 처음 파병된 시기는 부총병 조승훈이 평양성을 공격한 1592년 7월 20일이었다. 그러나 이 전투에서 조승훈이 이끄는 명군 4,300명은 일본군을 얕보고 덤벼들었다가 성벽 위에서 퍼붓는 조총 사격에 큰 피해를 입고 철수했다. 조승훈의 부장인 유격장군 사유와 천총 마세륭, 장국충이 전사했을 만큼 참담한 패배였다.

일본군의 전투력이 예상 외로 막강한 것을 안 명나라 조정은 만반의 준비를 갖추고 다시 파병했다. 제독 이여송과 경략 송응창이 지휘하는 명군 4만 5,000명은 1593년 1월 8일, 평양성을 두 번째로 공격한다. 명군이 보유한 대형 화포인 불랑기포(佛狼機砲, 포르투갈 상인들이 명나라에 전해준 대포)가 위력을 발휘하여 일본군을 궁지에 몰아넣었다.

그러나 일본군은 평양성에 주둔하고 있을 동안, 성벽 위에 보루를 설치하고 그 안에 들어가 조총을 집중적으로 쏘아 댔다. 일본군이 퍼붓는 3교대 조총 사격에 승세를 타고 성 안으로 돌진하던 명군도 적지 않은 출혈을 강요당했고, 고니시를 비롯한 일본군 수뇌부는 모두 살아남아 병사들과 함께 무사히 성을 탈출했다.

이때 명군은 이해할 수 없는 행동을 보인다. 명군의 지휘관인 이여송은 패주하는 일본군을 추격하지 않고, 다음 날인 9일 전사한 병사들의 위령제를 지내다가 여러 장수들을 보내 적을 추격하게 했지만 황주에서 모두 돌아와 버렸다.

죽은 병사들의 위령제를 지내는 것은 군대의 사기를 북돋우기 위한 조치라고 이해할 수 있지만, 그 뒤의 일이 이상하다. 어째서 명군 장수들은 일본군을 황주까지만 추격했다가 다시 돌아왔을까?

명군은 평양성을 탈환했을 때 일본군에 있던 절강인浙江人 장대선을 사로잡았다. 절강은 항주와 영파 같은 항구가 위치한 중국의 동부 해안 지방으로, 장대선은 당연히 명나라 사람이다. 그런 그가 무슨 까닭으로 일본군에 소속되어 있었던 것일까?

혹시 장대선은 고니시가 보낸 밀사가 아니었을까? 일본군의 저항이 만만치 않은 것을 감지한 이여송은 장대선을 통해 고니시와 협상을 했던 것이 아닐까? "너희들을 무사히 보내줄 테니 대신 성을 비워 달라. 성을 비워주면 쫓아가지 않겠다."라고 말이다.

유성룡이 본 명군의 행태, 참으로 안타까웠다

명군과의 협상을 맡은 유성룡은 그가 남긴 책인 징비록에서 명군이 패주하는 왜군을 쫓아가서 섬멸하지 않은 일을 두고 매우 비분강개했다.

적장 평행장과 평의지, 현소와 평조신 등은 남은 군사를 이끌고 밤을 도와 달아나기에 바빴다. 그들은 기운이 빠지고 발이 부르터 걸음을 제대로 걸을 수조차 없게 되었으며, 무릎으로 기어 밭고랑에 엎드려 숨기도 하고, 인가에 들어와 밥을 훔쳐 굶주림을 면하는 형편에까지 이르렀다.

그러나 이때 우리나라에서는 한 사람도 이를 치는 군사가 없었고, 중국 군사 또한 그들의 뒤를 추격하지 않았다. 오직 이시언만이 그 뒤를 쫓았지만 역시 치지는 못하고 다만 굶주리고 병들어 뒤떨어진 왜병 60여 명만을 베었을 뿐이었다.

이때 왜장 중에서 서울에 남아 있던 자는 평수가平秀嘉였다. 그는 나이가 어린 탓에 군무를 지휘하지는 못하고 다만 행장行長의 제재만 받는 형편에 지나지 않았다. 한편 청정淸正은 함경도에서 돌아오지 않고 있을 때였다.

만일 행장, 의지, 현소 등만 사로잡는다면 서울에 있는 적은 저절로 무너질 판국이었다. 서울이 무너진다면 청정이 돌아갈 길도 자연히 막히는 것이다. 그렇게 되는 날에는 적의 군심軍心이 흉흉해지고 반드시 바다를 끼고 달아나지 않는 한 어찌할 수 없을 것이다. 한강 남쪽에 있는 적 또한 따라서 와해되었을 것이 뻔한 사실이다. 이때를 타서 구원병이 북을 울리고 추격한다면 부산까지 아무 거리낌없이 내려쫓았을 것이 아닌가?

이대로만 했더라면 잠깐 사이에 온 나라가 맑고 깨끗했을 것이니 수년 동안 분분했던 전쟁이 왜 있었을까 보냐. 한 사람의 잘못으로 천하 대사를 그르쳤으니 실로 통석할 일이로다.

평양성 탈환전에서 더욱 큰 문제가 된 것은 명군이 죽인 일본군 중 상당수가 조선 백성들이었다는 사실이다. 이날의 전투를 직접 목격한 명의 산동도어사 주유한이 올린 보고서에서 이여송이 평양 전투에서 벤 수급 중 절반이 조선 백성들이며, 불에 타 죽거나 물에 빠져 죽은 1만여 명도 모두 조선 백성이라고 하였다. 그는 그 증거로 이마에 망건 자국이 있는 조선인과 머리를 빡빡 민 일본인의 수급을 구별하자고 거론했다. 이 보고서의 내용이 문제가 되어 명국 조정에서는 포정 한취선 등으로 하여금 직접 평양에 가서 진위를 조사하게 할 정도였다.

벽제관에서의 참패, 명군을 두렵게 하다

이렇게 평양성 함락 이후 좀처럼 전의를 보이지 않았던 이여송은 1월 27일, 휘하의 기병대를 이끌고 남하하여 벽제관에 이른다. 여기서 이여송은 결정적인 위기를 맞게 된다. 소규모의 일본군 분견대 600명을 격파하자 일본군을 우습게 여기고 직속 경기병대만으로 일본군을 추격하다가 매복해 있던 일본군 본대에 걸려 치명적인 타격을 입었다.

〈징비록〉과 〈선조실록〉에 따르면 이때 명군 기병대는 갑옷이나 투구도 없이 오직 짧고 무딘 칼만을 가질 정도로 무장 상태가 빈약했다고 한다. 이러한 명군에게 일본군이 장대한 일본도를 휘두르며 달려들자 명군 기병대의 말과 사람이 추풍낙엽처럼 쓰러졌다고 한다. 명군의 피해는 실로 엄청나서 이여송의 부장인 이비어와 마천총이 전사하고, 이여송 본인도 간신히 목숨만 건져 도망쳤을 정도였다.

이 벽제관 전투에서 일본군의 무서운 전투력에 강한 인상을 받은 명군 수뇌부는 그 후로 어떻게 해서든 일본군과의 정면 대결을 회피하려고 했다.

한양에서 일본군이 철수할 때도 명군은 일본군을 추격하려는 시도조차 하지 않았다. 오히려 추격 금지령을 내려 조선군이 일본군을 공격하는 것을 강력히 막았고, 그도 모자라 멀리서 일본군을 호위(?)하며 엄호해줄 정도였다. '행여나 조선군이 일본군을 쫓아가 공격하지 않을까'하는 노파심에서였다. 일부 조선 병사들이 일본군을 치려 나서면 명군 지휘관들이 화를 내며 이를 저지하는 일들이 빈발했다.

명군을 접대했던 예조판서 윤근수는 행재소에 이러한 보고를 올리기도 했다.

"우리 군사들이 적을 쫓아가면 명나라 장수들이 쇠사슬로 묶어서 협박하고 방해해서 우리 군사들은 통곡하며 돌아가고 맙니다." 명군이 이처럼 소극적인 교전 태세를 보였던 이유는 벽제관 전투의 참패 때문이기도 하지만, 한편으로는 참전한 본래의 목적이 달성되었기 때문이다.

명이 조선에 파병을 한 이유는 일본군이 조선 전체를 석권하고 그 여세를 몰아 명의 본토까지 침공하는 사태를 막고자 전쟁을 조선에만 국한시키기 위해서였다. 그런데 이제 평양성을 탈환한데 이어 조선의 수도까지 되찾았고, 일본군이 남해안으로 철수했으니 애초의 목표는 이루어진 것이나 다름없었다. 그러니 이제 더 이상 피해를 감수하면서까지 일본군과 싸울 필요가 없었던 것이다. 이러한 사실도 모르고 계속 명군 장수들에게 일본군과 싸워달라고 졸라댔던 선조와 대신들이 안쓰러울 뿐이다.

사실, 명군 수뇌부의 심정도 어느 정도 이해는 간다. 자기 고향도 아닌 남의 나라 싸움터에서 굳이 희생을 감수하면서까지 열심히 싸울 필요가 있는가?

선조를 비롯한 조선인들은 명군을 천병이라 불렀다. 천병天兵이란, 하늘이 보낸 군대라는 뜻이다. 하지만 명군은 그 이름에 걸맞은 전투력을 보여주지 못했다.

진주성 전투 때, 조선군을 구하지 않고 방관했던 명군

조선의 고관들과 만날 때마다 명군의 장수들은 일본을 폄하하며 "하찮은 섬나라 오랑캐 따위는 우리 대명大明의 백만 대군으로 손쉽게 토벌할 수 있다."라고 말하기 좋아했다. 그러나 사실 명군은 일본군을 매우 두려워하고 있었다. 일본군의 놀라운 용맹과 엄정한 군기는 명군 수뇌부들에게 일본을 '최강의 동이東夷'라고 평할 만큼 높이 평가받았다.

그 좋은 예가 명과 일본의 휴전 협정 중에 벌어진 제 2차 진주성 전투이다. 한참 강화 교섭이 벌어지던 와중에도 히데요시는 진주성을 공격해 반드시 점령하라고 세 번이나 명령을 내렸다. 이는 지난 제 1차 진주성 전투에서 3만 명의 대병력을 가지고도 3,000명의 조선군이 지키는 진주성을 빼앗지 못하고 참패했던 전적을 수치스럽게 여겼기 때문에 반드시 복수하라고 엄포를 놓은 것이다. 약 10만 명의 일본군이 진주성 전투에 투입되었다.

진주성의 군민들은 "오늘은 우리가 죽지만 내일은 명나라 대군 30만 명이 너희를 쫓아가 모두 죽일 것이다."라고 외쳤다. 하지만 그들이 애타게 기다리던 명나라 30만 명의 대군은 끝내 모습을 보이지 않았다. 명군은 일본군에 포위된 진주성을 구할 아무런 시도도 해보지 않고, 일본군이 무려 6만 명의 조선인들을 학살하도록 수수방관했다. 그리고 진주성 전투가 끝난 이후에도 이를 문제 삼는 일은 전혀 하지 않았다. 명군을 믿고 외롭게 항전하다 비참하게 죽어간 6만 명의 원혼들이 불쌍할 따름이다.

선조는 조일전쟁 극복의 공은 오직 명군에게만 있으며, 조선군은 하나도 전공을 세운 것이 없다고 했지만 실상은 정반대였다. 조선군이 거둔 승리들의 대부분은 명군과는 무관한 것들이었다.

조선군이 거둔 최초의 승리도 옥포해전이고, 일본 수군의 수륙병진책을 좌절시킨 것도 한산도해전이다. 3,000명의 군사로 3만 명이 넘는 적을 격퇴시킨 김시민의 진주성대첩이나 권율의 행주대첩, 13척의 배로 330척이 넘는 대함대를 무찌른 명량대첩 등은 명군의 도움을 전혀 받지 않고 조선군의 독자적인 힘으로 이룩했다. 반대로 명군이 파병되고 전쟁에 개입하면서는 좀처럼 이러한 승전을 거두지 못했다.

무엇보다 조선군이 일본군과 제대로 싸울 수가 없었다. 명군은 벽제관에서 일본군의 강력함을 실감한 이후부터는 무슨 수를 써서라도 강화 교섭을 맺으려 했고, 그 때문에 조선군이 일본군을 추격하거나 싸우는 것 자체를 엄격히 금지시켰다. 앞에서 언급한 예조판서 윤근수의 말이 그 대표적인 예이다. 이러다 보니 조선 장수와 병사들도 싸울 의욕을 잃었다.

더욱이 명군이 먹을 군량을 대느라 군량 부족과 의욕 저하로 관군의 수는 오히려 줄어들었고, 의병 조직도 급속히 와해되어 갔다. 명군을 위한 군량 공급과 부역을 하느라 백성들의 고초가 이만저만이 아니었고, 이러한 부담을 견디다 못해 일부 지역에서는 반란이 일어나기도 하였다. 선조 29년(1596년) 7월 충청도 홍산에서 발생한 이몽학의 난도 그런 이유에서였다.

02

조선 조정, 명군에게 조선군 전체의 지휘권을 넘기다

명군이 조선 백성들에게 미친 부담은 이것으로 끝나지 않았다. 선조는 명군의 파병을 요청하면서 조선군 전체의 지휘권을 명군에게 넘겨 버렸다. 그 덕분에 명군이 조선 백성을 상대로 약탈이나 살인, 겁탈 등의 범죄를 자행해도 조선 정부는 이를 처벌할 수 없었다. 명군 병사들의 처벌 권한을 쥔 명군 수뇌부는 병사들의 사기 진작을 위해 이러한 야만적인 짓거리를 눈감아주었으며 명군의 횡포는 갈수록 심해질 수밖에 없었다. 오죽하면 백성들 사이에 '왜군은 얼레빗이지만 명군은 참빗'이란 말까지 떠돌았을까?

명군에게 지휘권을 넘긴 바람에 패전한 전투도 적지 않았다. 남원성 전투가 그 대표적인 예이다.

1597년 8월 12일, 우키다 히데이에와 고니시 유키나가가 이끄는 일본군은 남원성에 이르렀다. 고니시는 남원성에 주둔하는 명군과 조선군의 숫자가 적은 것을 보고는 항복할 것을 권유하는 서신을 보냈다. 그러나 성을 지키던 명군 장수 양원楊元은 "나는 15세에 장수가 되어 천하를 호령하고 다녔으며, 아직 한 번도 싸워서 져본 일이 없다. 어찌 한 줌 밖에 안 되는 너희들에게 패하겠느냐?"라고 허풍을 떨며 거부했다. 정작 성을 지키는 명군은 3,000명에 불과했고, '한 줌 밖에' 안 된다던 일본군은 무려 5만 6,000명이나 되었는데 말이다.

전투가 벌어진 지 불과 나흘 만에 성은 함락되었고, 명군과 함께 성을 지키던 조선군 4,000명도 모두 전사하고 말았다. 양원은 간신히 목숨만 건져 도망쳤지만 그를 따라온 병사는 고작 100명에 불과했다. 이때 전주에는 2,000명의 명군이 주둔해 있었지만 급보를 받고도 구원하러 오지 않다가 일본군이 진격해 오자 그대로 도망쳐 버렸다.

명군에게 끌려가 죽을 뻔했던 유성룡

이렇듯 일본군을 상대로 한 전투에서는 한심한 자질을 보인 명군이었지만 조선인을 상대로 횡포를 부릴 때는 전혀 다른 모습을 보였다. 명군은 일반 백성이 아닌 자신들을 접대하던 조선 고관들에게도 포악을 일삼았다. 명군과 교섭을 하던 유성룡은 명군 지휘부에 두 번이나 끌려가 죽을 뻔했다.

하루는 원수 김명원와 함께 초현리招賢里에 당도했을 때 뒤에서 말 탄 사람 셋이 급히 따라오면서 황급히 물었다.

"유 체찰사 어디 계십니까?"

나는 얼른 말을 멈추고 그들을 돌아보며 마주 소리쳤다.

"내가 체찰사요. 그런데 무슨 일이오?"

그 사람들은 내 곁으로 오더니 내가 탄 말을 채찍질하면서,

"어서 가십시오."

할 뿐 아무런 말도 없이 연달아 내 말을 몰아 달리는 것이었다.

나는 어찌된 영문을 몰라 어리둥절한 채, 그저 덩달아 얼마 동안을 같이 개성을 향해 달리는 수밖에 없었다. 이 통에 일행은 모두 뒤떨어지고 나는 그 사람들 셋과 함께 앞서 달렸다. 유독 군관軍官 김제金霽와 종사 신경진만이 애써 뒤를 따랐다.

우리가 청교역靑郊驛을 지나 토성土城의 모퉁이에 이르렀을 때, 또 한 사람의 기병이 성 안에서 달려 나왔다. 그리고는 저희끼리 무엇인가 수군거리더니 그들은 나에게 읍하면서, "그냥 돌아가십시오." 할 뿐이었다.

나는 어찌된 일인지를 알 길이 없었다.

이튿날 이덕형의 편지를 받고서야 겨우 곡절을 알게 되었다. 그 내용은 이러하였다. 제독이 신임하는 심부름꾼 하나가 밖에 나갔다가 들

어오더니 제독을 보고, "유 체찰사는 강화하는 것을 반대하여 임진강에 있는 배들을 모두 거두어가서 왜영倭營에 드나들지도 못하게 하고 있습니다."하고 보고를 하더라는 것이다.

이 말을 듣자 제독은 크게 노하여 당장 나를 잡아다가 곤장 40대를 때리라고 했다고 한다. 내가 아직 도착하기 전인데 제독은 눈을 부라리면서 분함을 참지 못하여 안절부절 못하며 팔을 걷어 올리기도 하고, 좌우 사람들은 어찌할 바를 몰라 모두 두려워했다는 것이다.

이때 마침 돌아온 이경을 보고, 제독은 임진강가에 배들이 있더냐고 물었다. 이경은 자기가 본 대로 배들이 그냥 있어 왕래하기에 방해되지 않겠다고 하므로 제독은 그제서야 자기 심부름꾼의 말이 잘못된 것임을 깨닫고 나를 잡으러 간 사람을 도로 불러들이는 한편, 그 심부름꾼을 불어내어 매질을 몹시 하여 기절시킨 후에 끌어내었다.

제독은 몹시 뉘우치면서, "체찰사가 오면 내 무슨 면목으로 대한단 말인가?" 하더라는 것이다.

원래 제독은 내가 강화하는 것을 평소부터 원치 않고 있음을 알고 있던 터에, 남의 말을 듣자 의심할 여지가 없이 곧이들어 진상을 자세히 조사해 보지도 않고 크게 성을 내었던 것이다.

그래서 주위 사람들은 나를 위해서 몹시 위태롭게 여겼던 것이다.

_〈징비록〉에서 발췌

징비록의 본문에 따르면 이여송은 유성룡이 강화 회담을 반대하기 위해 임진강가의 배들을 모두 없애 버렸다는 허위 보고를 받고 분노하여 유성룡을 체포해 처벌을 하려고 했다고 한다. 그러나 내용을 자세히 읽어 보면 어딘지 모르게 수상쩍다.

이여송은 휘하 기병 셋을 보내어 유성룡을 데려오게 했다는데, 왜 데려가는지 이유도 설명하지 않고 다짜고짜 끌고 갔다. 그것도 유성룡과 함께 오던 사람들도 미처 따라오지 못할 만큼 다급하게 말이다. 굳이 그렇게까지 할 필요가 있었을까?

그리고 자신의 하인이 아무리 허위 보고를 했다고 하더라도 곤장을 100대나 때려서 기어이 죽이고 말았다는 것은 좀 지나친 감이 있다.

혹시 이여송은 하인의 거짓 보고를 빌미로 삼아 평소에 강화를 적극 반대해 왔던, 그래서 눈엣가시 같았던 유성룡을 죽여 없애려던 속셈은 아니었을까? 그런데 하인의 보고가 거짓이었음이 드러나자 가만히 있으면 자신의 입장이 난처해질까 봐 모든 책임을 하인에게 씌우고 일부러 가혹한 형벌을 내려 죽게 했던 것이 아닌지…….

조선의 고관들 중에 유성룡 말고도 명군의 횡포를 경험한 사람은 더 있다. 황해도병마절도사를 지낸 박진 장군은 명나라 하급 군관인 루승선에게 얻어맞아 목숨을 잃기도 했다.

221

이순신은 명군을
어떻게 보았을까?

명군의 파병 자체는 환영했던 이순신

그렇다면 조선 수군의 총사령관이자 왜군과의 최전선에 서 있던 이순신은 명군을 어떻게 보았을까? 이순신은 일단 명군의 파병 자체는 환영했다. 천하제일의 강대국인 명나라가 조선을 돕는다면 왜군을 쉽게 물리칠 수 있고 전쟁을 빨리 끝낼 수 있다고 여긴 것이다.

선조 26년(1593년) 3월 10일, 이순신은 선조가 피난 가 있는 의주를 다녀온 사람이 "명나라 군사들이 진작 송도까지 왔지만, 연일 비가 와서 길이 질므로, 행군하기가 어려워 날이 개기를 기다려서 서울로 들어가기로 약속했다."라는 말을 듣고는 기쁨을 이길 수 없었다고 〈난중일기〉에 소감을 적었다.

그리고 12일 후인 3월 22일, 명나라가 도독 이여송을 파견하여 조선을 돕도록 한 일에 대해서 다음과 같이 벅찬 감동을 받았다고 기록했다.

임금의 수레는 서쪽으로 옮겨 가고, 백성은 고기밥이 되고, 연이어 세 도읍(한양과 개성과 평양)이 함락되니, 종사는 버려지고 오직 나와 삼도수군은 있는 힘과 의리를 다 내고 죽음을 바치려 하지 않은 이 없을지라도, 기회가 마땅치 않고, 아직 뜻을 펴지 못하여 지금은 다행히 명나라 조정이 천하 대장군 도독 이여송을 파견하여 군사 10만 명을 거느리고 왜적을 멀리 쫓아 내어 삼도를 회복하였다고 하는 바, 신하된 자(이순신 자신)는 기뻐 날뛰고 너무 기뻐서 말할 바를 모르고, 또 죽을 곳도 알지 못했습니다.

5월 24일에는 명나라 관원 양보와 통역관인 표헌, 선전관인 목광흠 등이 이순신을 방문했다. 이순신은 직접 그들을 마중 나가 배로 안내해 왔다. 이순신의 안내를 받은 그들은 매우 기뻐하는 기색이었고, 조선 수군의 전함에 올라탔다. 이순신은 그들에게 명나라가 조선을 돕기 위해 원군을 보내준 것은 명나라 만력황제의 은혜이니 무척 감사한다고 말하면서 그들에게 자리에 앉기를 권했지만 명나라 관리들은 굳이

223

사양하였다.

그들은 선 채로 한 시간이 지나도록 이야기하며, 조선 수군이 훌륭하다고 매우 칭찬하였다. 이순신은 그들이 와준 것에 대한 답례로 줄 예물의 명단을 주었다. 명나라 관리들은 처음에는 굳이 사양하는 듯하더니, 마침내 받고는 매우 기뻐하며 두 번 세 번 감사하다고 했다. 그날 밤, 이순신은 명나라 관리들을 위해서 술자리를 열었다.

다음 날 아침, 명나라 관원과 선전관은 심한 숙취로 술이 깨지 않았다. 이순신은 그들의 술이 깨기를 기다렸다가 통역관을 통해서 명나라 장수들이 하는 일을 물어 보았다.

그러자 명나라 관원들은 "명군은 왜적을 조선에서 쫓아 보내려고만 할 따름이다."라고 대답했다. 그리고 명나라 경략 송응창이 조선 수군의 상태를 알고 싶어서 자신들을 보냈는데, 조선 수군의 위세가 이렇게도 대단하니 기쁘기 한이 없다고 했다.

이날 늦게야 명나라 관원은 명군의 본영으로 돌아갔다. 명나라 관원들로부터 조선 수군의 훌륭함을 칭찬받은 이순신도 무척 기뻤을 것이다.

명군의 무능력을 안타깝게 여겼던 이순신

하지만 이순신이 명군에 대해 무조건 긍정적인 인식만을 가졌던 것은 아니었다. 〈난중일기〉 1593년 5월 14일자에는 다음과 같은 기사도

이순신의 조일전쟁

실려 있다.

선전관 영산령 예윤이 임금의 분부를 받들고 왔다. 그들에게서 명나라 군사들의 하는 짓을 들으므로 참으로 통탄스럽다.

위 기사에서 이순신은 왜 '명나라 군사들의 하는 짓을 들으므로 통탄스럽다.'라고 표현했을까? 여기에는 그만한 이유가 있었다.

조선에 출정한 명나라 군사들은 1593년 1월 9일 평양성 탈환 이후, 제대로 싸워서 전공을 거둔 적이 없다. 평양성에서 승리한 명군 사령관 이여송은 패주하는 왜군을 무리하게 추격하다가 1월 27일 벽제관에서 왜장 고바야카와 다카카게가 이끄는 왜군의 매복에 걸려 대패한 후 겁을 먹고 평양으로 후퇴한 이후에는 좀처럼 싸우려 들지 않았다.

명군이 왜군과의 교전을 회피하는 모습은 그 이후, 〈난중일기〉에서 자주 언급된다.

1593년 5월 16일

명나라 장수가 중도에서 늦추며, 머무르는 것은 무슨 교묘한 술책이 없지 않을 것이라는 말을 들으므로 나라를 위해 걱정이 많은 중에 일일이 이러하므로 더욱 더 한심스러워 눈물이 쏟아졌다.

1593년 5월 17일

원균이 군관을 보내어 진양의 보고서를 가지고 왔다. 보았더니, 명나라 제독 이여송은 지금 충주에 있다 하고, 왜군들은 사방으로 흩어져 분탕질하며 약탈을 일삼고 있다고 한다. 통분하고도 통분하다.

시간이 지나자, 이순신은 명군에 대한 불신감마저 생겨났다. 〈난중일기〉 1593년 7월 20일자 기사에 따르면, 명나라 장수가 '두 치의 왜군이 명군에게 몰리어 달아났다.'라고 보낸 통첩을 읽고, 이순신은 "터무니없는 거짓말이다. 명나라 사람들이 이와 같으니 다른 사람들이야 말해 본들 무엇 하겠는가? 통탄할 일이다."라고 혹평하기까지 했다. 명군이 왜군과 싸워서 이겼다는 말조차 거짓이라고 의심할 정도가 된 것이다.

명군의 휴전 협상과 함께 그들을 불쾌하게 여긴 이순신

1594년이 되자 상황은 더 나빠졌다. 명군은 평양성 전투에서 승리하고 왜군이 한양을 버리고 남쪽으로 후퇴하자, 이쯤에서 전쟁을 그만 끝내려 했다. 그래서 일본과 서둘러 휴전 협상을 맺으려 했는데, 이순신은 그 소식을 듣고 일본의 교활한 술책에 명나라가 말려들어 자칫 조선에 큰 해가 될까봐 안절부절하는 모습을 보였다.

이순신의 조일전쟁

1594년 2월 5일

권율의 회답 공문이 왔는데, 유격 심유경이 벌써 화친을 결정했다고 한다. 그러나 간사한 꾀와 교묘한 계책을 헤아릴 수 없다. 전에도 왜놈들의 꾀에 빠졌었는데 또 이처럼 빠지려드니 한탄스럽다.

뿐만 아니라 휴전 협상이 진행되면서 명군은 조선군이 왜군을 공격하거나 후퇴하는 왜군을 추격하는 일도 엄격하게 금지시켰다. 명군의 그러한 조치를 들은 이순신은 몹시 분개하면서, "우리 땅에서 왜군을 몰아 내려는데, 왜 명나라가 막는가?"라고 여기며 울분을 토했다.

1594년 3월 6일

저녁나절에 거제로 향하는 데 맞바람이 거슬러 불어 간신히 흉도에 도착하므로 남해현감이 보고하되, "명나라 군사 두 명과 왜놈 여덟 명이 패문을 가지고 왔기에 그 패문과 명나라 군사 두 명을 보낸다."고 했다. 그 패문을 가져다 보니, 명나라 도사부 담종인이 "적을 치지 말라."는 것이다. 나는 몸이 몹시 괴로워서 앉고 눕기조차 불편하다.

명군이 조선군의 전투를 막으려 들고, 더욱이 많은 수의 명군이 조선에 주둔하게 되면서 그들에게 식량을 공급하느라 조선군 병사들이 굶는 일까지 벌어지자 이순신의 신경도 날카로워졌다.

한 예로 1594년 8월 4일에 있었던 일이다. 경상수사의 군관과 관아

227

의 하급 관리들이 명나라 장수를 접대하기 위해 여자들에게 떡과 음식물을 머리에 이고 오게 한 사실이 있었다.

이를 안 이순신은 그들을 잡아들여 죄를 묻고 처벌했다고 한다. 조선 병사나 백성들도 먹을 것이 없어 굶주리는 판국에 외국군에게 떡과 음식은 물론이고 여자까지 바친다는 사실이 무척이나 기가 막히고 한심한 일이라고 여겨졌던 모양이다. 명군에게 단순히 음식만 공급하려는 생각이었다면, 음식을 나를 사람을 모두 여자들로 뽑을 이유가 없지 않은가?

이순신의 입장에서야 무척 불쾌하겠지만, 명군을 대하는 하급 관리들의 태도는 국왕인 선조가 명군에게 보였던 태도와 크게 다르지 않았다.

선조가 명군을 대하는 태도는 너무나 지나쳤다. 황해도 병마절도사를 지낸 박진 장군이 명나라 하급 군관인 루승선에게 구타당하여 목숨을 잃은 사건도 있었지만, 선조는 거기에 대해서 아무런 항의나 처벌 요청도 하지 않았다.

왜 그랬을까? 선조는 개전 초기, 왜군이 쳐들어오자 겁에 질려 허겁지겁 달아났던 추태로 인해 크게 권위가 실추된 상태였다. 이러한 상황에서 자신의 왕권을 강화시킬 수 있는 수단은 오직 명나라의 지원뿐이었다.

선조는 틈만 나면 명군의 막사에 찾아가 일개 하사관에게도 큰 절을 올리고 그들 앞에서 애써 조선군을 폄하하고 명군을 추켜세웠다.

심지어 이순신이 명량에서 크게 이겼다는 소식을 들은 명군 장수들이 이순신을 칭찬할 때에도 "그저 작은 승리일 뿐입니다."라며 무시해 버렸다.

이렇게 '알아서 기는' 선조를 명군 장수들은 겉으로는 예우를 다하는 척했지만 뒤돌아서서는 줏대도 없는 비굴한 자라고 비웃었다. 반대로 명군에게도 엄격하고 절도 있게 대하는 이순신을 대할 때면 불쾌한 기색을 보이면서도 내심으로 두려워하면서도 존경하였다. 자기 자신을 비하하는 사람을 존중해줄 사람이 어디 있겠는가?

3부

이순신과 원균, 그리고 이순신과 선조

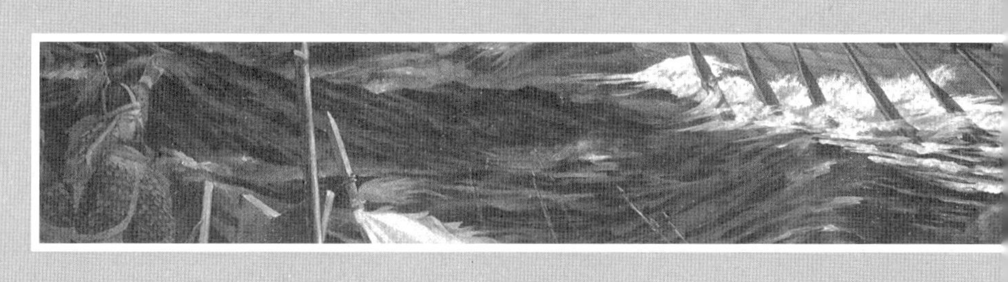

1장

이순신과 원균

원균은 과연 명장(名將)이었나, 명장(冥將)이었나?

억울한 악당, 원균?

이순신을 이야기할 때, 반드시 빠지지 않고 붙어 다니는 인물로 원균이 있다. 그를 보는 한국 사회의 시각은 크게 두 가지로 나누어져 있다. 하나는 전통적인 것으로 원균은 조일전쟁 당시, 수많은 실패와 잘못을 거듭하다 칠천량에서 조선 수군을 자멸하게 만든 졸장이라는 주장이다. 또 하나는 1980년대 이후 생겨난 것인데, 원균은 이순신에 못지않을, 어쩌면 더 훌륭한 장군이었지만 이순신 띄우기에 열을 올리던 박정희 정권에 의해 억울하게 악당이 되고만 비운의 인물이라는 반박이다.

1980년대 말까지는 전자의 시각이 우세했다. 그런데 1994년, 작가 고정욱이 소설 ≪원균 그리고 원균≫을 펴내면서 후자의 주장이 머리를 들기 시작했다. 고정욱은 이 책에서 원균은 북방에서 용맹을 떨치던 명장이었지만, 그의 공을 시기한 이순신에 의해 억울하게 간신이 되었고, 전쟁터에서 최후까지 싸우다 장렬히 전사한 영웅이라고 파격적인 주장을 했다. 당시까지만 해도 이순신을 구국의 성웅으로 인식하고 있던 한국 사회에서 고정욱의 주장은 코페르니쿠스의 발견에 비견될 만큼 충격적이었다.

4년 후인 1998년, 다른 작가 김탁환은 4권짜리 소설 ≪불멸≫을 펴낸다. 이 책에서도 이순신과 원균을 다루는 작가의 시선은 고정욱과 비슷하다. 다만 김탁환은 박정희 군사 독재 정권에 대한 극도의 적개심을 품고 있던 개인적인 사정으로 인해, 이순신을 한층 더 깎아 내리고 그 반대 급부로 원균을 추앙했다. 이 책에서 이순신은 원균에게 맥을 못 추는 나약한 성품으로 묘사되었으며, 반대로 원균은 사내답고 호탕한 성품으로 묘사되었다.

그리고 2004년, 공영 방송인 KBS에서 드라마 〈불멸의 이순신〉의 방송되었다. 이는 김탁환의 〈불멸〉을 원작으로 한 드라마였기 때문에 원균을 매우 영웅적으로 묘사했다. 물론 방송이 길어지면서 원균을 영웅화한 드라마 내용에 많은 시청자들의 항의가 쏟아지자 후반부에는 원균을 열등감에 시달리는 인물로 다소 방향을 틀기는 했지만, 그래도

이순신의 조일전쟁

최후까지 원균이 용감하게 싸우다 죽었다는 식으로 묘사를 하였다.

이러한 대중 매체들의 노력 덕분에, 2004년 이후로 조일전쟁이나 이순신 및 한국사 관련 서적들에서 원균의 이미지는 대부분 호의적으로 다루어졌다. 필자의 말을 못 믿겠다면 지금 당장 서점으로 달려가서 관련 분야의 책들을 펼쳐 보라.

하지만 과연 원균이 긍정적으로 재조명될 가치가 있는 인물일까? 원균이 정말 훌륭한 장군이었는데, 이순신 영웅 만들기의 반대급부로 인해 억울하게 악당이 된 것일까? 결론부터 말한다면 그런 주장들은 모두 거짓이다.

누구로부터도 추천을 못 받은 원균

고정욱과 김탁환의 소설, 그리고 텔레비전 드라마 〈불멸의 이순신〉에서 나온 것처럼 원균이 정말 북방에서 여진족을 상대로 용맹을 떨치던 맹장이었을까? 실제로 조선군이 여진족 시전부락을 격파하고 귀환한 지 1년 후인 1589년 1월 21일, 비변사에서는 전국 각지의 이름 있는 무인들을 널리 채용할 예정이므로 조정 대신들은 각자가 아는 무인들을 추천하라는 지시를 한다. 그에 따라 조정의 대소신료들은 자신들이 눈여겨본 무신들을 각자 몇 명씩 이름을 적어 올린다. 아래가 그 명단이다.

○ **이산해**　손인갑, 성천지, 이순신, 이명하, 이빈, 신할, 조경

○ **심수경**　이경, 신할, 이용준, 박진

○ **유홍**　이혼, 왕경조, 이용준, 변응성, 유몽경, 유연

○ **정언신**　손인갑, 성천지, 이순신, 이명하, 이시언, 한인제,
　　　　　　이언함, 정담, 김당

○ **윤탁연**　유희선, 이종장, 윤안성

○ **강섬**　유염, 정눌, 문몽헌, 김경로, 정발, 정득렬

○ **변협**　조경, 신할, 이복남

○ **이진**　신할, 김순, 변응성

○ **최원**　이경, 전협

○ **신립**　최미수, 변응성, 변응정, 이지시, 정현룡, 이범

10명의 대신들은 총 38명의 무인들을 추천했다. 그런데 명단에 원균의 이름은 없다. 어떤 대신도 원균을 추천하지 않았다. 심지어 원균과 친분이 있었던 신립조차 원균이 아닌 다른 사람들을 추천했다.

이는 대체 무엇을 의미하는가? 만약 원균이 북방에서 여진족과 싸워 명성이 자자한 장군이었다면, 왜 아무도 원균을 추천한 사람이 없을까? 그렇다면 1589년 1월 당시, 원균은 그 누구로부터도 인정을 받지 못했다는 뜻이 된다. 이러한 사람을 가리켜 어떻게 '북방의 용장'이니, '육진의 수호신'이니 하는 거창한 칭호를 붙여가며 찬양할 수 있는 것일까?

이순신의 조일전쟁

전라좌수사에서 경상우수사로 임명되다

비변사가 주최한 무장들의 채용이 있은 지 3년 후인 1591년 2월 4일, 원균은 전라좌수사로 임명되었지만 곧 파직을 당한다. 사간원에서 원균의 임명이 부당하다는 상소를 올렸기 때문이었다. 원균은 예전에 고을 수령으로 있을 때, 근무 성적이 거하居下였다. 즉, 매우 낮은 하지하下之下의 등급을 받았다는 것이다. 그런 원균이 6개월 후에 와서 갑자기 전라좌수사가 되었으므로 이는 옳지 못하다는 처사였다.

참고로 조선 시대에 고을 수령들은 근무 성적을 아홉 등급을 나누어 평가받았다. 가장 높은 점수인 상지상上之上을 받으면 승진이 되고, 반대로 가장 낮은 점수인 하지하를 받으면 벼슬에서 쫓겨난다. 그런데 제일 낮은 점수인 하지하를 받은 원균이 전라좌수사가 된다는 것은 이러한 법칙을 어긴 처사이니, 납득할 수 없다는 항변이었다. 선조도 사간원의 말에 동의하고 원균을 파직시킨다.

물론 이순신의 경우도 고을 수령에서 갑자기 승진하기는 했다. 하지만 이순신은 수령 재직 시절, 좋은 성적을 받았던 경력이 있었다. 더욱이 이순신은 원균과 달리, 1589년의 비변사의 무신 채용에서 두 명의 대신에게서 추천을 받은 몸이었다. 여진족과의 전투에서 그가 세운 공로를 인정받은 것이다.

이러한 이순신에 비해 뚜렷한 공로도 없고 인정도 받지 못한 원균이 남해 수군의 요직인 전라좌수사에 갑자기 임명된 것은 어찌된 일일까?

그러나 1592년 1월, 원균은 다른 수군 사령관인 경상우수사에 임명된다. 조일전쟁이 일어나기 3개월 전의 일이었다.

이순신이 조일전쟁을 1년 앞두고 전라좌수사에 임명되어 그만큼 시간적인 여유가 있었던 것에 반해, 원균은 3개월을 앞두고 경상우수사에 임명되었기 때문에 상대적으로 시간이 촉박했다. 하지만 경상우수영의 물자 상태는 전라좌수영보다 더 좋았다. 원균이 부임할 당시, 경상우수영에는 44척의 판옥선과 29척의 협선 등 73척의 전함과 약 1만 2,000명의 수군 병사들이 소속되어 있었다. 이 정도의 전력이면 이순신이 부임하여 필사적으로 늘렸던 전라좌수영의 사정보다 훨씬 나았다.

이유를 알 수 없는 도피 생활

그런데 1592년 4월 13일, 조일전쟁이 발발하고 고니시 유키나가가 지휘하는 왜군을 수송한 왜 선단이 바다를 건너오자, 원균은 한 번 싸워보지도 않고 달아난다. 그냥 도망만 간 것이 아니라, 4척의 판옥선과 2척의 협선 만을 남긴 채, 나머지 67척의 전함을 모두 불태워 버리고, 화포와 총통과 화약과 화살 같은 물자들도 모두 바다에 처넣어 버렸다. 뿐만 아니라 1만 2,000명의 병사들에게도 해산령을 내려 모두 도망치게 했다.

전쟁이 일어난 지 두 달 후인 6월 28일에 김성일과 김수는 각각 선조에게 보고서인 장계를 올렸는데, 거기에서도 원균이 스스로 군영에 불을 지르고 달아났음을 거론하고 있다.

"우수영은 수사 원균이 스스로 군영을 불태웠으며, 원균은 배 한 척을 타고서 현재 사천 해포에 틀어박혀 있는데, 격꾼 수십 명 이외에는 군졸이라고는 한 명도 없습니다."
_김성일이 올린 장계

"원균은 수군 대장으로서 여러 장수들을 거느리고 내지(內地)로 피했고, 우응신을 시켜 관아의 창고를 불태우게 하여 200년 동안 저축한 물건들이 하루아침에 없어져 버리게 했습니다."
_김수가 올린 장계

그렇다면 원균은 전쟁을 맞으면서 왜 이렇게 무기력한 모습을 보였던 것일까? 40척이 넘는 판옥선이라면 결코 적은 전력이 아니다. 이순신이 옥포해전 당시에 동원했던 판옥선이 약 24척이니, 이순신이 보유했던 판옥선보다 약 두 배나 많다.

물론 수적으로야 왜의 수군의 선단이 약 400척이니 원균이 가진 73척의 함대보다 더 많다. 그러나 고니시 유키나가의 1군을 수송했던 당시의 왜의 수군은 전투를 목적으로 하는 함대가 아니었다. 대부분이 육군을 배에 싣고서 육지까지 나르는 수송에 동원된 수송선이었다. 더욱이 당시 왜의 수군이 사용했던 장비는 조총이나 화살 또는 개인용 화포인 대통 정도가 고작이었다. 이 정도로는 원거리에서 대포나 장군

전 같은 대형화기를 날리는 조선 수군보다 훨씬 열악한 상황이었다. 또한 왜군을 수송했던 함대들은 대부분 세키부네나 고바야 같은 중형 내지 소형 함선들이었다. 더욱이 결정적으로 왜의 수군은 조선 수군과의 전투 경험이 없어서 조선 수군의 전력이나 전술조차 제대로 파악하지 못하고 있었다.

만약 원균이 자신이 보유한 함대를 모두 동원해서 왜의 수군과 맞섰다면 틀림없이 그들에게 적지 않은 타격을 입혔을 것이다. 또 전쟁의 피해나 기간도 더욱 줄어들었을 것이다. 그런데 왜 그렇게 하지 못했던 것일까? 3개월이면 결코 적지 않은 기간인데, 그동안 원균은 대체 무엇을 했던 것일까?

혹시 원균은 훗날 이순신의 후임으로 삼도수군통제사가 되었을 때처럼 장군으로서의 업무는 뒷전으로 내팽개치고 술과 기생에 빠져 허우적거리다가 왜군의 기습을 받고는 겁에 질려 그냥 정신없이 도주한 것이 아닐까?

경상도에서 의병으로 활동했던 의병장 조경남이 지은 사서인 〈난중잡록〉에 보면, 원균이 전쟁 초기에 얼마나 겁에 질려 추태를 보였는지가 잘 나타나있다. 원균은 경상우수영을 스스로 불태우고 몇 명의 부하만을 거느린 채 달아나다가 거제도 인근의 백천사라는 절에 도착했다. 그런데 조선인 어부들의 어선을 보고는 왜의 수군의 배로 착각하고 노량까지 도망쳤다. 그런데 마침 노량 안에는 왜군이 쳐들어온다는 말을 듣고 피난을 가려는 백성들이 줄을 지어서 길을 꽉 매우고 있

이순신의 조일전쟁

었다. 그러자 원균을 수행하던 부하인 우응신이 백성들에게 마구 활을 쏘아 많은 백성들이 죽거나 다쳤다고 한다. 정말 한심하기 그지없는 모습이 아닌가?

너무나 보잘것없는 전력

이리저리 달아나던 원균은 부하 이영남을 이순신에게 보내 거듭 구원을 요청한 결과, 5월 4일에 드디어 이순신과 만나 연합 함대를 구성했다. 하지만 이순신과 합류했다고 해서 원균이 큰 공을 세울 수는 없었다. 무엇보다 원균은 경상우수영에 있던 전함 대부분을 불태워 없앴고, 이순신과 처음 만났을 때 가진 병력은 고작해야 판옥선 4척과 협선 2척 등 총 6척에 불과했기 때문이었다. 거기에 대포나 총통 같은 무기들도 상당수를 바다에 처넣은 데다 병사들도 해산시킨 뒤라서 그를 따라는 병사들도 얼마 되지 않았다.

이렇게 부실한 전력을 가진 원균이 용맹하게 선봉에 서서 왜군을 무찔렀다? 모순도 이만저만이 아니다. 73척의 전함을 가졌을 때는 적과 싸울 엄두도 못 내고 정신없이 도망치던 사람이, 겨우 6척을 가지게 되자 용감하게 싸웠다니? 도대체 말이나 되는가?

그래서 원균이 이순신과 이억기 등 조선 연합 함대가 활동하던 도중에 세운 공로는 전라도 수군을 위해 경상도 지역의 물길을 안내해주는 정도가 고작이었다. 실제로 전투가 벌어지면 원균의 경상우수영 수군은 안전한 후방에서 대기하고 있다가 바다에 빠져 떠내려오는 왜군들을 건져 내어 목을 베고 수급을 챙기는 데 바빴다. 특히 원균은 그렇게 해서 얻은 수급을 조정에 열심히 갖다 바쳐 자신이 용감하게 싸워 왜군들을 죽이고 목을 벤 것처럼 포장했다.

그렇다고 원균이 왜군의 목을 잘 베었던 것도 아니다. 한산도대첩 이후 이순신은 살아남은 왜군 패잔병 400명을 한산도로 유인하여 봉쇄한 상태에서 원균에게 넘겨주었다. 이왕 수급 얻는 것을 좋아하는 원균이니 한 번 마음껏 가져가 보라고 준 것이다.

그러나 원균은 한산도에 갇힌 왜군들의 목을 선뜻 베지 못하고 주저하다가 왜군의 대함대가 온다는 헛소문을 듣고는 겁을 먹고 그대로 달아나 버렸다. 그 틈에 왜군 패잔병 400명은 부서진 판자들로 뗏목을 만들어 모두 탈출하고 말았다. 기껏 힘들게 차려 준 밥상도 제대로 챙겨먹지 못한 원균의 아둔함과 무능함은 극에 달했다.

더욱 놀라운 일은 전투가 거듭될수록 이순신이 이끈 전라좌수영의 전력은 늘어났는데 반해 원균의 전력은 계속 줄어들었다는 사실이다. 최초의 해전인 옥포해전 당시 이순신의 전라좌수영 함대는 주력함인 판옥선만 24척이었다. 그에 반해 원균의 함대는 판옥선 4척과 척후선 2척이었다.

그런데 1593년 5월 10일, 견내량에 모인 전라좌수영과 우수영의 연합 함대는 202척이었는데, 원균의 함대는 고작 2척이었다. 대체 전쟁이 시작된 지 1년이 지나도록 원균은 무엇을 했을까? 전력이 증강되기는커

녕 오히려 더 줄어들었다니……. 원균은 전력 재편성이나 보존에서도
실패했던 것이다.

　이렇게 부실하고 형편없는 전투력을 가진 원균이 왜군과 싸워 전
과를 거둔 맹장이라고? 도저히 성립될 수 없는 비상식이자 엉터리 궤변
에 불과하다.

243

02

〈난중일기〉에 나타난 원균의 패륜적 모습들

국가 공식 기록인 〈조선왕조실록〉에서 나온 모습들 이외에도, 개인이 남긴 기록에서 원균은 어떻게 그려질까? 특히, 조일전쟁 내내 원균과 가장 자주 만났고, 그를 가까이서 지켜보았던 이순신은 원균을 어떻게 평가하고 있을까?

흔히 텔레비전 사극이나 소설에서 이순신과 원균은 선의의 라이벌 내지 서로를 신뢰하는 좋은 선후배 정도의 훈훈한 관계로 묘사된다. 하지만 이순신이 남긴 개인 기록인 〈난중일기〉를 보면 그런 식의 묘사는 완전히 거짓이다. 이순신은 조일전쟁 내내 원균을 무척이나 혐오하고 때로는 강렬하게 미워했다.

원균을 극도로 증오했던 이순신

앞서 언급한 대로 〈난중일기〉 1592년 4월 29일자에 따르면 이순신은 "오늘날 나라를 욕되게 한 이 환란은 모두 경상도를 지키는 장수들이 바다에서 적을 요격하지 않아, 적이 마음대로 상륙하여 활개칠 수 있게 놓아 둔 것 때문이다."라고 비분강개했다. 그런데 경상우수사로 있으면서 왜군을 실은 대선단이 바다를 건너올 때까지 아무런 방어나 요격도 하지 않고, 적이 오자 함대와 무기를 바다에 처넣고 군대마저 해산시키고 도망가 버린 원균을 이순신이 좋아했을 리가 만무하다.

〈난중일기〉 1593년 2월 22일자 기사에 따르면 이순신은 원균에 대한 반감을 또다시 드러낸다. 이날, 제포 전투에서 이순신이 이끈 연합함대는 도망가는 왜의 수군을 쫓아가다가 얕은 해안가에 아군의 함선 두 척이 좌초되는 바람에 적에게 역습을 당해 큰 피해를 입었다. 그런데 아군의 위기를 보고도 경상우수영 소속 좌위장과 우부장은 못 본 체하고 끝내 구해주지 않았다. 전황을 지휘하면서 그 광경을 목격한 이순신은 경상우수영의 태도를 보고 매우 괘씸해했고, 아울러 그 원인이 원균에게 있다고 생각했다. 경상우수영 수군을 총괄하는 원균이 평소에 자기 휘하 부대의 관리를 잘했다면, 그들이 아군의 위기를 보고도 외면하는 일은 없지 않았겠는가?

다음 날, 아침 식사를 마친 뒤 원균이 이순신을 방문했다. 그를 만난 이후 이순신은 그의 음흉함을 표현할 길이 없다고 썼다. 구체적으로 원균이 무슨 말을 했는지는 나와 있지 않지만, 아마 원균이 아군의 위기를 보고도 구하지 않을 것을 자기 나름대로 변명했던 것 같다.

그러나 원균에 대한 이순신의 실망과 경멸과 혐오는 날이 갈수록 더하게 된다. 2월 28일, 이순신은 기묘한 사건을 목격한다. 그날 새벽에 출항하여 부산의 독사이목으로 향하던 도중, 우부장이 변고를 알리자 여러 배들이 돛을 달고 급히 달려가 작은 섬을 에워싸고 보니 원균 휘하 군관의 배와 가덕첨사의 척후선 등 두 척이 섬에서 들락날락하고 있었다.

도대체 무엇 때문에 적이 없고 전투도 없는 상황에서 여러 배들이 작은 섬에 들락거리고 있었는지 궁금해서 알아보니, 그 이유가 참 황당했다. 원균은 자기 군관들을 보내 어부들의 목을 찾고 있었다고 한다.

원균은 왜 어부들의 목을 찾았을까? 그것은 수급을 얻기 위해서였다. 조선 시대에 장수의 공훈은 적을 죽인 후에 자른 목의 개수로 판가름났다. 그러니 큰 공을 세우려면 그만큼 적의 목을 많이 얻어야 했다.

그런데 원균은 개전 초기에 휘하 군영의 배와 무기를 모두 버리고 도망치는 바람에 조선 수군 중에서 배와 장비가 제일 적고 보잘것없었다. 따라서 여러 번의 전투에 참가하면서도 제대로 싸울 수가 없어서 상대적으로 공을 세울 기회가 별로 없었다. 어떻게 해서든 공을 세워 자신의 실추된 위상을 회복하려고 했던 원균은 왜군의 목을 얻기가 어렵자 어부들의 목을 얻어다 그 목을 왜군의 것처럼 위장하여 자기가 왜군을 무찌른 것처럼 위장하려 했던 것이다.

이순신이 원균이 보낸 군관들이 탄 배를 압류해서 원균에게 보내자 원균은 크게 화를 냈다. 자기의 속셈이 이순신에게 들통나 망신을 당한 것 때문에 그런 반응을 보였으리라.

원균의 부하들도 원균을 미워했다

이틀 후인 3월 2일, 이순신은 마음이 울적한 와중에 두 손님의 방문을 받았다. 원균의 부하 장수인 이영남과 이여염이었는데, 그들은 이순신에게 와서 자신들의 상관인 원균의 비리를 말했다. 직속 상관이 아닌 다른 장수에게 가서 말할 정도로 그들의 심정도 무척 답답했던 것일까?

두 달 후인 5월 8일에도 이영남은 이순신을 방문하여 원균이 망령된 짓을 많이 한다고 말했다. 원균은 자기 부하들에게도 욕을 먹을 정도로 처신이 올바르지 못했던 모양이다.

같은 달, 14일에는 원균의 태도가 더욱 나빴다. 그날은 임금인 선조가 내린 분부가 적힌 유지를 가지고 두 명의 선전관이 전라좌수영을 방문했다. 이순신은 이억기가 제공한 배에 타고 그들 선전관과 이야기를 하면서 술을 마셨다.

그런데 원균이 나타나서 술을 함부로 마시고는 마구 폭언을 퍼부어 댔다. 그 모습을 본 배 안에 탄 모든 장병들이 크게 화를 냈다. 대체 무슨 속셈에서였을까? 아마 원균은 임금이 보낸 선전관들을 통해 자기가 열심히 싸우고 있는데 이순신이 그 공을 조정에 제대로 보고하지 않아 자신이 무척 고생을 한다고 말했던 것 같다. 그래서 선전관들의 귀를 통해 조정에 자신의 이름이 긍정적으로 알려지기를 바랐던 것이다.

하지만 원균과 직접 같은 전장에서 싸웠던 수군 장병들은 원균이 실제로 적과 열심히 싸웠던 것이 아니라 전투가 벌어지면 후방에 있다가 다 끝날 즈음에야 와서 죽은 적의 시체에서 목을 잘라서 자신이 죽인 것처럼 위장하고 다녔다는 사실을 잘 알고 있었다. 그래서 원균의 거짓말에 화가 났으리라.

5월 21일에도 원균은 일을 저질렀다. 거짓 내용으로 공문을 보내, 병사들이 크게 동요했던 것이다. 이순신은 그것을 두고 "흉측함이 말할 수 없다."라고 평하면서 우려했다.

5월 30일에는 이러한 일도 있었다. 명나라 장수 송응창이 조선 수군에 보낸 불화살 1,500개를 원균이 혼자서 모두 가지려고 꾀를 썼다가 들통이 나는 바람에 망신을 망한 것이다. 아마 원균은 자기를 미워하던 이순신을 나쁘게 보고, 그가 공을 세우지 못하게 훼방을 놓았던 것인지도 모르겠다.

하지만 이순신을 분노하게 했던 일은 그것만이 아니었다. 조붕이라는 사람이 이순신에게 찾아와 이러한 사실을 알려주었는데, 남해현령 기효근은 물론 그의 상관인 원균도 배에 어린 여자와 미녀를 태우고

이순신의 조일전쟁

다니며 놀아난다는 것이다. 전쟁이 끝나지 않아 적의 침공에 대비하여 하는 전시에, 한 나라의 수군 장수가 여자와 노닥거리고 있다니…….상상도 할 수 없는 군기 문란이 아닌가?

6월 10일, 원균은 뜻밖의 제안을 한다. 웅천에 있는 왜군들을 상대로 "내일 새벽에 나가 싸우자."라는 공문을 보낸 것이다. 이미 원균에 대해서 혐오와 불신을 품고 있던 이순신은 원균의 제안을 선뜻 받아들이지 않으며, "그가 하는 흉계와 시기가 말로 표현할 수 없다."라고 여기며, 답장을 보내지 않았다. 아군의 위기를 눈앞에서 보고도 외면했던 원균의 말을 차마 믿기 어려웠기 때문이다.

그래도 이순신은 왜군과의 전투라는 자신의 업무를 소홀히 할 수는 없어서 다음 날 아침, 자신이 직접 세운 계획을 공문에 써서 원균에게 보내 주었다. 그런데 원균은 아침부터 술에 취해서 정신이 없었다. 그 말을 듣고 이순신은 허탈한 웃음을 지었으리라. 자기가 직접 새벽에 나가서 왜군을 공격하자고 제안하고서는 술을 잔뜩 퍼마시고 인사불성이 되도록 취해 있다니……. 그렇다면 원균은 애시당초 왜군과 싸울 뜻이 없었던 것일까? 이순신에게 보낸 공문은 그냥 해본 소리였을까? 알 수 없는 일이다.

이순신에게 계속 비리를 들켰던 원균

아무튼 원균의 어처구니없는 추태를 경험한 이순신은 이 사건 이후, 원균이 어떤 제안을 하더라도 믿지 않았다. 엄격한 원리원칙주의자인 이순신의 눈에는 원균은 불성실하고 무능력하며 나라와 백성의 안전을 지키는 군인 본연의 임무마저 안중에 없고, 그저 자신의 출세에만 혈안이 된 소인배라고 판단했기 때문이었다.

7월에 접어들자 그렇지 않아도 경멸받던 원균은 더 큰 위기에 휘말린다. 7월 25일에는 조정에서 체찰사가 보낸 공문이 원균에게로 왔는데, 그를 문책하는 말들이 많이 적혀 있었다. 조정에서도 원균이 하는 일을 두고 영 미덥지 못하다는 여론이 공문에 반영된 것이다.

그리고 7월 28일에, 원균은 예전과 비슷한 일을 저질렀다가 이순신에게 발각된다. 이순신의 부하 장수인 김완이 복병을 하고 있을 때, 포작(특정 고을에 소속되지 않고 자유롭게 바다에서 고기를 잡는 어민들, 전쟁이 나면 이들도 징병되었다.) 열 명이 왜인의 옷을 입고 변장하고 있는 모습이 포착되었다. 조선인 어부가 왜 일본 옷을 입고 있는지 궁금한 이순신은 그들을 잡아다가 이유를 물었다. 그러자 그들의 입에서는 놀라운 소리가 나왔다. 자신들이 일본 옷을 입고 있었던 까닭은 원균이 시켰기 때문이라는 것이었다.

대체 원균은 왜 조선인 어부들에게 일본인의 옷을 입히려 했을까? 추측컨대, 그들을 일본인처럼 꾸며놓게 한 다음, 자신이 함대를 이끌고 나타나 그들을 죽이고 그 목을 잘라서 자기가 왜인들을 죽인 것처럼 꾸며 포상을 받기 위함이 아니었을까?

8월 2일, 원균의 부하 장수인 이영남이 이순신을 찾아왔다. 그리고 원균이 망령된 말을 하면서 이순신에게 도리에 어긋난 짓을 많이 했다고 전했다. 원균의 음흉한 행태에 부하인 이영남도 진절머리가 났던 모양이다. 그렇지 않고서야 임지를 떠나 다른 장수에게 자신의 상관에 대한 험담을 늘어놓을 리가 없을 텐데 말이다.

이밖에도 이순신은 8월 6일과 7일, 원균과 만나는 자리에서 "그는 걸핏하면 모순된 이야기를 하며, 그와 그의 부하 군관들은 항상 헛소문만 내기를 좋아하니 믿을 수 없다."라고 말한 내용을 일기에 적었다.

하지만 원균의 태도는 도무지 나아지지 않았다. 왕이 보낸 선전관 앞에서 술주정으로 물의를 빚었던 예전의 일은 생각하지도 않았는지, 원균은 8월 26일 이순신과 이억기 등 여러 장수들이 보는 앞에서 술을 마시고 잔뜩 취해서 온갖 망발과 망언을 쏟아내어 주위로부터 눈총을 받았다.

해가 바뀐 1594년 1월 19일, 원균은 더 심한 추태를 부렸다. 경상우수사에서 근무하는 많은 승무원과 노를 젓는 격군들이 군량이 모자라 굶어죽을 지경인데, 원균은 그들을 어떻게 해서든 먹여 살릴 생각은 하지 않고 여자들과 놀아나는 데 정신이 없었다. 이영남으로부터 이 말을 전해들은 이순신은 그날 〈난중일기〉에 "차마 들을 수가 없었다."라고 안타까운 심정을 드러냈다.

그리고 3월 13일, 원균은 이순신을 방문했다. 그 자리에서 이순신은 그가 잘못한 일을 말하면서, 거짓으로 왜인 노릇을 한 자들의 목을 잘라서 바친 일들을 지적했다. 원균은 세 번이나 거짓으로 전공을 세

251

우려다 모두 적발된 것이다. 참으로 어처구니없을 정도로 강한 집념이었다.

조일전쟁 기간 내내, 이순신이 왜군과 싸우는 일 다음으로 가장 신경을 썼던 것은 아군의 기강 확립이었다. 특히나 군대에서 달아나는 탈영병들은 이순신에게 걸리면 반드시 처벌을 받았다. 그런데 5월 13일, 경상우수사 소속의 포작들이 격꾼들을 배에 실은 채, 도망가다가 현장에서 붙잡혔는데, 많은 포작들이 원균이 있는 곳에 숨어 있었다고 한다. 요즘으로 치면 원균은 범죄자 은닉죄를 지은 것이다. 그렇다면 원균은 왜 그들을 자신이 있는 곳에 숨겨주었을까? 아마 그들의 노동력 등을 이용해서 자신의 사복을 채우려 한 듯하다.

그래서 사복을 보내어 그들을 잡아 오게 했는데, 원균은 도리어 이순신이 보낸 사복들을 붙잡아 가두었다. 분노한 이순신은 군관 노윤발을 보내서 사복들을 풀어주게 했다.

6월 4일, 겸사복이 선조가 내린 유지를 가지고 왔는데, 거기에는 "수군의 여러 장수들이 서로 협력하지 않으므로 다음부터는 전날의 버릇을 버려라."는 내용이 적혀 있었다. 원균이 술에 취해 망발하던 모습이 조정의 귀에 들어갔던 것이다.

이순신과 원균 간의 불화가 깊다는 말은 이 무렵부터 조정에도 잘 알려졌던 것 같다. 8월 17일에는 도원수인 권율이 사천에 와서 원균을 무척 책망하는 말을 했다. 권율의 꾸짖음에 원균은 머리를 들지 못했다.

그러나 원균은 결코 자신의 잘못을 뉘우치지 않았다. 그저 자신보

이순신의 조일전쟁

다 더 강한 힘에 일시적으로 굴복하는 척했을 뿐이다. 같은 달 29일, 원균은 이순신이 머뭇거리며 앞으로 나가지 않는다고 핑계를 걸고 넘어졌다. 참으로 적반하장격인 트집이었다. 전투에 별 도움도 안 되고 적의 수급 챙기기에나 몰두하던 자가 수군 전략의 총대장에게 무슨 말도 안 되는 딴지걸기란 말인가?

조선 조정, 이순신과 원균의 갈등을 조율하다

수사에서 충청병사로 이직된 원균

이순신과 원균 간의 갈등을 잘 알고 있던 조정에서는 이대로 둘을 계속 내버려 두면 안 되겠다는 판단을 내리고, 해가 바뀐 1595년 특단의 조치를 취했다. 전라좌수사인 이순신을 충청과 전라와 경상도 세 도의 모든 수군을 지휘하는 수군 총사령관인 삼도수군통제사로 삼고, 원균은 수군 지휘관이 아니라 육군 지휘관인 충청 병사로 삼는다는 내용이었다. 원균의 후임자로는 배설이 내정되었다.

2월 27일, 이러한 조정의 결정을 담은 왕의 사절이 교서를 가지고

왔다. 그런데 왕이 내린 교서를 낭독하는 자리인 포구에서 원균은 뜻
밖의 모습을 보였다. 왕이 내린 교서에 신하로서 마땅히 해야 할 절하
기도 하지 않았던 것이다. 원균이 불평을 하자, 두 세 번이나 타일러 억
지로 절을 하게 했다. 이 광경을 전해 들은 이순신은 "너무도 무식한 것
이 우습기도 하다."라고 〈난중일기〉에 적었다. 왕에 대한 충성을 절대
적인 도덕률로 삼았던 조선 시대의 기준으로 보면 원균이 한 일은 영락
없는 불충이자 죄였다.

3월 12일, 이순신은 체찰사가 전한 이상한 소식을 들었다. 원균이
곤장 마흔 대를 맞았다는 것이다. 대체 무슨 이유로 곤장을 맞았는지
는 알 수 없지만, 큰 잘못을 저지른 데에 관한 처벌인 듯 했다. 그렇지
않고서야 충청 병사로 있는 원균이 곤장이라는 치욕적인 처벌을 받았
을 리 없다.

삼도수군통제사로 조선 수군을 잘 관리하던 이순신은 그러나 1597
년, 정유재란이 발발하자 일본의 이중 첩자인 요시라가 전한 거짓 정보
에 속지 않고, 함대를 출정시키지 않았다는 억울한 죄를 쓰고 통제사
에서 파직을 당한다. 그리고 그의 후임으로는 놀랍게도 원균이 부임
한다.

원균이 통제사로 부임하자, 그는 이순신이 했던 일과는 정반대로
굴었다. 병사들의 훈련이나 전함의 제조나 수리 및 전략과 전술 수립
같은 장수로서의 본 업무는 뒷전으로 미루고, 사령부인 운주당에 기생
들을 모아 놓고 매일 같이 술이나 마시며 흥청망청 놀기나 했다.

총사령관이 이러니, 병사들이 무슨 생각을 품었을까? 이대로는 도저히 왜군과 싸워서 이길 수 없다고 판단했을 것이 분명하다. 그래서 병사들은 틈만 나면 도망쳤고, 남은 병사들도 원균이 저지르는 부정부패 때문에 식량을 제대로 먹지 못해 굶주렸다.

통제사에서 파직을 당하고 백의종군하던 상태에 있던 이순신도 주위 사람들이 전해 오는 원균의 추태를 듣고, 〈난중일기〉에 안타까운 심정을 드러냈다. 〈난중일기〉 1597년 4월 27일자 기사에 따르면 정사준이 와서 원균의 망령된 일을 많이 말했다고 적었고, 〈난중일기〉 5월 2일자 기사에도 진홍국이 좌영에서 와서 눈물을 뚝뚝 흘리면서 원균이 하는 일을 말했다고 기록했다. 5월 6일에는 충청우후인 원유남이 이순신을 찾아와서 한산도에서 원균이 저지르는 온갖 패악질에 대해 말하고, 그의 횡포를 견디다 못한 장병들이 탈영을 하는 판국이라 장차 일이 어찌될 것인지 헤아리지 못하겠다고 전했다.

5월 8일, 이순신은 더 기막힌 말을 들었다. 원균이 어느 서리의 아내를 탐내, 서리에게 곡식을 사오라고 명을 내려 육지로 보내 놓고는, 그의 아내를 겁탈하려 했다는 것이다. 그런데 원균이 기를 썼지만 서리의 아내가 밖으로 뛰쳐나가 고래고래 소리를 지르며 난리를 부렸다고 한다. 원균은 참으로 추접하고 꼴사나운 짓을 저질렀으므로 한 나라의 수군통제사가 망신도 이만저만이 아니었다.

그럼에도 불구하고 원균은 말에 온갖 재물을 실어서 한양의 높은 벼슬아치들에게 뇌물로 보내는 데 여념이 없었다. 그리고 이순신을 헐

뜯는 말만 하면서 오직 자신의 통제사 직책이 오래 유지되기만을 바랐다.

그러나 로비를 한다고 해도, 그를 가장 가까이서 지켜보는 사람들까지 속일 수는 없다. 5월 28일, 하동현감인 신진은 이순신을 만나는 자리에서 "원균이 하는 짓은 굉장히 미쳤습니다."라고 말했다. 제정신인 사람이라면 원균이 하는 일을 도저히 좋게 볼 수 없었으리라.

칠천량 패전 소식을 접하고 원균을 욕했던 병사들

갈수록 위태위태하던 원균의 행보에 그저 분한 심정이던 이순신은 7월 18일 새벽, 충격적인 소식을 듣는다. 이틀 전 16일 칠천량에서 조선 연합 함대가 왜의 수군의 기습을 받고 참패하여, 지휘관인 원균과 이억기와 최호 등이 모두 죽임을 당했고, 조선 수군도 전멸을 당했다는 비보였다. 그 말을 듣자, 이순신은 너무나 기가 막히고 원통하여 대성통곡을 하고 말았다.

사흘 후인 21일, 이순신은 칠천량에서 살아 돌아온 군사와 왜군의 침략을 피해 달아난 백성들을 만났다. 그리고 그들은 이순신에게 이렇게 말했다.

"원균이 적을 보고 먼저 뭍으로 달아났습니다. 여러 장수들도 힘써 뭍으로 가서 이 지경에 이르렀습니다. 도저히 말로는 할 수가 없습니다. 원균의 살점이라도 씹어 먹고 싶습니다!"

257

〈난중일기〉에서 나온 원균의 관한 내용은 이것이 끝이다. 칠천량 패전을 끝으로 원균은 더이상 〈난중일기〉에 등장하지 않는다. 이미 죽었거나 또는 행방불명이 된 원균을 이순신도 더 이상 다룰 생각이 들지 않았던 것일까?

좌우지간 이것이 이순신이 본 원균의 모습이다. 원균을 명장이라고 생각하는 사람들은 무척 놀랐겠지만, 이순신은 결코 원균을 친근하게 여기거나 좋아하지 않았다.

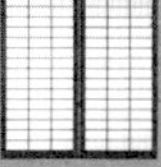

이순신과 선조

이순신을 보는
선조의 곱지 않은 시각,
일본의 간계에 이순신 파직되다

심유경과 고니시의 사기극, 들통나다

1593년 이후로 전쟁이 소강 상태로 접어들자 명나라와 일본은 강화(휴전) 교섭을 하고 있었다. 일본과의 화해 교섭을 위해 명나라가 내세운 인물은 유격장군의 칭호를 받은 심유경이었다. 그런데 이 심유경은 악질적인 사기꾼이었다. 그는 고니시 유키나까와 짜고서 히데요시가 명나라의 신하가 되어 조공을 바치겠다는 가짜 서신을 멋대로 위조하여 명나라에 바쳤다.

고니시 유키나까와 심유경은 도대체 무슨 생각을 가지고 국서를 위조하는 경천동지할 일을 저질렀을까? 이것을 이해하려면 우선 강화를 두고 명나라와 일본이 내놓은 입장을 살펴보아야 한다.

명나라가 내세운 강화 조건은, 첫째 히데요시가 조선과 명에 항복을 하고, 둘째 조선에서 즉시 모든 일본군이 철수하며, 셋째 다시는 조선을 침략하지 않겠다는 약속을 하라는 것이었다.

그러나 히데요시가 내세운 강화 조건은 전혀 달랐다. 첫째, 명나라는 평화의 인질로 황제의 딸인 공주를 일본 천황의 후궁으로 보내고, 둘째 조선의 8도 중 경기, 충청, 경상, 전라 등 4도는 일본이 차지해야 하며, 셋째 조선의 왕자와 대신을 인질로 삼아 일본으로 보내라는 것이었다.

이렇듯 양자는 '강화'를 목적으로 하면서도 전혀 다른 입장을 보였던 것이다. 명나라는 일본(히데요시)을 패배자로 규정하고 자국이 승자로서의 위치를 점했다고 생각했지만 히데요시는 자신이 전쟁에서 승리했고 명과 조선이 패배했다고 여겨 위에서 보이는 바와 같이 무리한 요구를 하였던 것이다.

명나라가 내건 조건이나 히데요시가 내세운 조건이나 양자 모두 수용할 수 없는 억지성 요구였다. 그럼에도 불구하고 고니시와 심유경은 강화 회담을 강행하였는데, 이는 두 사람이 처한 입장이 미묘하게 맞아 떨어진 결과였다.

심유경은 일본과의 강화 교섭을 하면서 암암리에 밀무역을 해 왔고, 그 과정에서 막대한 재물을 축적했다. 더욱이 그는 명나라와 일본

간에 오가는 국서들을 변조하여 일본이 조선을 침공한 목적은 명나라에 조공을 하기 위해서라는 거짓 보고를 올렸다. 이 거짓말을 그대로 믿고 명나라의 신종 황제는 일본이 마치 패전국이라도 된 듯 착각하여 위와 같은 조건을 내세운 것이다.

이렇듯 심유경은 교섭의 진상을 왜곡시킨 책임이 있었다. 만일 양국 간의 교섭이 잘못되어 강화가 파탄난다면 자신이 저지른 잘못들이 모두 공개되어 꼼짝없이 처벌을 받고 말 처지였다. 그러므로 무슨 일이 있어도 그는 강화 회담을 성사시켜야만 하였다(실제로 정유재란이 터지자 심유경은 그동안 교섭을 맡으면서 국서들을 조작하여 명국 조정을 속여 왔다는 사실이 모두 발각되어 처형을 당한다).

그렇다면 고니시는 어떠했을까? 그는 조일전쟁에 직접 참가하여 몸소 전장을 체험한 장본인이었다. 그런 그가 심유경이라는 희대의 사기꾼과 공모를 하면서까지 강화에 적극적이었던 이유는 더 이상 무력으로 조선을 정복하는 것이 불가능하다는 사실을 깨달았기 때문이었다. 이순신이 이끄는 조선 수군과 의병들의 끈질긴 저항, 그리고 명군의 참전까지 겹치면서 일본의 군사력으로는 애초에 결정했던 명나라 정복은 물론이고 조선 정복조차 불가능하다는 점이 드러났던 것이다.

이처럼 심유경과 고니시 두 사람 간에 서로의 이해관계가 맞아 떨어져 희대의 국제 외교 사기극이 연출되었던 것이다.

심유경과 미리 상의한 고니시는 명에 조공을 바치는 무역과 히데요시의 왕위 책봉을 허락해달라는 거짓 항복 문서를 날조하여 보냈고,

이를 심유경이 명으로 보내 신종 황제에게 바쳤다. 신종은 이를 받아 들여 이종성, 양방형을 책봉사로 임명하였으며, 선조 임금 역시 전쟁의 재발을 막기 위하여 사신들을 파견하였다. 명과 조선의 사신들로 구성 된 통신사는 1596년 8월경에 일본으로 떠났다.

그리고 나서 고시니는 심유경과 함께 일본으로 건너가 히데요시를 만나 대화를 나누었다. 그 자리에서 고니시는 명과 조선의 사신을 일본 에 항복해 오는 사절이라고 말해 히데요시를 기만하였다. 이 말을 믿 은 히데요시는 부산포에 2만 명의 주둔군만 남겨 놓고 모든 군사를 조 선에서 철수시켰다.

드디어 1596년 9월, 명나라와 조선의 사신이 일본에 도착하였다. 이 들을 자신에게 항복하러 온 사절로 착각한 히데요시는 열렬한 환대로 맞았지만, 정작 강화 협상을 주도한 고니시와 심유경은 얼굴이 새파랗 게 질렸다. 명나라 사절단이 가져온 황제의 국서에는 "히데요시를 일본 국왕에 봉한다."라는 내용이 첫머리에 박혀 있었던 것이다.

고니시는 명나라가 히데요시를 일본 국왕으로 삼는다는 내용을 히 데요시가 알게 되면 강화 협상이 결렬될 것이라 여기고, 국서를 읽는 승려 세이쇼 죠타이西笑承兌에게 명나라 국서에 기재된 히데요시의 직 급에 관한 부분은 일본 국왕이 아닌 명국 국왕(황제)에 봉한다고 바꾸 어 읽어달라고 간곡히 부탁하였다. 그러나 세이쇼 죠타이는 만약 히데 요시가 사실을 알게 되면 거짓으로 읽은 자신이 화를 당할까 두려워서 원문 그대로 읽어주었다.

263

이 국서의 내용을 알게 된 히데요시는 미친 듯이 분노하였고, 겁에 질린 명나라와 조선의 사신들은 도망치듯 일본을 떠나 버렸다. 히데요시는 명나라가 자신의 위세에 굴복하여 항복을 해 온다는 고니시의 말을 그대로 믿고 있었는데, 서신을 보니 이게 무엇인가? 자신이 영락없는 명나라의 신하라는 말이 아닌가? 그는 이내 자신의 망상이 무참히 깨져 버렸음을 알게 되었다.

히데요시는 자신을 기만한 고니시를 죽이려고 하였지만 교활한 고니시는 "이것은 저 혼자만이 한 일이 아니라 다른 사람들도 같이 했습니다."라고 하며 연판장을 보였다. 그것을 본 히데요시는 숨을 죽였다. 거기에는 히데요시가 총애하던 신하인 우키다 히데이에宇喜多秀家와 이시다 미츠나리石田三成, 마츠다松田 등도 있었다.

네 명이나 되는 중신들을 전부 죽일 수야 없는 노릇 아닌가? 더욱이 그들은 자신들의 사병을 거느린 영주들이므로 그들을 잘못 건드렸다가는 반란이 일어날 우려도 있다. 결국 이 사건으로 인해 우스꽝스럽던 사기 강화 회담은 파장을 맞았다.

그러나 히데요시는 도저히 참고 있을 수 없었다. 조선과 명나라, 인도까지 정복한다는 원대한 야망을 품고 출병을 했지만 4년간의 전쟁 동안 한 뼘의 땅도 얻지 못하고 병사들을 철수시켰고, 고니시와 심유경의 사기극에 놀아나 자신이 명나라의 신하가 되었다는 굴레까지 써야 했다. 이대로 가만히 있다가는 자신의 권위에 심각한 손상이 갈 것이다. 신하들의 기만극에 우롱당한 히데요시는 훼손된 자신의 권력을 다지고 해외 정복이라는 애초의 목표를 달성하기 위해서라도 조선을 정복해야 한다고 결심하고, 조선 재침공을 결의했다. 1596년 9월 2일의 일이었다.

정유재란과 발발과 함께 일본의 간계에 걸려든 조선 조정

이렇게 하여 왜군이 다시 침입한 전쟁을 정유재란丁酉再亂이라고 부르는데, 이듬 해인 선조 31년(1598년) 1월 초순이었다.

그런데 침공에 앞서 히데요시는 한 가지 책략을 꾸몄다. 예전의 침공에서 왜군의 수륙병진전략을 무력화시킨 조선 수군의 통제사 이순신을 없애려는 계획이었다. 히데요시는 고니시로 하여금 조선과 일본을 오가며 이중첩자로 활약하고 있는 요시라를 시켜 가토 기요마사가 1597년 1월 19일에 바다를 건너올 테니 그때 공격하라는 거짓 정보를 흘렸다.

하지만 이미 가토 기요마사는 1월 13일, 부산에 도착한 상태였다. 그런데 조정에서는 이 사실을 제대로 파악하지 못하고, 1월 19일에야 왜 이순신이 나가서 가토를 잡지 않았느냐고 엉뚱한 트집을 잡으며 논란을 벌였다.

이러한 와중에 1월 22일, 원균이 조정에 장계를 보내 자신에게 수군을 맡겨준다면 수백 척의 함대를 이끌고 바다로 나가 무력시위를 하여 가토 기요마사가 겁을 먹고 도망가게 하겠다고 호언장담한다.

자신감으로 가득 찬 원균의 장계를 본 선조는 이순신이 겁이 나서 공격하지 않는다고 오해를 하고는 삼도수군통제사를 이순신에서 원균으로 교체하려는 뜻을 밝힌다. 그리고 2월 26일, 선조는 가덕도로 선전관을 보내 이순신을 삼도수군통제사에서 파직시키고, 원균을 그 후임으로 임명한다고 발표한다.

선조가 이순신에게 씌운 죄는 세 가지다. 첫째는 이순신이 싸우지도 않고 적을 죽였다고 허위 보고를 하여 임금을 속였다는 것이고, 둘째는 이순신이 왜군을 치지 않았다는 것이며, 셋째는 이순신이 원균의 아들이 세운 공을 모함했다는 것이다.

하지만 모두 얼토당토않은 내용들이었다. 첫째의 죄목은 1596년 12월 12일, 부산포에서 일어난 화재인데 선조는 이 화재가 이원익이 보낸 군관이 한 것이며, 이순신과는 관계가 없다고 못을 박았다. 그러나 1597년 1월 27일에 밝혀진 사실에 의하면 실제로 부산포에 이순신이 보낸 부하 장수인 안위와 김난서가 왜군의 창고에 불을 질렀음이 확인되었다.

둘째는 더욱 터무니없는데, 이미 조정에 정보가 들어온 시점이 가토가 바다를 건너 온 뒤였다. 그러니 어찌 이순신더러 부산에 먼저 들어와 있는 가토가 바다를 건널 때, 치라는 말을 할 수 있겠는가? 완전히 생트집 잡기이다.

셋째도 잘못되었다. 이순신이 문제 삼은 원균의 아들은 원균이 첩에게서 낳은 10세된 아들이 세우지도 않은 공을 세웠다고 보고한 내용을 지적한 것인데, 선조는 이순신이 지적한 원균의 아들이 어른인 원사웅이었다고 잘못된 트집을 잡았던 것이다.

3월 4일, 한양으로 끌려 온 이순신은 모진 고문을 받고 감옥에 갇혔으며, 선조는 그를 미워하여 반드시 죽이고 결코 용서하지 않겠다고 장담했다. 그러나 정탁과 이원익 같은 현명한 신하들은 이순신을 죽이게 되면, 앞으로 수군을 지휘할 장수가 없고 왜군에게 좋은 일을 시키게 된다는 이유를 들어서 그의 구명을 부탁했다.

그들의 탄원을 받은 선조는 흥분한 와중에서도 곰곰이 생각해 보았다. 아직 이순신의 가치가 없어진 것은 아니다. 지금은 '원균을 통제사로 골랐지만, 만약 원균이 제대로 역할을 하지 못한다면 이순신이 필요하다. 그럴 경우를 대비해서 이순신이 있어야 하지 않을까?'라는 결론을 내린 선조는 이순신을 죽이려는 당초의 뜻에서 벗어나 그를 백의종군시키라는 명을 내렸다. 이순신은 매우 위태롭게 죽음의 골짜기에서 벗어난 셈이다.

▲ 이순신 백의종군도(ⓒ 박기당, 해군사관학교)
이순신 장군의 백의종군 당시 상황을 알 수 있는 그림이다. 백의종군이란, 말 그대로 흰옷을 입고 벼슬 없이 군대를 따라 전장에 나가는 것을 말한다.

3부. 이순신과 원균, 그리고 이순신과 선조

조선 수군에 치명타를 안긴 칠천량 패전

원균의 근무 태만과 그로 인해 무력화되는 조선 수군

한편 이순신 대신 삼도수군통제사가 된 원균은 어떠했을까? 원균은 삼도수군통제사가 되자 이순신의 휘하에서 싸웠던 유능한 장수들을 모두 쫓아 내거나 강등시키고, 자신에게 맹종하는 자들을 주요 보직에 발탁하였으며, 군비 유지와 증강 등의 임무는 내팽개쳤고, 대신 운주당에 들어앉아 술과 기생에 푹 빠져 있어서 군의 사기는 엉망이 되었다.

유성룡의 〈징비록〉에도 비슷한 내용이 실려 있다.

원균이 한산도에 부임해서는 순신이 시행하던 모든 군중 약속을 변경하고, 부하 장수와 군사들로서 순신에게 신임을 받던 사람은 모두 쫓아 버렸으며, 그중에서도 이영남은 전날 자신이 패배한 실정을 자세히 알고 있는 사람인지라 더욱 미워하였으므로 군사들이 매우 분하게 여겼다.

또 순신이 밤낮으로 모든 장수들과 함께 전략을 토론하던 운주당에서 원균은 애첩을 데리고 같이 기거하며 울타리를 치고 있어서 장수들이 그의 얼굴을 볼 수가 없었다.

원균은 술을 좋아해서 늘 취해 있었고, 그래서 취중에 부하들에게 함부로 형벌을 심하게 가하니 군사들은 서로 말하기를, "만일 적이 온다면 도망칠 수밖에 없다."고 하였고, 장수들도 원균을 비웃고 군사에 관한 일은 전혀 말하지 않아 원균의 명령이 무시되는 형편이었다.

1597년 4월, 원균은 조정으로부터 왜군의 교두보인 부산으로 함대를 이끌고 가 적에게 타격을 입히라는 지시를 받는다. 하지만 원균은 조정의 명령을 거부하고 끝내 출격하지 않았다.

어째서 원균은 나가지 않았을까? 삼도수군통제사가 되기 전에 원균은 먼 바다에서 수군이 무력시위를 하거나 육군 30만 명이 함께 공격하면 부산포에 머무르는 왜군을 끝장낼 수 있다고 장담했다. 하지만 막상 자신이 통제사가 되자 그는 아무런 행동도 하지 않았다.

원균의 이러한 태도는 어디에서 비롯된 것일까? 통제사의 자리에 앉아보니 이순신이 선뜻 출격하지 않았던 이유를 그 자신도 깨달았던 것일까? 아니면 수군 사령관으로서의 본업에는 관심이 없고 그 직위를 이용하여 자신의 사복을 채우는 데에만 급급했기 때문에 그랬던 것일까? 확실한 답은 알 수 없다.

어찌되었든 원균이 계속 한산도에 웅크리고 앉아 출격을 거부하자 조정에서는 군관 남이공을 보내 출정하지 않으면 처벌하겠다는 강력한 엄포를 놓기에 이른다. 조정의 강권에 등을 떠밀린 원균은 1597년 6월 19일, 안골포와 가덕도로 출정했지만 별다른 전과를 거두지 못하고 왜군과의 교전 과정에서 평산만호 김축과 보성군수 안홍국이 전사하는 피해를 입었다.

그러자 이 소식을 접한 도원수 권율은 6월 21일, 원균을 사천으로 불러 내 곤장을 쳤다. 물론 패전의 책임을 물은 조치라고도 볼 수 있지만 권율의 행동은 다소 지나쳤다. 설령 원균이 아군 장수를 일부러 죽인 것도 아닌데 말이다.

7월 9일, 부산으로 출정한 원균은 왜의 수군 선단 1,000여 척과 맞닥뜨린다. 아무리 조선 수군의 전력이 막강해도 저렇게 많은 적과 싸울 수는 없다. 원균은 황급히 철수를 명했는데, 그 와중에 20척의 전함을 왜의 수군의 추격을 받는 과정에서 잃고 말았다.

다음 날, 조정에서는 부산에서 조선 수군이 입은 피해를 놓고 논란을 벌였다. 처음에 원균을 강력히 지지했던 선조 임금은 "앞으로 원균

이 지금처럼 후퇴한다면 나라의 법과 내가 용서하지 않겠다."라고 단언
했다. 권율 역시 7월 11일, 원균을 곤양으로 불러 내 또 곤장을 때렸다.

무리한 출정과 칠천량의 대패

연이어 매를 맞고 망신을 당한 원균은 더 이상 조정에 자신을 비호
할 세력이 없다는 사실을 깨닫고 거의 자포자기 상태에 빠졌다. 7월 14
일, 원균이 지휘하는 200척의 조선 수군은 부산포로 출정하던 도중에
거센 바람에 휩쓸려 제대로 전열을 갖추지 못하고 우왕좌왕했다. 그리
고 가덕도에 물을 구하러 상륙했던 400명의 조선 수군들은 왜군의 매
복 공격을 받고 모두 죽임을 당했다. 가덕도에 왜군이 있다는 사실을
안 원균은 모든 병력을 칠천량으로 이동시키고 머물렀다.

그러나 칠천량은 수심이 얕고 입구가 좁아서 많은 병력과 함대가
움직이기에 불편한 곳이었다. 이 점을 잘 알고 있던 경상우수사 배설이
함대를 다른 곳으로 옮기자고 했지만 원균은 그의 말을 거부했다.

원균으로서는 그럴 만도 했다. 선조에게 후퇴하면 용서하지 않겠다
고 공언한 마당에 제대로 된 전과도 거두지 못하고 다시 후퇴하면 잘
해봐야 삭탈관직이고, 심하면 목숨도 제대로 보장받지 못할 판국이 아
닌가?

하지만 조선 수군이 칠천량에 머무르고 있을 때인 7월 15일, 1,000
여 척의 왜의 수군 함대가 조선 수군을 기습했다. 왜군의 대규모 공세

271

를 접한 원균은 너무나 놀라고 당황하여 제대로 응전조차 하지 못하고 정신없이 도망가기에 바빴다. 전군의 지휘를 맡은 총사령관이 도망가 버리자 다른 병사들도 모두 그 뒤를 따랐다. 그나마 전장에 남아서 최후까지 반격하던 전라우수사 이억기와 충청수사 최호는 장렬히 전사하고 말았다.

원균에게 계속해서 함대를 이끌고 안전지대로 이동하자고 건의했던 경상우수사 배설은 그의 휘하 판옥선 12척을 이끌고 도주하였다. 이들이 뒷날 명량대첩의 전투함 13척 중 대부분을 이룬다. 역설적이지

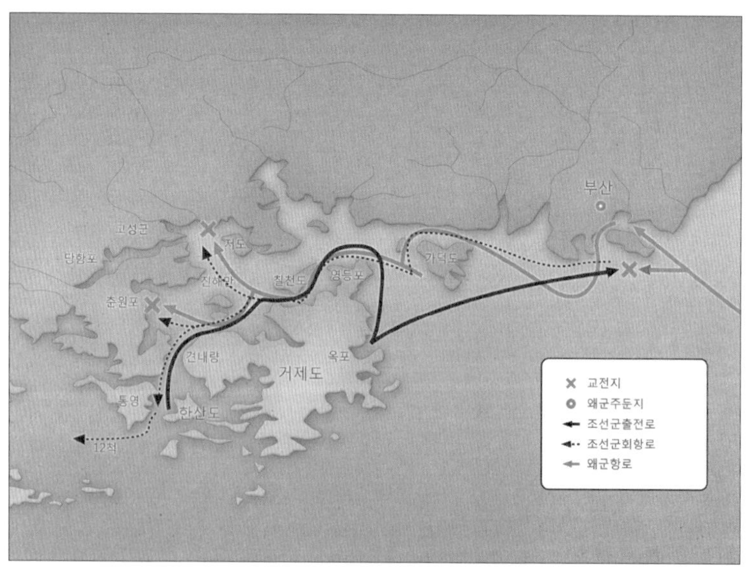

▲ **칠천량해전 해전도**(ⓒ 행복한나무)
이순신이 백의종군 중인 1597년 7월 16일 새벽부터 거제도 칠천량에서 시작하여 진해만 전역으로 확대된 칠천량해전의 해전도이다.

만 그의 비겁함으로 인해 조선 수군이 구원받은 셈이다.

이렇게 조선 수군 함대는 너무나 허무하게 궤멸되었고, 왜군의 진격을 막을 장애물은 없어졌다. 칠천량에서 조선 수군이 붕괴되자 왜군은 전라도를 타고 북상하여 전주와 남원성을 함락시켰으며, 충청도의 북쪽인 직산까지 거침없이 쳐들어갔다.

원균의 몰락과 이순신의 복직

이러한 엄청난 사태를 자초한 원균은 홀연히 자취를 감춰 버린다. 우리는 칠천량 전투에서 원균이 전사했다고 어렴풋이 알고 있지만, 당시 기록들을 보면 원균이 죽었다는 언급은 전혀 없다. 7월 26일, 권율이 선조에게 보낸 장계에 따르면 원균은 버젓이 살아 있었다.

7월 21일에 작성한 도원수 권율의 보고서에서 말하기를,

"신의 군관인 최영길이 한산도에서 지금에야 비로소 나왔는데 그가 말하기를 '원균이 사지를 벗어나 진주로 향하면서 말하기를, 사량에 도착한 대선大船 18척과 전라선全羅船 20척은 본도에 산재해 있고, 한산에 머물러 있던 군사와 백성·남녀·군기軍器와 여러 곳에서 모여든 잡선雜船 등을 남김없이 창선도에 집합시켜 놓았으며, 군량 1만여 석은 일시에 운반하지 못하여 덜어 내어 불태웠고, 노를 젓는 격꾼은 도망하다 패배한 배는 모두 육지 가까운 곳에 정박시켰으므로 사망자는 많지

273

않았다고 하였다.'고 하였습니다."

_〈선조실록〉 선조 30년(1597년) 7월 26일자 기사

원균은 사지(죽을 곳)를 벗어나 진주로 향하면서 권율의 부하 최영길을 만났다고 한다. 즉, 원균은 칠천량에서 탈출하여 살아남았던 것이다.

설령, 원균이 칠천량에서 빠져나오지 못하고 죽었다고 해도 그가 입은 불명예가 씻어지는 것은 아니다. 그는 적과 용감하게 싸우다 전사한 것이 아니라 적을 피해 달아나다가 붙잡혀서 죽임을 당했기 때문이다. 한 나라의 해군 총사령관이 배를 버리고 도망치다 육지에서 적에게 죽는다는 것은 수치스럽기 그지없는 일이다.

이번에는 〈난중일기〉에 기록된 칠천량 패전과 원균에 대하여 이순신이 전하는 이야기를 살펴보자. 칠천량에서 구사일생으로 도망쳐 살아남은 병사들이 원균을 어떻게 말하고 있는지 보라.

1597년 7월 21일. 맑다.

낮에 점심을 먹은 뒤에 노량에 이르니, 거제현령 안위·영등포만호 조계종 등 십여 명이 와서 통곡하였으며, 피하여 나온 군사와 백성들로 울부짖지 않는 이가 없었다. 경상수사(배설)는 도망가 보이지 않고, 우후 이의득이 와서 보므로 패하던 정황을 물었더니, 사람들이 모두 울면서 말하기를, "대장 원균이 적을 보고 먼저 뭍으로 달아났다. 여러 장수들도 힘써 뭍으로 가서 이 지경에 이르렀다."는 것이었다. 그것은

대장의 잘못을 말한 것인데 입으로는 형용할 수가 없고 그(원균)의 살점이라도 씹어 먹고 싶다고들 하였다.

사람의 살점을 씹어 먹고 싶다고 말할 정도로 장병들의 원균에 대한 분노와 적개심은 극에 달해 있었다. 비유가 다소 잔인하지만 저들의 입에서 그런 극언이 나오게까지 만든 장본인은 원균 자신이니 변명할 길이 없다.

그토록 믿었던 원균이 수군을 몰락시키고 홀연히 사라지자 선조는 큰 충격을 받았다. 그리고 자신이 얼마나 어리석은 선택을 했는지를 뼈저리게 깨달았다.

아마 선조는 원균을 발탁할 때, 예전에 자신이 신하들의 반대를 무릅쓰고 이순신을 채용했던 일을 떠올리며 자신만만했었는지도 모른다. 그가 자신 있게 밀고 나간 '뚝심 인사'로 인해 고을 현감이던 이순신이 전라좌수사가 되어 왜군들을 물리친 공을 세웠으므로 이제 자신이 내세운 원균도 그런 공을 세울 것이라고 기대하지 않았을까?

하지만 불행히도 그런 선조의 계산은 완전히 빗나갔다. 원균은 도저히 이순신 만한 재목이 못 되었다는 사실이 드러나고 말았다. 결국 선조는 어쩔 수 없이 자신의 인사 정책이 잘못되었음을 인정하고 다시 이순신을 선택하게 된다.

4부

조일전쟁의 흐름을 바꾼 명량해전과
이순신 최후의 전쟁, 노량해전

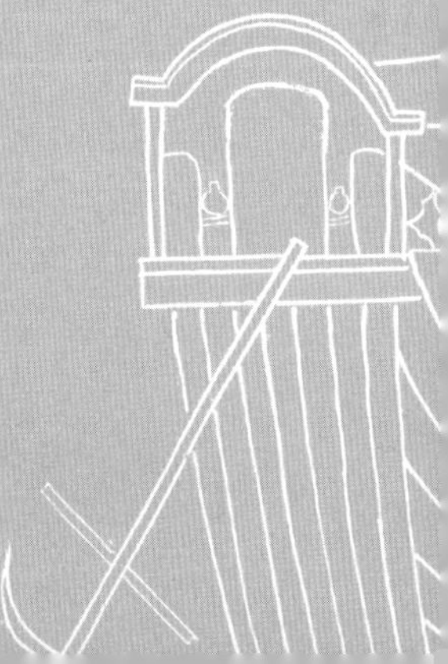

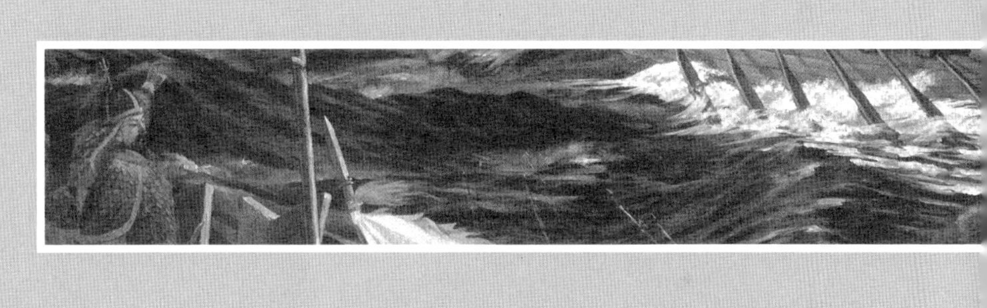

명량해전의 기적과
조일전쟁 후반의 기록

01

명량해전의 기적 :
아직 저에게는
배 12척이 남아 있습니다

선조 30년(1597년) 7월 16일, 칠천량 해전에서 이제껏 한 번도 패하지 않았던 조선 수군이 일본 수군에게 전멸되었다는 보고를 받은 조정은 큰 충격을 받았다. 이순신을 대신해 삼도수군통제사에 앉았던 원균이 이렇게까지 무능할 줄은 몰랐던 것이다.

결국 고심 끝에 선조는 8월 3일, 한때 자신이 역적이라고 매도했던 이순신을 다시 불러 내어 그에게 삼도수군통제사의 직책을 맡긴다. 우연인지 아니면 하늘의 뜻인지 바로 그 전날, 이순신은 자신의 복직을 알리는 꿈을 꾸었다고 한다.

그러나 현실은 너무나 절망적이었다. 칠천량에서 조선 수군은 무려 1만 명의 병사와 140척이 넘는 배를 잃었고, 남은 배라고는 전투 직전 배설이 이끌고 도망친 12척이 전부였다.

더욱이 조선 수군이 상대해야 할 적은 칠천량에서 대승을 거두고 기세가 오를 대로 오른 수백 척의 왜의 수군 대함대였다.

명량 해전에 동원된 왜의 수군 함대의 수에 대해서는 여러 가지 의견들이 있지만, 〈이충무공행록〉의 '그날 피난하는 사람들이 높은 산 위에 올라가 바라보면서 적선이 들어오는 것을 300까지는 헤아렸지만, 그 나머지는 얼마인지 몰랐다. 그 큰 바다가 (적선들로) 꽉 차서 바닷물이 안 보일 지경이었다.'라는 내용과 명량에서 정탐을 맡았던 어란포 군관 임준영이 바다에 떠다니는 왜군의 시체 2,000여 구를 건져 내 소각시켰다는 점 등을 감안해 본다면 일본 함대는 300척보다 훨씬 많았을 가능성이 높다.

제아무리 명장이라고 해도 이렇게 압도적으로 불리한 상태에서 승리를 바란다는 것은 솔직히 비현실적일 것이다. 이순신을 통제사로 복귀시키기는 했지만, 선조조차 그 엄청난 차이에 질려 차라리 수군을 폐지하고 육군에 편입시키라는 지시를 할 정도였다.

이때 이순신은 장계를 올려 "신에게는 아직 배 12척이 남아 있습니다. 신이 죽지 않고 살아 있는 한, 적들은 감히 우리를 깔보지 못할 것입니다."라고 단언하며 수군 폐지론을 일축해 버렸다.

통제사에 복귀한 이순신은 남해안 일대를 돌아다니며 흩어진 병사

이순신의 조일전쟁

들을 모아 전력을 다져 나갔다.

한편, 칠천량에서 조선 수군을 궤멸시킨 일본군은 장대한 계획을 구상하고 있었다. 조일전쟁 때 실패했던 수륙병진전략을 다시 실현시킨다는 것이었다. '먼저 명군과 대치하고 있는 육군 병력을 일부러 후퇴시켜 명군을 깊숙이 끌어들인 다음, 330척(또는 그 이상)의 대함대에 수군이 아닌 육군 소속 병사들을 별도로 탑승시키고 이들을 명군의 배후에 상륙시키게 한 다음, 앞뒤로 명군을 포위하여 섬멸한다. 그리고 이 여세를 몰아 한양으로 신속히 북진하여 한양을 점령하고, 국왕 선조와 대신들을 사로잡아 조선 그 자체를 손에 넣는다.'이것이 바로 히데요시가 세운 원대한 전략이었다.

이 수륙병진전략을 위해서는 반드시 통과해야 할 단계가 있었으므로 바로 대규모의 육군 병력을 수송한 선단이 남해를 돌아 서해로 북상해야 한다는 것이다. 당시 일본의 선박 조종 기술로는 먼 외해를 돌 수 없으므로 연안으로 항해할 수밖에 없었다. 일본 함대가 남해에서 서해로 나가려면 반드시 명량 해협을 통과해야 했다.

이순신은 명량을 결전장으로 선택하고, 배설이 탈출할 때 이끌고 온 판옥선 12척과 새로이 건조한 판옥선 1척을 합쳐 13척의 함대를 명량의 수로인 울돌목으로 인도했다. 그리고 남아 있던 협선 32척과 전함으로 위장한 어선 100여 척을 끌고 나와 함대의 후방에 위치시켰다.

그러나 협선은 소형선인데다 화포도 싣지 못해 전투용이 아닌 연락용이나 척후용으로 쓰는 배였다. 더욱이 왜군에 붙잡혀 있다가 탈출한 중걸이라는 백성의 말에 의하면 왜군 수뇌부는 이미 이순신에게 10 여 척의 전함 밖에 없다는 사실을 알고 있으며, 흩어진 함대를 모두 모 아서 조선 수군을 몰살시킨 후에 곧바로 한강으로 쳐 올라가려 한다고 했다(《난중일기》 9월 14일자 기사).

만약 수백 척의 일본 함대가 그대로 북진하여 한양에 상륙한다면 도성은 순식간에 왜군에 점령될 것이고, 국왕과 대신들마저 모두 사로 잡히거나 죽게 될 것이다. 그러면 조선의 운명은 그대로 끝장나고 만다.

어느 쪽을 보아도 희망은 전혀 없어 보였다. 하지만 이순신은 포기 하거나 절망하지 않고 묵묵히 작전 계획을 짜며, 전쟁을 준비하고 있 었다.

마침내 시작된 명량대첩의 서막

도도 다카도라, 가토 요시아키, 와키사카 야스하루, 구루지마 미치 후사 등이 지휘하는 왜군 함대 수백 척(대략 330척으로 추정되는)은 1597 년 9월 16일 오전 11시 무렵에, 명량 해협의 입구인 울돌목에 도착했다.

그런데 수로 입구에 당도한 왜의 수군은 그들을 기다리고 있던 조 선 수군의 초라한 모습을 보고 실소를 금지 못했다. 임진년에 위풍당 당하던 조선 수군은 고작 12척의 판옥선 밖에 남지 않은 초라한 몰골 로 변해 있었던 것이다.

제아무리 이순신이라도 저렇게 보잘 것 없는 전력으로 어떻게 300

척이 넘는 일본 대함대를 상대할 수 있겠는가? 이순신도 이제 별수 없구나, 오늘이야말로 반드시 이순신을 죽이고 그동안 조선 수군에게 받은 패배의 굴욕을 말끔히 씻어 버리겠다고 왜군 수뇌부는 굳게 다짐했다.

수백 척의 일본 함대를 본 조선 수군은 너무나 경악하여 심장이 멎어 버릴 것만 같았다. 저 많은 함대를 모두 상대하려면 지금 13척의 판옥선이 가진 화약 모두를 쏟아부어도 가망이 없다. 도대체 무슨 수로 아군의 20배가 넘는 적과 싸워 이길 수 있단 말인가? 아무리 이순신에게 뾰족한 수가 있더라도 이번만은 도저히 불가능하다. 병사들뿐만 아니라 장수들도 그렇게 생각하며 잔뜩 겁을 먹었다.

오직 한 사람, 이순신만이 용기를 잃지 않은 채 장수와 병사들을 독려하며 전의를 다졌다.

"죽기를 각오하고 싸우면 반드시 살 것이요, 살기를 바라고 싸우면 반드시 죽을 것이다. 한 사람이 막고 지키면 능히 천 사람을 당해 낼 수도 있다. 바로 지금 우리를 두고 한 말이고 여기가 그런 곳이다. 여러 장수들은 나의 명령에 한 치도 어긋나지 않도록 하라!"

일본 수군의 선봉을 맡은 구루지마 미치후사가 기세 좋게 휘하 함대 수십 척을 이끌고 울돌목 안으로 돌격했다. 미치후사는 특히 이순신에게 갚아야 할 빚이 있었다. 그의 친형인 구루지마 후사모토가 1592년 6월 5일 벌어진 당항포 해전에서 이순신과 싸우다 온몸에 수십 발의 화살이 박힌 채로 비참하게 전사했기 때문이었다. 미치후사로서는 죽은 형의 복수를 하려는 생각에 더욱 마음이 들떴다. 그가 진두 지휘하는 함대 수십 척은 화살처럼 바다를 가르며 진격했고, 그 사나운 기세에 이순신의 초라한 함대는 금방이라도 부서질 것만 같았다.

울돌목의 좁은 수로, 왜의 수군의 발목을 잡다

그러나 수로 안에 들어선 구루지마 미치후사는 당황하기 시작했다. 수로가 극히 좁고 물살이 너무 빨라 함대의 대열 유지와 운신이 굉장히 어려웠기 때문이다.

명량 해협의 길이는 1.3km였고, 입구 쪽의 폭은 약 650m이며, 해협 중간에서 가장 넓은 곳은 605m이고, 가장 좁은 곳은 295m이다. 그나마 양안에 큰 암초가 있어 실질적인 폭은 120m에 불과하다. 이 암초에 조류가 부딪치면서 요란한 소리가 나 마치 바다가 운다고 하여 해협의 이름이 명량鳴洋이라고 불리었던 것이다.

이때 해협의 조류는 북서류(北西流, 해협 입구에서 출구 방향으로)였으며, 해류의 시속은 약 11노트(1노트는 1.8km)였다.

입구의 폭이 좁으니 대형선인 아다케부네는 거의 활동할 수가 없었다. 어쩔 수 없이 중·소형선인 세키부네와 고바야를 집중적으로 투입해야 했다.

이순신은 바로 이 점을 착안해 결전장을 명량으로 삼은 것이다. 화력과 배의 내구도 면에서 세키부네나 고바야는 조선의 판옥선과 비교할 수 없을 만큼 열악했다. 대형 전함인 아다케부네를 묶어 두고 중·소형선인 세키부네와 고바야를 주적으로 삼는다면 불안하게나마 조선 수군에게도 승산이 있었다.

하지만 수적인 면에서 조선 함대는 너무나 불리하다. 그리고 조선 수군의 주력함인 판옥선은 그 크기와 무게로 인해 속도가 느리고 둔하다. 재빠른 기동성을 지닌 세키부네와 고바야를 보내 판옥선을 포위하고 등선육박전술을 펼친다면 수에서 훨씬 많은 일본군이 이길 수밖에 없다. 구루지마 미치후사는 그렇게 생각하며 공격 명령을 내렸다.

수십 척의 적선이 돌진해 오자 다른 장수들은 겁을 먹고 모두 배를 뒤로 후퇴시켰다. 그중에서도 가장 가관인 것은 전라우수사 김억추였는데, 무려 2마장(약 900m) 밖까지 도망쳐 버렸다.

이순신이 탄 상선(上船, 기함)은 순식간에 일본 함대에 에워싸여 포위당하고 말았다. 절체절명의 위기였다.

그러나 이순신은 결코 당황하거나 허둥대지 않고 침착하게 대응했다. 그는 상선에 탑재된 지자총통과 현자총통을 일본 함대를 향해 퍼붓도록 명령했다. 화포에서 발사된 포탄이 우박처럼 날아갔고, 병사들도 배 위에 늘어서서 화살을 빗발처럼 쏘아 댔다.

상선에서 발사되는 맹렬한 포탄과 화살 공격에 구루지마 함대의 선두 부대는 적지 않은 피해를 입고는 더 이상 전진하고 못하고 주춤거렸다. 그러나 그들은 계속 투입되는 아군 전함들 때문에 뒤로 물러서고 싶어도 물러설 수가 없었다. 더욱이 조류의 흐름이 그들을 조선 함대 쪽으로 밀어주고 있어서 후퇴하기도 어려웠다. 전진해도 죽고 물러서도 죽을 판국이니 구루지마 함대는 악착같이 이순신의 상선을 향해 달려들기 시작했다.

이순신의 분투, 조선 수군의 결집시키다

적이 공격을 받고도 계속 몰려오자 형세가 어찌 될지 헤아릴 수 없어 배에 탄 조선 수군들은 서로 쳐다보며 얼굴빛이 하얗게 질렸다.

겁을 먹은 병사들을 향해 이순신은 "적선이 비록 많다 해도 우리 배를 바로 침범하지 못할 것이니 조금도 마음 흔들리지 말고 다시 힘을 다해서 적을 쏘아 맞혀라."라고 타이르며 독려하였다.

일본 수군은 어떻게든 이순신의 상선에 배를 붙이고 올라가 육박전을 벌이려 하였지만, 뜻대로 되지 않았다. 이순신의 상선은 이리저리 빠져나가며 일본 함대와의 거리를 계속 유지했고, 그러면서 포탄과 화살 세례를 퍼부어 댔다. 요란한 굉음이 울려 퍼질 때마다 일본 함대는 한 척씩 침몰당했다.

상선의 결사적인 저항에 놀란 일본 함대가 잠시 공격을 중단했을 무렵, 이순신은 호각을 불어 중군에게 기를 세워 군령을 내리도록 하고, 초요기를 세워 뒤로 물러나 사태를 지켜만 보고 있던 거제 현령 안위와 중군장 김응함을 불렀다. 그리고 제대로 임무를 다하지 못한 그들을 매섭게 꾸짖었다(상선을 지켜야 하는 중군선이 뒤에 물러나 있다는 사실은 통제 상선 혼자 싸웠다는 것을 증명하는 것이다).

"안위야, 군법에 죽고 싶으냐? 도망간다고 어디 가서 살 것이냐?"

"너(김응함)는 중군으로서 멀리 피하고 대장을 구원하지 않으니 죄를 어찌 면할 것이냐? 처형하고 싶지만 전세가 급하므로 우선 공을 세우게 하겠다."

상관으로부터 질책을 받은 두 장수는 부끄러운 마음에 각자의 배를 이끌고 적진을 향해 전진했다.

그러자 수십 척의 적함이 달려들어 안위의 배를 에워싸고 적병들이 서로 먼저 올라가려고 하였다. 심각한 위기 상황에 놓인 안위와 그 배에 탄 병사들은 죽을힘을 다해 창과 몽둥이, 돌멩이를 가지고 적병들을 마구 후려쳤다. 그러나 일본군의 수가 워낙 많았기 때문에 쳐내고 쳐내도 끝없이 계속 달라붙었다. 얼마 지나지 않아 안위함의 장졸들은 너무 지쳐 탈진할 지경이 되었다.

안위의 거제선이 이처럼 위험에 처하게 되자 이순신은 직접 나서서 안위함을 포위한 일본 함선들을 향해 상선의 포화를 빗발치듯 마구 쏘아 댔다. 이 공격에 적함 세 척이 한꺼번에 침몰당했다.

이 광경을 본 녹도 만호 송여종과 평산포 대장 정응두와 멀리 900m나 물러나 있던 김억추의 배가 모두 달려와서 서로 힘을 합쳐서 나머지 적선들을 공격하였고, 일본 전함들은 모두 격침되어 한 명의 왜병도 살아남지 못했다. 안위는 가까스로 위기에서 벗어났다.

287

조선 수군의 총반격

이제 13척의 조선 함대가 모두 집결하여 총력전을 벌였다. 천자총통과 지자총통에서 발사된 포탄을 맞은 일본 전함들은 배에 큰 구멍이 뚫려 격침되었고, 대장군전을 맞은 일본 전함의 방패와 갑판은 모두 파괴되었으며, 불화살의 우산을 덮어쓴 일본 병사와 전함은 불길에 휩싸여 어지러운 춤을 추다가 바다로 가라앉았다. 바다 위는 일본 전함의 잔해 와 일본군의 시체로 빈틈없이 가리어졌다.

이때 이순신에 투항하여 조선군과 함께 싸우고 있던 일본인 준사가 "저기 붉은 비단옷을 입은 자가 적장 마다시(馬多時, 미치후사)입니다." 하고 말했다. 이순신이 보니 붉은 비단옷을 걸친 구루지마 미치후사의 시체가 바다에 떠다니고 있었다. 어느새 그가 탄 기함은 조선군의 공격에 파괴되었고, 그 또한 화살을 맞고 전사하여 시체가 된 채로 이리저리 바다를 배회하고 있었던 것이다.

이순신은 선두무상 김돌손을 시켜 미치후사의 시체를 갈구리로 낚아 올리게 했고, 그 시체를 토막 내어 자르고 목을 베어 상선의 돛대에 매달았다. 그 끔찍한 몰골을 본 일본 수군들은 놀라 사기가 곤두박질했다. 반대로 조선 수군의 사기는 하늘을 찌를 듯이 솟구쳤다.

구루지마 함대의 전멸에 충격을 받은 도도 다카도라와 가토 요시아키, 와키자카 야스하루가 휘하 함대를 이끌고 가세했다. 그러나 한꺼번에 좁은 수로 안에 많은 병력이 들이닥치니 제대로 배를 움직이는 것조차 힘들었다. 더욱이 이때 투입된 세키부네나 고바야는 배 밑바닥이 'V'자 구조인 협선이어서 직진은 빨랐지만 선회하는 데는 매우 느렸다.

그 모습을 본 이순신은 모든 함대에게 학익진을 갖출 것을 명령했다. 학익진, 일찍이 '죽음의 아가리'라 불리며 수백 척의 일본 수군을 저승으로 보냈던 공포의 진형이 여기 명량에서 재현되는 것이다.

울돌목 안에 몰려 우왕좌왕하는 일본 함대를 향해 조선 함대의 맹렬한 포격이 퍼부어졌다. 조선 수군의 집중 공격에 일본 수군은 처참하게 유린당하고 파괴되었다. 그중에는 총사령관 도도 다카도라와 도요토미 히데요시가 파견한 군감 후쿠하라 나오다카가 탄 기함도 포함되어 있었다.

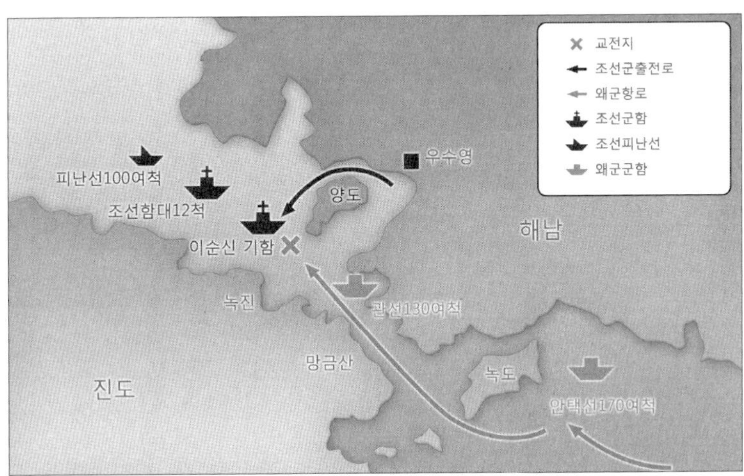

▲ 명량대첩 해전도(ⓒ 행복한나무)
칠천량해전에서의 패배로 조선의 운명을 예측하기 힘든 상황이었던 1597년 9월 16일에 벌어진 명량해전 해전도이다. 이 전쟁을 통해 조선의 운명은 '절망'에서 '희망'으로 바뀌게 된다.

많은 희생을 무릅쓴 끝에 일본 배 두 척이 조선 수군의 판옥선 한 척에 달라붙어 병사들을 올려 보내는 데 성공했다. 그러자 판옥선에 탄 장수와 병사들은 모두 배 아래의 갑판으로 내려가 문을 걸어 잠가 버렸다. 그리고 곧이어 좌우 양쪽의 다른 판옥선 두 척에서 일제히 수백 개의 산탄인 조란환을 퍼부었고, 판옥선에 올라탄 일본 수병들은 모두 갈기갈기 찢긴 시체가 되었다.

조류의 전환, 전세를 역전시키다

치열한 공방전이 계속되는 가운데 어느새 시간이 오후 4시가 되었다. 조류의 흐름이 지금까지의 흐름과는 달리 남동류(南東流, 해협 출구에서 입구 쪽으로)로 흐르기 시작했다. 거센 물살이 일본 함대를 강타하자 그들은 더 이상 조선군을 향해 전진하는 것도 힘들어졌다. 아니, 조류의 흐름이 워낙 빨라 떠내려가지 않고 자기 자리를 고수하는 것도 버거웠다.

급류의 변화는 일본군에게는 고역이었지만 조선군에게는 하늘이 보내준 구원군과도 같았다. 지금까지 일본군의 공세를 막아 내는 수세를 펴왔던 이순신은 이 기회를 놓치지 않고 공세로 전환할 것을 명령했다.

조류의 흐름을 타고 조선 함대의 충파전衝破戰이 시작되었다. 적함에게 가까이 다가가 근접 사격을 퍼붓거나 아니면 반쯤 부서진 적함을 향해 육중한 판옥선을 몰고 가 아예 배 전체를 깨뜨려 버리기도 했다. 조선군이 발사하는 지자총통과 현자총통의 굉음이 바다를 뒤흔들었고, 그럴 때마다 일본 전함들은 산산이 부서져 가라앉았다. 바다에 빠져 허우적대는 일본군들은 조선 수군들이 화살을 쏘아 마무리했다.

점차 쌓여만 가는 피해에 일본 수군은 더 이상 버티지 못하고 퇴각을 결정했다. 일본 함대가 뱃머리를 돌리고 달아나는 것을 본 조선 수군은 일제히 북을 올리고 함성을 지르면서 쫓아 들어갔다. 수백 척의 적 함대를 향해 13척의 전함이 추격전을 벌이는 장관이 연출되고 있었다.

마침내 명량해전은 종결되었다. 일본 수군은 궤멸적인 타격을 입은 채로 도망쳤고, 조선 수군은 믿을 수 없는 승리를 보고 감격에 겨워 서로 붙잡고 목이 쉬도록 만세를 불렀다. 이날의 전투를 총지휘했던 이순신은 〈난중일기〉에 아래와 같은 심정을 털어놓았다.

싸움하던 바다에 그대로 정박할까 싶었다. 그러나 물결도 몹시 험하고 바람도 거꾸로 불어서 우리 편의 형세가 외롭고도 위태로운 듯하여 당사도로 옮겨가서 밤을 지냈다. 이번 일은 참으로 하늘이 도우셨다.

02

명량해전의 재구성 :
싸워서 이기지 말고,
먼저 이긴 후에 싸운다

하지만 '하늘의 도움'이라고 표현한 대목은 그만큼 위태로운 순간이었다는 안도의 뜻도 담겨져 있지만, 한편으로는 겸손의 뜻이기도 하다. 이순신은 결코 승산 없이 무작정 싸움을 벌인 것이 아니었다.

전투가 시작되기 전, 이순신은 직접 함대를 이끌고 주변 해역을 관찰했다. 그리고 적은 병력으로 일본 수군의 대함대를 상대할 수 있는 지형을 찾다가 울돌목의 좁은 수로와 빠른 조류를 주목하고 이 두 가지를 이용하여 조선 수군이 가진 조건을 최대로 활성화시키는 방안을 모색한 것이다.

즉, 좁은 수로 안으로는 일본 수군이 한꺼번에 들어올 수 없고, 대형선인 아다케부네의 진입이 어려우므로 중·소형선인 세키부네와 고바야를 주로 투입할 것이다. 여기에 맞춰 판옥선으로 구성된 조선 함대가 비좁은 수로 입구로 조금씩 들어오는 일본 함대를 향해 집중 포격을 퍼붓는다. 좁은 틈으로 몰려서 진입하는 일본 함대는 조선 수군의 강력한 포화에 주춤하고, 이러한 식으로 시간을 벌다가 조류의 흐름이 바뀌면 일본 함대는 빠른 조속으로 인해 제대로 운신할 수가 없다. 이때를 노려 조선 함대는 수세에서 공세로 전환하여 일본 수군을 몰아붙인다. 이것이 이순신이 세워 둔 계획이었다.

손자병법에는 '싸운 후에 승리를 구하지 말고, 먼저 이긴 후에 싸우라.'라는 대목이 있는데, 이 문장은 바로 이순신에게 해당된다. 그는 이미 승리를 확신하고 명량의 대전투를 기획한 것이었다.

이순신은 정말 철쇄를 설치했을까?

명량대첩을 둘러싼 논쟁 중에서 가장 대표적인 것이 바로 이순신이 바다 밑에 철쇄를 설치해 일본 함대의 진격을 막았다는 '철쇄설'이다. 이 '철쇄설'을 둘러싼 논쟁은 오랫동안 진행되어 왔는데, 많은 사람들이 대부분 사실로 인식하고 있다. KBS1 텔레비전 대하드라마 '불멸의 이순신'에서도 이 철쇄설을 채택해 방송으로 내보냈다.

그러나 직접 전투를 치른 당사자인 이순신의 기록에서 철쇄를 사용했다는 내용은 전혀 찾을 수 없으며, 당시 정황으로 미루어 보아도 철쇄설은 근거가 희박하다. 가장 짧은 거리인 190m가량의 수로를 봉쇄할 철쇄를 설치한다고 해도 거기에 쓰일 철의 양은 너무나 많다. 그 정도의 철이면 차라리 대포나 포탄을 제조하는 것이 더 효율적이지 않을까? 그리고 철쇄를 설치했다고 해도 일본군이 육지로 올라가 철쇄가 설치된 곳을 공격하여 철거하면 되지 않겠는가?

울돌목 양안에 철쇄를 설치했다는 이야기는 명량대첩에 참가했던 전라우수사 김억추의 〈행장기〉에서 처음 나왔다. 그렇다면 해협의 양안에 쇠사슬을 설치한 장본인은 김억추라는 이야기가 된다.

그러나 김억추는 전투가 벌어지자 제일 먼저 도망쳤고 전장으로부터 한참 먼 거리인 900m나 떨어져 있었다. 그런 그가 어떻게 쇠사슬을 설치하며 병사들을 지휘할 수 있었겠는가? 김억추의 〈행장기〉에 따르면 김억추 자신이 칼을 휘둘러 일본 함대 수십 척을 박살냈다고 하는데, 이는 더더욱 믿을 수 없는 허황된 말이다. 결국 철쇄설은 근거가 희박한 낭설이라고 봐야 옳다.

왜군의 피해 규모는 어땠을까?

명량해전에서 일본군이 입은 피해는 얼마나 되었을까?

이순신이 작성한 〈난중일기〉에는 '적함 31척을 파괴하였다.'라고만 간략하게 기록되어 있다. 하지만 이는 상식적으로 생각해 보아도 납득

이순신의 조일전쟁

이 가지 않는다. 족히 수백 척은 동원했을 일본군이 겨우 그중 31척만 잃었다고 그대로 순순히 물러났겠는가? 더욱이 두 달 전에 있던 칠천량 전투에서 조선 수군을 궤멸시키고 사기가 충천해 있던 그들이 말이다.

그렇다면 이순신인 적함 31척을 침몰시켰다고 한 부분은 어떻게 이해해야 할까?

중견작가 배상열 씨는 그의 작품인 ≪이순신 최후의 전투≫에서 명량대첩의 전과를 다음과 같이 설명하고 있다.

본인의 기록(≪난중일기≫)에 따르면 130척과 싸워 31척을 격파한 것으로 되어 있지만 오히려 일본 측의 기록에는 훨씬 더 큰 규모였다고 나타난다. 패배했을 때는 가급적 아군의 숫자를 줄이고 적의 숫자를 늘려 기록하는 것을 감안하면 당시 이순신의 전과는 본인의 기록보다도 훨씬 엄청나다는 결론을 얻을 수 있다.

그렇다면 왜 이순신은 자신의 전공을 축소시켰는가? 그것은 그가 처한 입장에 따른 결과였다. 임금을 속이고 조정을 능멸했다는 죄목을 쓰고 죽음 직전까지 몰린 이순신이었다. 그런 그가 자신이 거둔 전과를 그대로 보고하면 그를 무능했다고 매도했던 선조의 입장은 상당히 난처해지지 않겠는가? 이와 같은 이유로 어쩔 수 없이 전과를 축소할 수밖에 없지 않았을까. 또 선조가 이순신의 승첩을 믿어주지 않을 것이라는 점도 작용했을 것이다.

여러 가지 설들을 종합해 볼 때, 명량해전에서 왜군이 입은 피해는 31척보다 훨씬 큰 규모였으리라고 생각된다. 그러나 31척이든 그 이상이든 어쨌거나 조선 수군이 승리했다는 사실에는 변함이 없으므로 크게 문제될 사항은 아니다.

일본 수군이 막대한 피해를 입은 것에 반해, 조선 수군의 피해는 극히 경미하기 짝이 없었다. 수많은 왜군을 죽인 조선 수군의 사망자는 대장선에 탔던 김탁과 계돌이라는 병사 단 두 명뿐이었다. 그 밖의 10여 명이 가벼운 부상을 입었고, 조선 함대는 13척 중 단 한 척의 배도 잃지 않았다. 세계 전사에 보기 드문 완벽한 승리였다.

명량대첩 의의

명량대첩은 사실상 7년간이나 이끌어온 전란의 종지부를 찍는 마지막 승부였다. 이 전투에서 패배한 일본군은 조선을 지배해야겠다는 야심을 포기하고 남해안의 왜성으로 후퇴해 본국으로의 무사 귀환만을 바라게 되는 신세로 전락했다. 반면 조선으로서는 그야말로 하늘이 내린 구원의 손길이었다.

명군의 지휘관인 양호는 명량대첩의 승전 소식을 듣자 크게 기뻐하며 이순신에게 승리를 축하하는 붉은 비단을 보냈다. 또 일본 수군의 중국 본토 상륙을 우려하던 명나라 조정에서도 한시름을 놓았고, 수군을 보내어 조선군과 연합 전선을 구축하기에 이른다.

외국인 명나라가 이러했으니 조선의 백성들이야 말할 것도 없었다. 일반 백성들은 물론이고 그동안 이순신을 모함해 왔던 모든 고관대작들까지 기뻐하며 그의 탁월한 능력을 칭찬하기에 바빴다.

조선 전체에서 이순신의 승전을 인정하지 않으려 했던 인물은 그를 미워하며 죽이려했던 선조 임금 한 사람에 불과했다. 선조는 명량대첩을 축하하는 명나라 장수들 앞에서 "그저 사소한 승리일 뿐입니다."라고 퉁명스럽게 말해, 자국의 위신을 스스로 깎아 내렸다. 이렇게 비굴한 선조를 보며 명군 지휘관들은 뒤로 돌아서서 실컷 비웃고 업신여겼다. 자기 스스로를 비하하는 자를 누가 존중해주겠는가?

선조의 태도야 어쨌든 간에 명량대첩이 갖는 의의는 실로 막중하다. 만약 이순신이 명량에서 패했다면 일본군은 그 여세를 몰아 한양으로 바로 직공했을 것이고, 조선왕조의 운명도 그대로 끝나 버렸을 것이다. 그러나 이 한 번의 전투로 인해 조선과 더 나아가 한민족의 생존이 보장받게 되었다.

명량대첩은 한국 역사상 가장 극적인 역전승으로 인식되었다. 단 13척의 배로 수백 척이 넘는 적선을 격파한 이 승리는 그 후 조선 백성들의 가슴 속에 강렬하게 자리 잡아 계속 칭송되고 찬양되어 왔다. 물론 현대를 살고 있는 우리의 눈으로 보아도 감격적인 순간이었음은 분명하다.

울산성의 혈전,
힘든 전쟁의 뒷고비

명량대첩의 전승을 들은 조명 연합군은 승리의 여세를 몰아 남해안에 주둔해 있는 일본군의 본거지들을 함락시키겠다는 계획을 세우고 실행에 옮긴다. 이것이 정유재란의 말기를 화려하게 장식하는 제1차 울산성 공방전이다.

1597년 12월 22일, 제 1차 울산성 전투에 투입된 조명 연합군은 4만여 명이었으며 명군은 경리 양호와 도독 마귀, 조선군은 도원수 권율과 경상우병사 정기룡 등이 지휘했다. 조명 연합군은 성에 고립된 일본군을 총공격하여 모두 섬멸하려는 작전을 세웠다.

이들에 맞서, 울산성을 지키는 1만 명의 일본군 지휘관은 부산에서 함경도까지 파죽지세로 휩쓸며 조선을 유린했던 가토 기요마사였다. 울산성 전투에서 조명 연합군은 성을 완전히 포위하는 봉쇄 작전을 폈다. 마침 성 안에는 군량과 물이 부족했으며 날씨도 매우 추운 형편이었다.

성이 포위된 지 사나흘이 지나자 성 안의 일본군은 굶주림에 시달렸다. 평소에는 먹지 않던 소와 말(16세기 당시 일본인들은 불교를 독실하게 믿었기 때문에 네 발 달린 짐승의 고기를 먹지 않았다)을 먹고, 물이 부족해서 말의 피를 대신 마시기도 했다. 더욱이 때는 겨울인지라 심한 추위에 시달려 많은 병사들이 동상에 걸려 고생을 했다.

이때 경상우병사 김응서는 휘하의 항왜들을 시켜 밤이면 도산성 밖에 잠복해 있다가, 물을 길러 나온 일본군 병사들을 회유해 적을 때는 4~5명에서 많을 때는 6~7명씩 포섭하였다고 한다.

가토 기요마사 본인도 울산성 전투에서 매우 괴로웠던지, 자살을 할 결심까지 하며 다른 성을 지키는 장수들에게도 자살을 권하는 편지를 보내기도 했다.

그런데 울산성을 조명 연합군이 포위한 지 열흘 후, 남해 등지에서 일본의 지원 병력이 몰려왔다. 일본군 지원 병력은 서생포에 집결하여 반격을 펼쳤다. 조명 연합군은 필사적으로 저지해 보려고 했지만 일본군의 격렬한 공세에 대패하고 결국 전투 개시 14일 만에 퇴각을 결정했다.

이 전투에서 조명 연합군은 약 5,800명이 전사했으며 수비하던 일본군도 6,000명이나 사망하는 등 양측 모두 큰 피해를 입었다. 그러나 울산성을 탈환하고 일본군을 모두 전멸시키려던 애초의 목적은 달성하지 못했으므로 결과적으로 본다면 조명 연합군 측의 패배였다.

2차 울산성 전투

제 1차 울산성 전투에서 뜻하지 않게 실패를 맛본 조명 연합군은 다음 해인 1589년 8월 18일, 일본 본국에서 히데요시가 사망했다는 소식을 전해 듣고는 다시 전열을 재정비하여 전군을 몰아 경남 해안으로 진군했다. 총수의 죽음을 전해들은 일본군이 크게 동요하고 있으리라는 판단에서였다.

하지만 조명 연합군 수뇌부 측의 예상과는 달리 일본군은 전혀 동요하거나 겁을 먹지 않았고 격렬하게 맞섰다. 그들로서는 이 전투에서 이기지 못하면 모두 죽게 되니, 싸워서 살아남아 본국으로 돌아가야겠다는 의지가 오히려 그들의 전투력을 더욱 강화시킨 것이다.

작년에 이어 두 번째로 전개되는 울산성과 그리고 새로이 싸우게 되는 동래성, 왜교성에서 진행된 조명 연합군과 일본군 간의 처절한 사투는 1598년 9월 22일부터 11월 18일까지 계속 이어졌다.

그러나 시간이 갈수록 전세는 뜻하지 않은 방향으로 흘러가고 있었다. 9월 27일 사천성에서는 3만 7,000명의 명군 중로군이 진중에서 대포를 오발하는 바람에 그 불길이 보관해 둔 화약과 탄환으로 옮겨 붙으면서 대폭발을 일으키는 사고가 발생한다. 예상치 못한 소동에 명군이 혼란에 빠져 우왕좌왕하자 그때를 놓치지 않고 사천성에서 방어전을 펴고 있던 일본군 8,000명이 일제히 성문을 열고 쏟아져 나와 명군을 맹렬하게 공격했다. 일본군의 기세에 눌린 명군은 정신없이 패주하다가 남강에 많은 병사들이 익사했다.

왜교성 전투의 우스꽝스러운 패배

10월 10일, 명나라 육군 제독 유정과 수군 제독 진린이 지휘하던 3만 6,000명의 명군도 순천 왜교성을 공격하다가 중로군 참패의 소식을 듣고 서둘러 후퇴하고 말았다.

그런데 왜교성을 공격할 때 명군이 보인 모습은 참으로 가관이었다. 전투 당시 밤을 틈타 성의 해자를 메우고, 경비를 서고, 위험한 척후와 정찰과 공성 장비의 제작 등 실질적인 임무는 전부 조선군이 도맡아 했다. 반면 명군이 한 행동이라고는 인근 지역을 약탈한 것과 졸렬한 매복 작전을 폈다 망신을 당한 일뿐이었다.

여기서 말하는 졸렬한 매복이란 왜교성을 공격하던 명군 제독 유정이 부하에게 자신의 옷을 입히고 고니시와 회담을 하자고 제안을 한 다음, 그가 나타나면 주위에 매복시킨 명군 병사들로 하여금 고니시를 생포하자는 것이었다.

그러나 매복시킨 병사들의 옷자락이 바람에 휘날려 발견되는 바람에 매복은 실패로 끝났고, 이러한 비열한 짓거리에 화가 난 고니시가 야습을 가하는 바람에 명군은 상당한 병력을 잃고 말았다.

마지막 남은 제 2차 울산성 전투는 9월 22일부터 시작되었다. 마귀가 이끄는 명군 2만 4,000명과 병마사 김응서가 지휘하는 조선군 5,500명은 가토가 지휘하는 왜군 1만 명이 수비하는 울산성을 포위했다.

하지만 이번에도 가토는 만만하지 않았다. 조명 연합군의 포위 공격을 잘 방어하면서 가토는 그들의 공세가 느슨해지기를 기다렸다가 11월 18일 울산성을 빠져나와 부산 방면으로 철수했다. 포위망을 늦추고 있던 조명 연합군은 안타깝게도 가토를 놓치고 말았다.

이미 조선 침략을 명한 총수 도요토미 히데요시가 죽었고, 명량대첩 이후 조선 수군의 제해권도 되살아나 전체적인 전황이 패배로 기울고 있던 상태였다. 거기에 수적인 우세를 살려 남해안 왜성 일대에 주둔해 있던 왜군들을 포위했지만 조명 연합군은 끝내 그들의 주력을 섬멸하는 데 실패했다. 만약 성공했다면 전쟁은 좀 더 일찍 끝낼 수 있었겠지만 그렇지 못해 참으로 안타깝기만 하다.

노량해전, 장군의 넋이 바다에 잠들다

01

조일전쟁의 마지막을 장식한 노량의 결전

1598년 8월 18일, 전쟁의 원흉인 도요토미 히데요시는 오사카카에서 63세의 나이로 사망했다. 그는 죽기 전, 조선에 나간 모든 군사들을 철수시키라는 명령을 내렸다. 히데요시의 사망 소식이 조선에 전해지자 조선에 주둔하고 있던 왜군들은 더 이상 싸울 목표를 잃고, 어서 본국으로 돌아갈 날만을 고대하고 철수 준비에 들어갔다.

왜군의 선봉장으로 평양까지 진격했다가 정유재란 말기에 조선 남부로 밀려나 왜성에서 버티고 있던 고니시 유키나가는 히데요시의 사망 소식을 듣고는 철수하려고 했다. 그러나 조선군과 명군이 자신을 순순히 보내줄 지 의문이었다. 그래서 고니시는 명나라 수군 장수인 진린에게 뇌물을 보내, 자신이 일본으로 돌아가는 길을 순순히 열어 달라고 부탁했다.

고니시가 뇌물을 보내오자 진린은 일단 뇌물은 받으면서도 이순신에게 고니시가 말한 내용들을 모두 알려주었다. 그러자 이순신은 강력하게 반대하였다.

"7년 동안 이 땅을 침략하여 수많은 백성들을 살육하고 물자를 약탈해 갔으면서 이제 와서 그만 갈 테니 건드리지 말라니? 이것은 너무나 뻔뻔한 처사이다. 그리고 어찌 장수된 자가 적이 주는 뇌물을 받을 수 있단 말인가? 절대 안 된다. 다시는 저들이 이 땅을 넘보지 못하도록 철저하게 응징해야 한다."

이것이 이순신의 굳은 결심이었다. 침략을 당해 수많은 백성들이 죽어갔던 조선인의 입장에서 본다면, 이보다 더 가슴에 와 닿는 말은 없었다. 이순신의 강한 의지를 확인한 진린은 왜군의 철수를 묵인하는 기존의 입장을 바꿔 후퇴하는 왜군을 추격하여 섬멸하는 쪽을 선택했다.

진린이 매수당하기를 거부하고, 전쟁을 택했다는 정보를 입수한 고니시는 뇌물 보내기를 포기했다. 이순신의 외골수적인 성격을 잘 알고 있는 그로서는 이순신이 직접 나서서 전쟁을 주장했다는 것에서 더 이상 뇌물을 줘봐야 소용이 없다는 것을 깨달았다. 대신 고니시는 사천에 주둔해 있던 왜장 시마즈 요시히로(島津義弘, 도진의홍)에게 자신이 후퇴하는 길을 엄호해달라고 부탁했다. 시마즈와 함께 조선군과 명군을 협공하고 타격을 입힌 후에 철수하기로 계획을 수정한 것이다.

새벽에 시작된 노량해전

그리하여 마침내 1598년 11월 18일, 노량 앞바다에서 이순신이 지휘하는 조선 수군과 진린이 이끄는 명나라 수군이 고니시를 지원하러 온 시마즈 요시히로의 왜의 수군 함대 300여 척과 이틀 동안에 걸쳐 격전을 벌인다. 이 전투가 바로 조일전쟁의 마지막을 장식하는 노량해전이었다.

그러나 하필 전투가 새벽녘에 벌어졌던 터라 이순신은 평소에 써왔던 적진의 탐색과 정보 파악을 완벽하게 끝내지 못했다. 어두운 새벽 바다를 항해하다가 왜군 함대와 만나 뒤엉키는 바람에 혼전이 되었고, 그 때문에 조선 수군은 조일전쟁 초기처럼 왜의 수군을 원거리에서 포위하여 포격전으로 제압하지 못하고, 적 선박과 불을 붙인 짚단을 던질 정도로 가까운 거리에서 어지럽게 싸워야 했다.

물론 거리가 가까우면 조선군의 화포도 명중률이 높아지고 적에게 많은 피해를 줄 수 있다. 하지만 이 말은 반대로 하면, 왜군의 조총에도 적용된다. 당시 왜군이 사용하던 조총은 총 안에 강선이 없어서 총알이 멀리까지 나가지 못했고, 명중률이 낮아서 가까운 거리에서 쏘아

야 위력이 있었다. 그래서 조일전쟁 내내 벌어진 해전들에서 조선군의
피해가 왜군보다 상대적으로 적었던 이유도 왜군의 조총이 원거리에서
제대로 맞지 않았기 때문이었다.

그런데 노량에서는 어둠 속에서 혼전이 벌어졌던 터라 그런 약점이
상당 부분 사라졌다. 덕분에 왜군이 쏘아 대는 조총에 조선군도 초반
부터 적지 않은 피해를 입었다. 명나라 장군 등자룡과 조선 수군의 장
수들인 가리포 첨사 이영남, 낙안 군수 방덕룡, 흥양 현감 고득장 등 10
여 명도 왜군의 조총에 맞아 전사했다.

그러나 조일전쟁 동안 다져진 조선 수군의 실력과 이순신의 뛰어난
지휘는 금세 안정을 되찾았다. 혼전 속에서 조명 연합 수군을 몰아붙

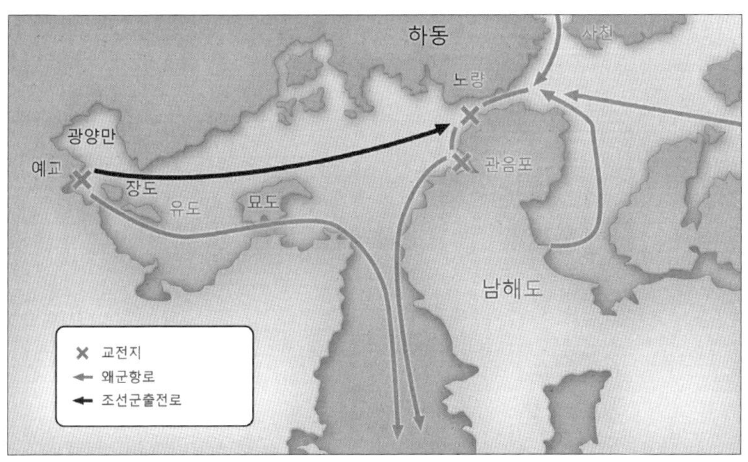

▲ 노량해전 해전도(ⓒ 행복한나무)
노량해전은 조일전쟁의 마지막 해전으로, 1598년 11월 19일 새벽부터 정오 무렵까지 벌어졌다. 비
록 이 해전에서 이순신이 전사하였지만, 사상 최대의 전과를 거두었다.

이던 시마즈 함대는 얼마 못 가서 전열을 가다듬은 조선 수군의 거센 반격에 휘말려 도처에서 피해가 속출하고 있었다. 300여 척의 왜 함대들 중에 약 200여 척이 격침되었으며, 겨우 50여 척만이 조명 연합 수군의 포위망을 뚫고 달아날 수 있었다. 도망가지 못한 왜군들의 시체와 부서진 배의 나무판자와 무기와 의복들은 온통 바다를 뒤덮었으며 이러한 쓰레기들이 너무나 많아서 바닷물이 온통 붉게 물들고 물의 흐름이 막힐 정도였다.

예기치 못한 이순신의 전사

그러나 싸움이 한창이던 와중에 조선 수군의 총사령관인 이순신은 왜군이 쏜 총탄에 맞아 전사하고 말았다. 이순신은 총탄을 맞은 와중에도 "아직 싸움이 끝나지 않았으므로 내가 죽었다고 알리지 마라."고 주위 병사들에게 자신을 방패로 가리고, 죽음을 말하지 않도록 했다. 행여 자신의 전사 소식을 수군 병사들이 알게 되면, 놀라서 사기가 떨어질 것을 우려한 조치였다. 평소대로 업무에 철저한 그다운 성격의 말이었다.

싸움이 끝나고 나서 이순신을 찾은 명나라 장수 진린은 그의 죽음을 알고는 훌륭한 장군을 잃었다는 슬픔에 통곡을 했으며, 위대한 지휘관의 전사 소식을 전해들은 조선 수군 장병들도 부모를 잃은 것처럼 울었다.

이순신의 전사 소식이 조정에 알려지자, 실록을 기록하는 사관은 〈선조실록〉 선조 31년(1598년) 11월 27일자 기사에 다음과 같이 개인적인 논평을 남겼다.

사신은 논한다. 이순신은 사람됨이 충직하고 용감하여 재능과 지혜가 있었으며 군율을 엄히하고 군졸을 사랑하니 사람들이 모두 즐겨 따랐다. 전일 통제사 원균은 매우 탐욕스럽고 난폭하여 군사들의 인심을 크게 잃고 사람들이 모두 그를 배반하여 마침내 정유년 한산의 패전을 초래했다. 원균이 죽은 뒤에 이순신으로 대체하자 이순신이 처음 한산에 이르러 남은 군졸들을 수합하고 무기를 준비하며 둔전을 개척하고 생선과 소금을 판매하여 군량을 넉넉하게 하니 불과 몇 개월 만에 군대의 명성이 크게 떨쳐 범이 산에 있는 듯한 형세를 지녔다.

중국군과 노를 저어 밤새도록 나아가 날이 밝기 전에 노량에 도착하니 과연 많은 왜적이 이르렀다. 불의에 진격하여 한참 혈전을 하던 중 순신이 몸소 왜적에게 활을 쏘다가 왜적의 탄환에 가슴을 맞아 선상에 쓰러지니 순신의 아들이 울려고 하고 군사들은 당황하였다. 이문욱이 곁에 있다가 울음을 멈추게 하고 옷으로 시체를 가려놓은 다음 북을 치며 진격하니 모든 군사들이 순신은 죽지 않았다고 여겨 용기를 내어 공격하였다.

왜적이 마침내 대패하니 사람들은 모두 '죽은 순신이 산 왜적을 물리쳤다.'고 하였다. 부음이 전파되자 호남의 사람들이 모두 통곡하여

4부. 조일전쟁의 흐름을 바꾼 명량해전과 이순신 최후의 전쟁, 노량해전

노파와 아이들까지도 슬피 울지 않는 자가 없었다. 국가를 위하는 충성과 몸을 잊고 전사한 의리는 비록 옛날의 어진 장수라 하더라도 이보다 더할 수 없다.

조정에서 사람을 잘못 써서 순신으로 하여금 그 재능을 다 펴지 못하게 한 것이 참으로 애석하다. 만약 순신을 병신년(1596년)과 정유 연간에 통제사에서 체직시키지 않았더라면 어찌 한산의 패전을 가져왔겠으며 호남이 왜적의 소굴이 되겠는가. 아, 애석하다.

이순신의 장렬한 전사와 함께 노량해전은 끝났다. 그리고 노량해전과 함께 조일전쟁도 끝났다. 7년 동안 이어온 길고 잔인한 전쟁이 한 영웅의 죽음과 동시에 마무리된 것이다.

이순신의 조일전쟁

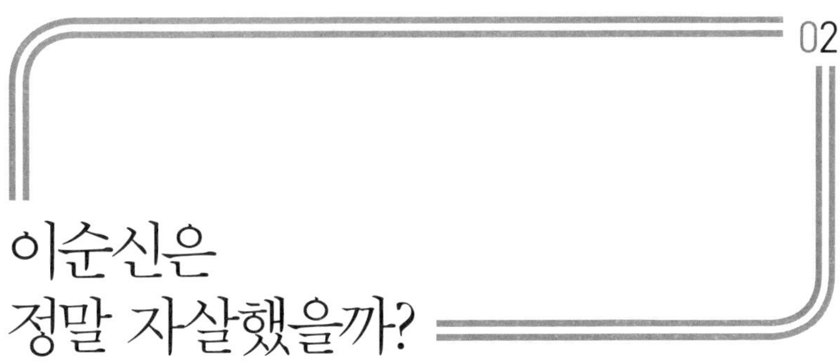

이순신은
정말 자살했을까?

02

그런데 이순신의 전사와 관련하여 오래 전부터 많은 사람들의 공감을 산 가설이 있다. 바로 이순신이 노량해전을 앞두고, 일부러 자살을 선택했다는 주장이다.

김탁환이 쓴 소설 〈불멸〉과 이를 바탕으로 만들어진 KBS 드라마 〈불멸의 이순신〉에서 이순신의 자살설은 사실인 것처럼 다루어졌다. 소설 〈불멸〉에서 이순신의 부하들은 공공연하게 반란을 계획하고, 이 사실이 발각되자 반역죄를 씻기 위해 이순신이 일부러 선봉에 서서 지휘하다 전사하는 내용이 들어갔다. 〈불멸의 이순신〉에서도 이와 비슷한 설정으로 끝을 맺었다.

　텔레비전 드라마뿐만 아니다. 해군 사관학교 재직자이자 이순신 연구 전문가인 남천우 교수도 선조가 전쟁 영웅들을 견제하고 모함해 죽일지도 모른다는 이유에서 이순신이 전사를 가장하고, 13년 동안 숨어 살다가 죽었다고 주장했다. 이 근거로 그는 이순신의 묘지를 이장한 날짜가 그가 전사한 지 13년 후에 벌어졌다는 내용을 들었다.

　하지만 이순신의 자살설은 이순신에 대한 존경과 선조에 대한 인간적인 혐오감이 지나쳐 만들어 낸 억지 주장에 가깝다.

면사첩과 관련한 크나큰 오해 와 진실

　소설가 김훈은 그의 작품인 〈칼의 노래〉에서 선조가 면사첩을 이순신에게 보낸 일이 이순신에게 자살을 결심하게 한 것이라고 묘사했다. 면사첩, 즉 죽음을 면제해 준다는 내용의 문서인데, '어떤 일이 있어도 이순신 너를 죽이지는 않겠다. 그러나 너를 결코 좋아해서 하는 일이 아니다. 너는 죄인이 분명하지만 그동안에 세운 공로를 생각해서 죽이지는 않겠다.'는 메시지가 선조가 이순신에게 전달하려고 했던 뜻이라고 〈칼의 노래〉에서 주장했던 것이다.

　그러나 이 부분은 김훈 작가가 잘못 안 내용이다. 이순신이 면사첩을 받은 것은 사실이지만, 그에게 면사첩을 준 상대는 선조 임금이 아니라 명나라 장군인 양호였다. 〈난중일기〉 선조 30년(1597년) 11월 17일

이순신의 조일전쟁

자 기사에 이 부분이 언급되어 있는데, 양호가 부하인 차관을 시켜 초유문과 면사첩을 이순신에게 보냈다.

여기서 초유문이란 왜군에게 항복했던 사람들을 용서한다는 내용을 담은 글이고, 면사첩은 이미 언급하는 대로 죽음을 면해주겠다는 문서이다.

〈난중일기〉의 문맥을 잘 읽어 보면, 명나라 장수 양호가 발급한 초유문과 면사첩의 대상은 이순신이 아니라 왜군에게 항복했던 조선 백성들이었다. 이순신 본인이 왜군에게 항복한 일은 없지 않은가?

즉, 명나라 장수 양호가 이순신에게 "내가 당신에게 이 초유문과 면사첩을 보내니, 왜군에게 항복했거나 또는 그들을 돕고 있는 조선 백성들에게 이 문서들을 보여주고, 그들이 지은 잘못을 용서하고 결코 죽이지 않겠다고 선무활동을 하라."는 뜻에서 보낸 것이다.

이 정도면 면사첩 운운하며 이순신이 선조를 두려워하여 일부러 자살을 선택했다는 주장이 얼마나 근거 없는 허무맹랑한 소리인지 알 수 있다.

선조의 모함?

이순신 자살설을 운운하는 사람들은 선조가 이몽학의 반역에 연루된 의병장 김덕령을 억울한 누명을 씌워 죽인 일을 두고, 이순신이 김덕령처럼 자신도 선조가 누명을 씌워 죽일지도 모른다고 생각해서

4부. 조일전쟁의 흐름을 바꾼 명량해전과 이순신 최후의 전쟁, 노량해전

자살을 했다고 말하기도 한다. 소설가 김훈도 그런 주장을 했고, 필자도 예전에는 그렇게 생각했다.

그러나 〈선조실록〉과 〈선조수정실록〉을 잘 읽어 보면, 선조는 자신이 김덕령을 죽인 일이 잘못된 결정이었다고 스스로 후회하는 모습을 보인다. 또 이몽학의 난에 연루된 의병장들 중에는 홍의장군 곽재우도 있었는데, 곽재우는 아무런 처벌도 받지 않았다.

이것은 어떻게 해석해야 할까? 곽재우가 명성이나 전과에서 김덕령보다 못한 인물이었기 때문에 그랬던 것일까? 그렇지 않다. 적어도 의병으로서의 활동이나 왜군과 싸운 전과로 보면 곽재우가 김덕령보다 훨씬 뛰어났다.

그런데 왜 선조는 곽재우는 가만히 내버려 두었을까? 선조가 정말로 의병장들을 질투했거나 의병장들을 예비 반역자라고 규정하고 있었다면, 곽재우부터 죽였어야 하지 않았을까? 김덕령을 역적으로 몰아 죽였는데, 곽재우는 가만히 내버려 두다니, 앞뒤가 맞지 않는다. 선조가 김덕령을 죽인 일은 어디까지나 실수였다고 보아야 가장 합당한 해석이 아닐까?

또 이순신이 과연 죽음을 두려워하여 스스로 자살을 했을 사람이었을까? 만일 그랬다면 왜 이순신은 명량대첩을 앞두고, 수군을 해체하라는 선조의 명에 대해 "신에게는 아직도 12척의 배가 있습니다."라고 말하며 거부했을까? 당시 정황으로 보면 고작 12척 밖에 남지 않는 조선 수군에 비하여 왜의 수군은 무려 300척이 넘는 대군이었다. 상식

이순신의 조일전쟁

적으로 보면 도저히 조선 수군이 이길 것이라는 예상은 누구도 하지 못했다. 이순신이 자신의 목숨을 아까워한 적인 인물이었다면, 이러한 위기와 정면으로 맞닥뜨리는 일도 생각지 못했을 것이다. "신의 몸이 아픕니다." 또는 "신은 늙고 병들어 싸울 수 없습니다."라고 핑계를 대고 물러나면 그만 아닌가? 어차피 선조 본인도 조선 수군이 왜의 수군과 싸워서 도저히 이길 수 없다고 생각해서 수군을 폐지하라는 명령까지 내린 상황이니, 이순신이 물러난다고 해서 아무도 욕하거나 그를 미워할 사람이 없다.

그리고 세간에 널리 퍼진 인식이고, 나도 그렇게 생각했지만 선조가 과연 이순신을 질투했을까? 선조가 이순신을 정말로 미워했다면 명량해전을 앞두고 왜 이순신에게 수군을 해체하라고 했을까? 차라리 목숨을 버릴 각오를 가지고 왜군과 싸우다 죽으라고 지시했어야 더 이치에 맞지 않을까?

스스로 갑옷을 벗고 자살한 이순신?

이순신의 자살설의 근거로 거론되는 내용이 하나 더 있다. 숙종 때 이민서가 지은 〈김충장공유사金忠壯公遺事〉에 보면, "이순신은 스스로 갑옷을 벗고 총탄에 맞아 전사했다."는 내용이 나온다.

하지만 〈김충장공유사〉는 조일전쟁으로부터 90년 후에 나온 책이며 막상 조일전쟁 당시의 다른 사서들에서는 이순신이 스스로 갑옷을

315

벗고 죽었다는 내용이 나오지 않는다.

그리고 많은 연구자들에 의하면 '스스로 갑옷을 벗고 싸웠다.'라는 식의 구절은 자살이 아니라 '장수가 자신의 생명도 돌보지 않을 만큼 앞에 나서서 열심히 싸웠다.'라는 뜻으로 해석해야 맞다고 한다.

또 노량해전에서 전사한 조선 수군 지휘관은 이순신 혼자만이 아니었다. 가리포 첨사 이영남, 낙안 군수 방덕룡, 흥양 현감 고득장 등 10여 명도 왜군의 조총에 맞아 전사했다. 그렇다면 이 사람들도 모두 선조를 두려워해서 일부러 자살한 것일까? 너무 억지스러운 추정이다.

이순신 자설설에 숨겨진 진짜 비밀

무엇보다 이순신의 자살설이 끊임없이 제기되는 이유는 따로 있다. 이순신 같은 훌륭한 명장이 왕의 질투를 겁내 자살을 선택했다는 가설을 진실이라고 강조하면 강조할수록, 그에 반비례하여 무엇이 남는가? 바로 선조의 사악함과 조선이라는 나라의 무능력함이 더욱 짙어진다.

이러한 가치관이 강하게 녹아든 작품이 일제 강점기인 1931년, 이광수가 발표한 소설 〈이순신〉이다. 그런데 이상하지 않은가? 일본의 식민지 시절에 어떻게 일본에 맞서서 싸운 조선의 장군, 이순신을 주인공으로 한 소설이 버젓이 출간되었을까? 더욱이 이광수가 누군가? "조선인의 이마를 송곳으로 찌르면, 일본인의 피가 나올 정도로 조선인은 일본인이 되어야 한다.”라고 주장했던 대표적인 친일파가 아닌가? 그런 사람이 무슨 생각으로 이순신을 주인공으로 한 소설을 썼을까?

그 해답은 이렇다. 이광수의 〈이순신〉은 결코 민족정신을 고취하거나 조선의 독립을 염원하기 위해 쓴 책이 아니다. 오히려 정반대의 결과를 노리고 쓴 작품이다. 〈이순신〉을 보면, 조선에서 지혜롭고 훌륭한 인물은 이순신 단 한 명이며, 선조나 조정 대신에서부터 나머지 인물들은 모두 어리석고 무능력하며 사악한 자들로 묘사되어 있다.

또 이광수의 〈이순신〉에서 정작 침략자인 왜군은 아주 예의바르고 선량한 군대로 서술된 반면, 조선군이나 명나라 군대는 조선 백성들을 마구 약탈하고 학살하는 잔인하고 포악한 집단으로 그려졌다.

결정적으로 이광수의 〈이순신〉에서 오직 홀로 조선을 생각하고 걱정했던 이순신은 조정의 모함에 빠져 파직된 후에, 노량에서 혼자서 싸우다 전사한다. 이러한 결말을 읽고 독자들은 어떤 생각을 가졌을까?

‘아, 이렇게 훌륭한 명장인 이순신은 못난 왕과 신하들의 모함에 빠져 억울하게 죽었구나. 이러한 인재를 몰라보고 죽인 조선은 망해야 마땅한 나라다.’

아마 이러한 생각이 들지 않았을까? 바로 그렇기 때문에 일제 강점기 시절에 소설 〈이순신〉이 버젓이 출판되었고, 조선 총독부에서도 막지 않은 것이다. 읽으면 읽을수록 조선이라는 나라에 대한 자괴감과 혐오감을 북돋우니 말이다.

흔히 사람들은 일본이 심어 준 '식민사관'을 타파하자는 말을 자주 한다. 그런데 정작 식민사관 타파를 외치는 사람들이, 그 식민사관이 뭔지는 제대로 모른다. 필자가 강력하게 주장하건대, 조선을 무능력하고 부패하고 미개한, 망해야 마땅한 나라라는 인식이 바로 식민사관이다.

김정호와 대동여지도에 얽힌 비밀과 진실

대동여지도를 만든 김정호가 대원군에 의해 감옥에 갇히고, 고문을 받다가 억울하게 죽었다는 이야기를 모르는 사람은 거의 없다. 그런데 이러한 주장이야말로 식민사관이다. 김정호 옥사설은 일제 강점기 시대인 1934년, 조선총독부가 편찬한 '조선어독본'에서 처음 나왔다.

하지만 조선 시대나 구한말 시대에 나온 어떠한 자료에서도 김정호가 대원군에게 모함을 받고 감옥에 갇혀 죽었다는 내용은 전혀 찾아볼 수 없다. 무엇보다 조선 시대, 국가에서 직접 편찬한 기록인 〈조선왕조실록〉에서도 김정호가 대원군의 심문을 받고 역적으로 몰려 감옥에 갇혔다는 부분은 어디에도 보이지 않는다. 만약, 고종을 대신해 조선의 실권자였던 대원군이 직접 죄인을 심문하고 판결을 내렸다면, 그 내용이 〈조선왕조실록〉에 남아 있어야 하는데 말이다.

그리고 김정호가 만든 대동여지도 목판이 대원군에 의해 모두 불타 없어졌다는 말도 터무니없는 거짓말이다. 실제로 대동여지도 목판은 멀쩡하게 잘 보존되어서 국립중앙박물관에 보관되어 있다.

그렇다면 이러한 엉터리 주장을 왜 조선총독부에서는 버젓이 〈조선어독본〉에 실었을까? 바로 조선인들에게 "너희 조선인들은 김정호 같은 훌륭한 인물을 알아보지 못하고 억울하게 죽였던 멍청하고 무식한 자들이다. 그러니 우리 위대한 일본에게 통치를 받는 것이 당연하지 않느냐?"라는 메시지를 전하려고 했던 것이다.

이순신 자살설도 마찬가지다. 이순신의 자살설이 강조될수록 '조선은 훌륭한 장군 이순신이 못난 왕의 질투와 모함을 두려워해서 스스로 자살을 선택했을 정도로 썩어빠진 쓰레기 같은 나라'라는 말이 되지 않는가? 그리고 '이순신이 죽었으므로 조선은 일본에 저항할 힘을 잃었고 항복해야 한다.'는 역설이 힘을 얻게 된다.

이제 죽은 이순신과 우리 조상들을 스스로 욕보이는 이순신 자살설은 이쯤에서 접어 두도록 하자. 식민사관 타파하자면서 일제가 심어 놓은 식민사관을 계속 떠든다면 얼마나 우스꽝스러운 꼴인가?

319

:3장:

조일전쟁이
남긴 영향과 뒷수습

01

조일전쟁이
지나고 간 뒷자리

전쟁이 바꿔 놓은 조선과 명, 일본의 운명

전쟁은 끝났다. 하지만 역사의 수레바퀴는 멈추지 않았다. 7년 동안, 조선에서 벌어진 조일전쟁은 전쟁에 개입했던 조선과 명나라와 일본 세 나라의 운명을 바꿔 놓았다.

전쟁의 주 무대가 되었던 조선은 치명적인 타격을 입었다. 전국의 토지 결수가 150만 결에서 30만 결로 줄어들고, 수많은 백성들이 죽거나 일본에 포로로 잡혀갔으며, 이 밖에도 농사를 짓지 못하고 떠돌아다니며 걸식하는 사람들 때문에 조선은 한동안 기근에 시달렸다.

전쟁 기간 내내, 왜군이 사용했던 조총은 조선인들에게 강한 인상을 남겼다. 국왕인 선조와 수군 총사령관인 이순신도 직접 조총을 만들거나 개량할 정도였으며, 전쟁이 끝나자 조선군은 조총 생산에 몰입하여 광해군 무렵에는 1만 명이 넘는 병사들이 조총으로 무장할 만큼 군사 무기의 개조가 빨리 이루어졌다.

가장 중요한 것은 대외 인식의 변화였다. 우선 조선을 도운 명나라에 대해서는 사대주의가 매우 견고해졌다. 특히 조선에 파병을 명한 명나라 황제인 만력제는 조선 말기까지 서원에 모셔져 숭앙의 대상이 될 정도였다. 하지만 지나친 친명 사대주의로 인해 조선은 후금과의 분쟁에 휘말려 정묘호란과 병자호란의 참화를 겪기도 했다.

아울러 일본의 혹독한 침략을 받은 조선에서는 이때부터 강한 반일 감정이 생겨났다. 그러나 조선이 일본과의 외교 관계를 완전히 단절한 것은 아니었다. 조일전쟁이 끝나자 조선은 일본과의 국교 정상화에 나섰고 조선통신사를 파견하여 200년 동안 일본과의 친선을 도모하였다.

조선에 대규모 병력을 보낸 명나라도 큰 변화를 겪었다. 명나라는 막대한 자금과 인력을 동원해 조선을 도왔지만 실제로 별로 얻은 것은 없었다. 과다한 군사비 지출로 인해 명나라는 국가 재정에 위기가 왔고, 부족한 재정을 보충하기 위해 세금을 올리는 바람에 농민들의 반란이 일어나는 등 큰 위기에 휩싸였다. 그래서 명은 재정 부담을 줄이기 위해서 조일전쟁이 끝나자 조선에 많은 양의 은을 요구하여 물의를 빚기도 했다. 이 부분은 다음 장에서 좀 더 구체적으로 설명하기로 한다.

또 조선에 원병으로 보냈던 명군의 대부분은 요동에 주둔하는 병력이었다. 이들은 원래 여진족을 견제하는 임무를 맡았는데, 요동 병력이 조선으로 차출되는 바람에 여진족을 막을 명군의 세력이 약화되었다. 그 바람에 여진족들은 뛰어난 우두머리인 누루하치를 중심으로 단결하여 조일전쟁 이후 약 20년 후에는 후금이라는 나라를 세우고, 명에 도전할 만큼 세력을 키웠다. 나중에 이 후금은 명이 이자성의 농민 반란으로 붕괴된 틈을 타서 중국에 들어와 260년 동안 중국을 지배하는 청나라가 된다. 조일전쟁으로 인해 여진족들은 흥기하고, 명은 쇠약해졌던 것이다.

한편 조일전쟁을 일으킨 일본도 사정이 좋지만은 않았다. 전쟁을 주도했던 도요토미 가문은 경쟁자인 도쿠가와 이에야스의 강한 도전에 직면했다. 도쿠가와 이에야스는 조일전쟁 내내 후방인 관동 지방에 머물면서 끝내 조선에 군대를 보내지 않았고, 자신의 힘을 온전히 보존할 수 있었다. 그리고 도요토미 히데요시가 죽자 도쿠가와 이에야스는 일본 내에서 가장 강력한 영주가 되었으며, 세키가하라와 오사카 전투에서 도요토미의 잔당들을 분쇄하고 에도 막부를 세워 250년 동안 그의 후손들이 일본을 지배했다.

도쿠가와 이에야스는 히데요시와는 달리, 조선을 무력으로 침공하거나 압박하지 않았다. 이에야스가 세운 에도 막부는 나가사키의 데지

마에서 네덜란드와 제한적으로 맺은 교역을 제외하면 외국과의 교역을 금하는 쇄국 정책을 폈다. 히데요시와는 정반대였다. 여기에는 쇄국 정책으로 외국의 영향을 차단하여 정권의 안정을 추구하려는 이에야스 개인의 속셈도 있었다. 하지만 250년 넘게 조선에 대해서 단 한 번도 무력 침공이나 도발을 하지 않았던 데에는 다른 이유도 있지 않았을까? 어쩌면 조일전쟁 내내 명성을 떨친 조선 수군에 대한 두려움도 작용했을지 모른다.

아귀처럼 은을 탐냈던 명나라 사신들

조일전쟁 이후, 조선과 명나라의 관계에 큰 변화가 일어났다. 이전까지 명나라는 조선의 내정에 관여하지 않고, 약간의 조공만 받는 데 만족했다. 그런데 조일전쟁이 끝나자 명나라의 태도가 달라졌다. 명나라는 조선의 왕위 계승에 관여하여 광해군의 세자 책봉을 반대하는가 하면, 조선에 연이어 사신을 보내 막대한 양의 은을 요구하며 마구 가져갔다.

선조 35년(1602년) 3월 19일 조선에 파견된 명나라 사신 고천준은 은에 걸신들린 아귀처럼 행동했다. 그의 행적을 〈선조실록〉에서는 의주에서 한양까지 마음대로 약탈을 자행하여 인삼과 은과 보물을 남김없이 가져갔으므로 조선 전역이 마치 전쟁의 피해를 겪은 것 같았다고 묘사했다. 그가 조선에서 받아 낸 은의 양은 정확하지는 않지만 대략 수천 냥은 족히 될 것으로 추정된다(《선조실록》 선조 35년(1602년) 3월 19일자 기사).

고천준의 이러한 행각은 이후 조선에 올 수많은 명나라 사신들의 귀감(?)이 된다. 1609년 6월 2일, 조선에 왔던 명나라 사신 태감 유용은 처음에 의주에 도착하자마자 곧바로 은을 요구했다. 그는 식사나 차도 필요 없으니 자신에게 제공되는 모든 것을 은으로 바꿔 달라고 했다. 또 은을 주지 않으면 한양으로 가지 않겠다고 고집을 부려 지방 수령들이 그에게 바치는 은을 마련하느라 골머리를 앓았다. 그는 자신에게 지급되는 말의 값까지 모두 은으로 받아서 의주에서 황주에 이르기까지, 황주에서 개성에 이르기까지 이루 셀 수 없이 많은 양의 은을 얻었다. 한양에 오자 뇌물로 은 5,000냥과 인삼 400근을 받아 챙겼고, 이 밖에도 잔치가 벌어질 때마다 조선 조정에게 은을 달라고 손을 벌렸다.

그와 함께 온 태감 염등은 더한 탐욕을 발휘했다. 그는 임진강에 놓은 다리가 홍수에 떠내려가자 자신의 행차가 늦어지게 되었다면서 조선 조정에 1,000냥의 은을 내라고 요구했다. 심지어 한양에 오자 자기가 밟고 지나갈 '천교天橋'라는 이름의 은제 사다리를 만들어 달라고 떼를 썼다. 이 무리한 요구를 조선 조정에서는 들어줄 수밖에 없었다.

국가의 재정을 담당하는 호조의 책임자인 판서 황신은 1년 동안 애써 모아 놓은 3만 5,000냥의 은을 유용과 염등 같은 명나라 사신을 접대하느라 열흘 만에 전부 써 버렸다고 울상을 지을 정도였다.

325

1621년 4월 12일경에 왔던 명나라 사신 유홍훈과 양도인은 앞의 경우보다 더욱 심했다. 이들은 평안도와 황해도와 개성, 그리고 한양에 이르는 동안 끝없이 은을 요구했는데 총 8만 냥의 은을 거둬들였다. 〈광해군 일기〉 광해군 13년(1621년) 5월 1일자 기사에서는 두 사신에게 은을 대주느라 평안도와 황해도와 개성, 그리고 서울에서 상인들의 울부짖는 소리가 하늘을 진동하였고, 조선 전체의 재물이 바닥이 날 지경이었다고 묘사했다.

1622년 7월에 온 명나라 사신 양지원은 기상천외한 상술(?)을 발휘했다. 그는 조선에서 은 6만 냥, 큰 배 70척을 얻어 갔는데 후금(청)의 공격을 피해 요동으로 피난해 온 명나라 백성들에게 자신이 가진 배들을 1척당 은 100냥을 받고 팔아 넘겼다. 은 6만 냥에 배 값을 합치면 총 6만 7,000냥을 벌어들인 셈이다.

명나라는 왜 조선에 은을 요구했을까?

명나라 사신들이 조선에 대해 이렇게까지 무리한 은 요구를 한 데에는 그만한 이유가 있었다. 당시 명은 세금을 은으로 받는 은 본위제를 시행하고 있었다. 그런데 조일전쟁과 발배의 반란, 양응룡의 반란 등을 진압하는 동안 명나라는 무려 1,000만 냥이라는 거액의 군사비를 지출해야 했다. 이 액수는 당시 명나라 조정의 2년치 예산에 해당되었다. 많은 학자들은 위에서 열거한 세 가지 전란인 '만력 삼대정三大征'

이순신의 조일전쟁

을 치르는 동안 명나라의 국가 재정이 급속히 궁핍하게 되었고, 이것이 명의 국력을 쇠퇴하게 만들었다고 지적한다.

여기에 황실의 사치도 한몫을 했다. 신종 황제는 6년 동안 800만 냥이라는 거금을 들여 자신이 죽은 뒤에 묻힐 능묘 건설에 열을 올렸다. 현재 북경에 위치한 정릉定陵이 그것이다. 또 아들 복왕福王의 결혼식과 낙양에 저택을 짓는 데 58만 냥을 소모하였으며, 1587년 화재로 불타 버린 건청궁과 곤년궁을 재건하는 데 수백만 냥을 아낌없이 썼다.

이러는 동안 국고는 바닥이 났고, 명나라 조정은 부족한 은을 충당하느라 골머리를 앓았다. 거상이나 농민들을 쥐어짜면서까지 은을 모았지만 별로 신통치 않았고, 무리한 은 색출에 백성들의 불만이 높아지면서 명의 국내 사정은 점점 어려워져갔다.

이때 명나라 조정은 가까운 해외로 눈을 돌려 조선을 주목한 것이다.

조선 건국 초기를 제외하고 명은 조선에 대해 금이나 은 요구를 한 적이 없었다. 이는 조선 출신 환관인 윤봉이 "조선에는 금과 은이 생산되지 않는다."라고 명나라 조정에 로비를 해서 조공품 목록에서 빼주었기 때문이다.

그런데 조일전쟁 때 조선에 온 명나라 장수와 상인들은 조선에서도 은이 생산되는 것을 목격하게 되었다. 조선은 예상 외로 많은 은광을 가지고 있으면서도 이를 개발하지 않았는데, 이유는 명이 공물로 은을 달라고 요구할 것을 우려했기 때문이었다.

조선의 은에 눈독을 들인 명나라는 즉각 사신을 보내 은을 요구했

327

다. 그리고 조선의 지배층들은 이를 받아들일 수밖에 없었다. 광해군은 이복동생인 영창대군을 지지하는 대신들과의 권력 싸움으로 인해 불안한 권좌를 지키기 위해서 명의 도움이 필요했고, 이를 위해 국고의 부담에도 불구하고 명 사신들에게 은을 줄 수밖에 없었다. '재조지은'과 '대명사대'라는 명분을 권력의 정통성으로 삼고 있던 양반 사대부들도 명나라가 사신을 보내 "우리가 조일전쟁 때 너희를 도와준 은혜를 이제 갚아야 하지 않겠느냐? 그러니 어서 은을 바쳐라!"라는 요구를 하는데는 거부할 도리가 없었다.

이순신의 조일전쟁

02

조선에 투항했던 항왜들은 어떻게 되었을까?

대마도 공격에 항왜를 동원하려 했던 조선

도요토미 히데요시의 죽음으로 일본군은 조선에서 철수하기 시작했으며, 노량해전을 끝으로 7년간의 기나긴 조일전쟁은 끝났다. 하지만 조선에서는 아직도 전쟁에 대한 방비를 잊지 않았으며, 일본군이 다시 조선을 침공하는 사태를 막고자 전쟁 기간 동안 일본군의 전진 기지로 사용되었던 대마도를 습격하자는 논의를 조정에서 활발하게 전개했다.

이때 대마도 습격의 선봉에 항왜를 세우려는 문제가 여러 차례 건의되었다. 〈선조실록〉 선조 31년(1598년) 12월 22일자 기사에 따르면 우의정 이덕형은 명나라 군대와 은밀히 벌인 회담에서 "명나라의 수군과 조선의 수군이 연합하여 정예병 1만 명이면 대마도 습격을 성공할 수 있다. 그 전에 항왜인과 일본군의 포로가 되었다가 도망쳐 나온 사람들을 첩자로 보내 연속적으로 정탐하게 한 뒤에야 적의 사정을 알 수 있을 것이다."라고 말한 논의를 털어 놓았다.

이틀 뒤인 24일, 비변사에서도 지금 일본군이 물러가기는 했지만 아직 대마도에 머물고 있는지의 여부를 알 수 없으므로 적의 실정을 탐지하기 위해 왜교성 전투에서 성실하게 활동했던 항왜 소기와 일본군의 포로였다가 돌아온 박선을 보내 일본인 어부처럼 위장하여 대마도로 통하는 바닷길을 상세히 알아오게 하고, 그 다음에 영리한 병사들을 선발하여 후한 상을 주고 일본인의 모습으로 꾸민 뒤, 대마도로 들어가 그곳의 형세를 면밀히 정탐하게 하자는 건의를 했다.

이러한 논의의 일환으로 조정은 항왜 소운대 등에게 대마도에 잠입하여 그곳을 정탐하게 하는 일을 물어 보았다. 조정의 질의를 받은 소운대 등은 "나라의 은혜가 무거우니 죽음으로써 힘써 보겠다. 대마도에서 더 먼 일기도(一岐島, 이키섬)이라도 갔다 오겠다."라고 자신 있게 말했다.

그러나 선조는 "항왜를 보내 정탐하게 하는 일은 신중하게 해야 하며, 혹시 일본인에게 매수된다면 도리어 우리에게 큰 화로 작용할 것이다."라며 비변사의 건의를 조심스럽게 접근했다. 선조의 생각은 결코 지나친 것이 아니었다. 자칫 일본에 매수된 항왜인이 이중 첩자가 되어 조선에 위해를 끼칠 우려도 존재했고, 그런 일이 실제로 벌어진 적도 있었다. 삼도수군통제사 이순신을 실각하게 만든 결정적인 계기인 가토 기요마사가 바다를 건넌다는 거짓 정보도 일본의 이중 첩자인 요시라가 조선에 뿌린 덫이었다.

결국 대마도 정벌은 조선의 복잡한 내부 사정으로 인해 실행되지 못했다. 그러는 동안, 전쟁이 끝나 예전처럼 중요성이 덜해진 항왜들은 자신들의 대우가 예전보다 못하고 있다는 것을 느끼고 이를 시정해줄 것을 조정에 여러 차례 요청했다.

1601년 1월 13일, 항왜인이면서 동지同知 벼슬을 지내고 있는 김향의, 김귀순, 이귀명 등은 비변사에 올라와 "우리들은 이미 조선의 관작을 받았으니 다른 관원들처럼 녹을 주어 조선인과 같은 대우를 해달라."고 호소했다. 비변사에서는 이를 받아들여 춘등부터 시작하여 군직에 붙여 녹을 주게 하였다.

또 항왜들이 충분히 먹고 살 수 있도록 각 고을들의 창고에서 곡식을 꺼내어 그들에게 제급하도록 지시를 내리기도 했다(《선조실록》 선조 39년(1606년) 9월 22일자 기사).

이괄에 난에 가담한 항왜들

선조가 죽고 광해군이 즉위하자, 조선은 얼마 못가 전란을 체감하

331

기 시작한다. 조일전쟁 동안 조선에 파병을 하느라 국력을 소모했던 명을 노려 북방의 여진족들이 누루하치를 중심으로 세력을 규합하여 일어서고 있었던 것이다.

명나라는 이러한 여진족들을 정벌하기로 결심하고, 조선에 병사를 보내라는 요청을 했다. 이를 거절할 형편이 못 되었던 광해군은 강홍립에게 1만 5,000여 명의 군사를 주어 명을 돕게 했고, 이들 가운데 약 100여 명의 항왜들이 포함되어 조총병으로 활동했다. 이 항왜들이 포함된 조선군 1만 5,000여 명은 명군을 따라 여진 정벌에 나섰지만, 심하 전투에서 여진족의 기습을 받고 대패하는 비운을 맞는다. 이때 항왜들은 풀숲에 엎드려 숨어 조총을 쏘며 여진족 기병대를 끝까지 괴롭히다가 결국 전원이 전사했다고 전해진다.

항왜들이 조선사에 최후로 두각을 나타낸 때는 안타깝게도 부정적인 방향이었다. 1624년 1월 22일, 반정공신임에도 불구하고 논공행상에서 불리한 대접을 받았고, 급기야 역모의 누명을 쓰게 되자 더 이상 가만히 있다가는 자신의 생명이 위협받게 될 것을 두려워 한 이괄이 일으킨 반란, 소위 말하는 이괄의 난에 항왜들이 대거 참가한 것이다.

항왜들이 무슨 조선 왕조를 뒤엎고 새로운 나라를 세우겠다는 거창한 야심을 품은 것은 아니었다. 이괄은 2등 공신이 된 후, 부원수의 직책을 받고 평양에 부임하여 후금의 침략에 맞서 싸울 군사를 훈련시키는 일을 맡았는데, 마침 북방에 항왜들 중 상당수가 거주하면서 조선군에게 창검술을 가르치고 있었다. 북방의 주력 군대 1만 명을 지휘하게 된 이괄에게 자연히 항왜들도 편입되어 지휘를 받았고, 이괄이 난을 일으키자 그의 군대에 따라 반란에 가담하게 되었던 것이다.

이괄의 반란에는 한명련도 함께 했는데, 일설에 의하면 한명련은 처음에는 반란을 일으킬 생각이 없었는데, 역모의 누명을 쓰고 금부도사에게 잡혀가던 도중, 이괄이 그 사실을 입수하고 항왜들을 보내 금부도사를 베어 죽이고 한명련을 구출하여 이괄의 진지에 데려왔고, 이괄이 그를 설득하여 반란에 가담하게 했다고 한다.

이괄의 반란군은 황주에서 정충신과 남이흥이 이끄는 관군을 격파했는데, 이 전투에서도 항왜군이 큰 역할을 했다. 〈인조실록〉에 따르면 항왜군들이 칼을 휘두르며 돌진하자 관군이 이를 보고 있다가 겁을 먹고 뿔뿔이 흩어져 달아나는 바람에 제대로 싸울 수 없었다고 한다.

관군을 패퇴시킨 반란군은 봉산으로 진군하여 지금의 예성강 상류인 마탄에서 관군을 또 무찔렀다. 거침없이 남하하는 반란군의 기세에 눌린 조정에서는 동래의 왜관에 사신을 보내 일본에 원병을 요청해오자는 비상식적인 논의를 하기도 하였다. 이괄의 반란군이 항왜를 선봉으로 삼아 승세를 타고 저돌적으로 쳐들어오니, 교련시키지 못한 군졸로서는 저항할 수 없다고 판단했기 때문이었다.

하지만 왜관에 보내질 사신 역의 이경직이 "왜관에 원병 요청을 알리더라도 일본 본토에까지 소식이 도달하려면 시간이 걸리고, 또 급히

333

원병이 온다고 해도 그 수가 많으면 일이 어떻게 될지 알 수 없습니다.”
라며 신중론을 폈고, 영의정인 이원익도 일본인들의 속셈은 급변하여
헤아리기 어려우며, 혹시 우리가 도움을 청함에 따라 군사를 많이 보
내온다면 뜻밖의 환란을 당할지도 모르니 보내지 말자고 강력히 건의
함에 따라 일본에 원병을 보내려는 요청은 무산되었다.

이처럼 항왜들을 앞세운 이괄의 반란군은 조정에서 일본에 원병을
청하는 것을 심각하게 고려했을 정도로 막강한 위세를 떨쳤다.

수도 한양까지 삽시간에 점령하다

결국 왕실과 조정 대신들이 일단 한양을 떠나 남쪽으로 피난을 가
고, 그 틈에 각지에서 정부군을 모아 반란군을 제압하자는 논의가 유
력하게 거론되어 인조는 대신들을 거느리고 공주로 피난을 가기에 이
르렀다.

반란을 일으킨 지 약 3주일 만인 2월 11일, 왕실과 조정 대신들이
사라진 텅 빈 한양에 이괄의 반란군이 입성했다. 이괄은 선조의 열 번
째 아들인 흥안군을 추대하여 왕으로 삼고, 과거 시험을 치러 선비들
을 대거 등용하는 등 국가 기구의 정비를 서둘렀다.

그러나 이괄의 반란군은 오래 가지 못했다. 도원수 장만과 안주목
사 정충신이 거느린 관군은 다시 전열을 수습하여 무악재에 진을 치고
도성을 내려다보는 위치에 들어갔다.

이순신의 조일전쟁

관군이 무악재에 진을 쳤다는 사실을 안 이괄과 한명련은 "관군은 오합지졸에 불과하며 일부 군사와 항왜군을 이끌고 창의문에서 삥 둘러 나가 도원수 장만을 사로잡으면 관군이 전의를 상실하여 단번에 이길 수 있다. 승리하고 나서 밥을 지어 군사들을 먹이겠다."라고 호언장담하며 도성문을 열고 나와 출정했다.

반란군은 이괄과 한명련 두 사람이 각기 이끌었고, 군대는 둘로 나누어져 한쪽은 산을 포위하고 한쪽은 산을 오르게 했다. 이때 반란군과 관군의 전투를 구경하려 나온 백성들이 곡성에서 남산까지 성채를 가득 메웠다고 한다.

우선 한명련이 항왜군을 인솔하는 선봉이 되어 무악재에 진을 친 관군 진영에 돌격하였고, 이괄은 중군에서 전투를 총괄하였다. 때마침, 동쪽에서 심한 바람이 일어 무악재에 있는 관군에게 불어 닥쳤다. 반란군은 바람을 타고 급하게 공격하여 관군을 상대로 조총과 화살을 소나기처럼 퍼부었다.

관군은 수세에 몰렸지만 산꼭대기에 있는 터라 달리 도망칠 곳도 없고 도망을 친다고 해도 산 아래로 내려갔다가는 꼼짝없이 반란군에게 죽을 것이 뻔했기 때문에 모두 죽기를 각오하고 끝까지 싸웠다.

반란의 종결과 항왜들의 몰락

그러나 반란군의 기세도 만만치 않아서 관군의 장수인 김경운과 이희건은 앞에 나서서 반란군과 싸우다 그중 김경운이 조총에 맞아 전사했다.

장수가 죽어 관군이 위기에 처해 있을 무렵, 갑자기 바람의 방향이 변해 거센 서북풍이 반란군의 머리 위로 불어 닥쳤다. 설상가상으로 자욱한 모래와 먼지가 반란군들의 눈과 귀와 코를 덮치는 바람에 반란군 병사들은 제대로 앞을 보지 못하고 숨도 쉬지 못하는 판국이 되었다.

이 모습을 본 관군 병사들은 사기가 치솟아 반란군을 산 아래로 밀어 붙였고, 반란군의 장수 중 한 명인 이양이 관군의 총탄에 맞아 전사하고 항왜군을 지휘하던 한명련도 화살에 맞아 물러섰다. 불리해지는 전황을 본 이괄이 자신이 직접 군사를 이끌고 나서려고 하는데, 관군 장수인 남이흥이 이를 보고는 휘하 병사들로 하여금 "이괄이 패했다!"라고 큰 소리로 외치게 하였다.

이 말을 들은 반란군 병사들은 크게 놀라 급히 도망치느라 서로 밟고 미는 통에 많은 병사가 골짜기 아래로 떨어져 죽거나 다쳤다. 관군이 기세를 타고 함성을 지르며 추격하자 반란군의 사기는 땅에 떨어져 마포나 서강 쪽으로 정신없이 패주했다. 이괄이 칼을 뽑아 도망치지 못하도록 말리려 했지만 이미 기운 전세를 혼자의 힘만으로 막기에는 역부족이었다.

이괄은 남은 군사들을 이끌고 도성으로 들어가 농성전을 준비하려 했지만, 전황을 보고 있던 백성들이 돈의문과 서소문의 두 문을 닫고

이순신의 조일전쟁

막아 버렸다. 이괄과 한명련은 수백 명의 패잔병만 거느리고 수구문을 급히 빠져나와 경기도 이천의 묵방리에 도착했는데, 더 이상 승산이 없다고 판단한 그의 부하 기익헌 등이 이괄과 한명련을 급습해 죽여 목을 잘라서 도원수 장만이 있는 원수부에 가서 바쳤다.

이렇게 해서 이괄의 난은 일단락되었지만, 이괄을 따라 반란에 참가했던 항왜들은 반역자로 간주되어 큰 타격을 입었다. 고효내라는 이름을 가진 항왜는 심문을 받다 처형되었고, 사쇄문이라는 항왜는 경상도에서 참수되어 성벽에 목이 걸렸다. 서아지라는 항왜는 이괄의 반란군에 가담했다가 동료였던 항왜 김충선에게 살해되었다.

그러나 그보다 더 큰 처벌은 반란군에 포함되었던 항왜들이 후금과 대치하고 있는 북쪽 변방으로 보내졌다는 것이다.

이민구가 아뢰기를, "항왜로서 적을 따른 자가 가장 심하게 사람을 죽였습니다. 그들은 우리 겨레가 아니므로 마음이 반드시 다를 것이고 그 무리가 매우 많으므로 가을 방수 때가 되기 전에 조정에서 용서하는 뜻으로 타이르고 변방에 나누어 옮기는 것이 어떠하겠습니까?"하므로 임금이 그리하라고 하였다. _〈인조실록〉 인조 2년(1624년) 3월 20일자 기사

춥고 긴 겨울이 지배하는 북방으로 강제로 보내진 항왜들은 그곳에서 힘든 국경 경비를 맡는 처분을 받았다. 그리고 그 이후 항왜들의 활약상은 더 이상 사료에 전해지지 않는다.

337

한때 출중한 백병전 솜씨와 조총술로 조선군 병사들에게 경외의 대상이 되었던 항왜들은 이렇게 잘못된 역사의 흐름에 따라 사람들의 기억 속에 잊혀져갔던 것이다.

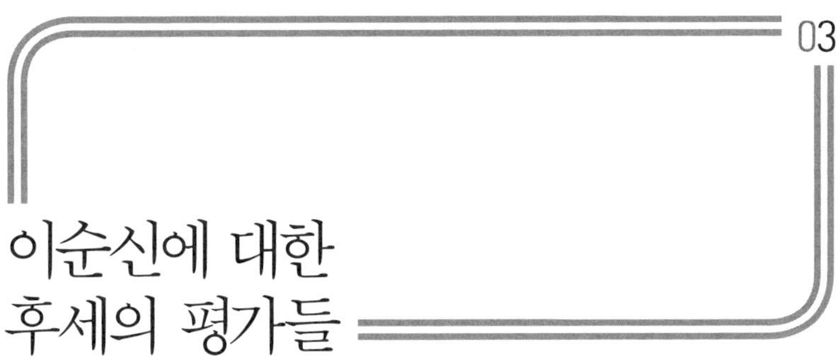

이순신에 대한
후세의 평가들

조일전쟁 직후, 이순신을 추모했던 사람들

조일전쟁의 최대 수훈자였던 이순신, 그는 전쟁이 끝나자 후세 사람들로부터 어떤 평가를 받았을까?

간혹 이순신에 대해 부정적으로 보거나 또는 그를 숭배하는 과도한 국가주의를 경계하는 사람들은 이순신의 영향력이나 명성에 대하여 가급적 축소하려는 경향이 강하다. 그러나 조일전쟁 내내 그리고 직후부터 이순신은 조정의 대소신료나 양반 사대부와 백성들을 막론하고 모두에게 추앙받던 영웅이었다. 노량해전에서 이순신의 전사 소식을 듣고 좌의정 한음 이덕형은 다음과 같은 장계를 올렸다.

"이순신의 사람됨을 신이 직접 확인해 본 적이 없었고 한 차례 서신을 통한 적밖에 없었으므로 그가 어떠한 인물인지 알지 못했습니다. 전일에 원균이 그의 처사가 옳지 못하다고 한 말만 듣고, 그는 재주는 있어도 진실성과 용감성은 남보다 못할 것이라고 여겼습니다. 그런데 신이 본도에 들어가 해변 주민들의 말을 들어보니, 모두가 그를 칭찬하며 한없이 아끼고 추대하였습니다. 또한 그가 4월에 고금도에 들어가자 만사를 적절히 조치하여 불과 몇 달 사이에 민가와 군량이 옛날 한산도에 있을 때를 능가한 것을 알고 비로소 그 역량이 남보다 뛰어남을 알게 되었습니다. 그런데 불행하게도 그가 전사하였으니 앞으로 주사의 일을 책임지어 조치하게 하는 데 있어 그만한 사람을 구하기가 어려울 것입니다. 참으로 애통합니다.

첩보가 있던 날 군량을 운반하던 인부들조차 이순신이 전사했다는 소식을 듣고는 무지한 노약자라 할지라도 대부분 눈물을 흘리며 서로 조문하기까지 하였으므로 이처럼 사람을 감복시킬 수 있었던 것이 어찌 우연한 것이겠습니까." _〈선조실록〉 선조 31년(1598년) 12월 7일자 기사

선조 임금도 그의 전사 소식을 듣고 나서 아래와 같은 제문을 내려 위로했다.

"한산도에 진을 치매 적이 감히 엿보지 못하고 한바다를 가로 막으매 그대 힘만 믿었더니 지난 해에 패전한 것 원통한 말 어이할꼬. 그대 그냥 두었던들 그럴 리가 있었으랴. 대장을 잘못 바꿈, 이 나의 허물이라 누구더러 도와달란들 기운 짐을 어이하리. 두 번 다시 부임하여 무너진 뒤를 이어 혼란을 수습하고 군졸을 불러 모았도다. 공로는 사직에 있고 빛나는 충성 절개 죽어도 영화롭다. 인생 한 세상에 한 번 죽음 못 면하네. 죽을 곳에서 죽은 이로 그대 같은 이 드물도다. 나는 그대(이순신)를 버렸지만, 그대는 나를 버리지 않았다."

명량대첩 이후, 이순신과 함께 활동하며 싸웠던 명나라의 해군 제독 진린도 그에 대해 다음과 같이 평가했다.

"이순신은 천지를 주무르는 경천위지(經天緯地, 온 천하를 다스림)의 재주와 나라를 바로 잡은 보천욕일補天浴日의 공로가 있는 사람이다."

1600년 윤계선尹繼善이라는 선비가 지은 한문소설인 〈달천몽유록達川夢遊錄〉에서도 이순신은 최고의 추앙을 받는 영웅으로 등장한다.

"수군통제사(이순신)는 진실로 하늘이 낸 거룩한 분으로, 일선 장수에 임명되자, 변경에 크게 자리 잡고 한산 섬에서 적의 바닷길을 끊으면서 여섯 돌의 세월을 보내었습니다. 원균이 싸움에 패한 뒤에 아홉 척

4부. 조일전쟁의 흐름을 바꾼 명량해전과 이순신 최후의 전쟁, 노량해전

의 배와 남은 군졸로써 여러 번 벽파진에서 싸워 이겼으니 그 공은 종에 새겨 길이 남길 만한 일이요, 노량 싸움에서 공이 임종할 때에 죽음을 숨기고 깃발을 흔들고 북을 쳐 싸움을 계속할 것을 분부하매 아들이 그 명령대로 하여 산 중달을 달아나게 한 것처럼 하였으므로 그 꾀가 더욱 기이하다 하겠습니다.”

조일전쟁이 끝나고 나서도 이어졌던 이순신의 추모 열기

광해군 때 영의정을 지낸 박승종朴承宗은 〈충문사기忠愍祠記〉에서 이렇게 말했다.

“아, 공으로 하여금 만일 그날에 죽지 않게 했다면 일개 공신에 지날 것이 없는데 이제 마침내 그 충성을 선양하고 절개를 표창함이 천지에 찬란하니 비록 죽어도 오히려 살았도다. 성을 버리고 군사를 잃은 패배한 자들은 몸이 그대로 성하여 제방 창문 아래서 늙어 죽는데 이순신의 충렬은 마침내 몸을 버림에까지 이르렀으니 하늘의 보답이 어찌 이리 공평치 못한고. 그러나 구차스레 제 목숨을 보존한 자들은 저 나뭇잎 위에 붙은 먼지와 다를 것이 없거니와 이것으로서 저것에 비긴다면 하늘의 은총이 또한 풍족하다고도 할 것이다.”

인조 시대에 영의정을 지냈던 오윤겸은 충무공 제문에서 이러한 말

이순신의 조일전쟁

을 남겼다.

"황천에서 다시 일으켜 볼 수 없음을 생각하고 백 명을 대신 바치고도 물려 올 수 없음을 안타까이 여깁니다."

저서 〈지봉유설〉로 유명한 인조 시대의 학자 이수광은 이순신을 이렇게 평가했다.

"통제사 이순신은 임진년에 수군을 거느리고 바다 가운데서 적을 막아 여러 번 왜선을 부수고 적을 사로잡아 죽이기를 수없이 했다. 적은 두려워하여 다시는 감히 수로를 통하여 서쪽으로 오지 못했다. 그래서 호서와 호남이 안전함을 얻어 나라를 회복한 것은 모두 그의 힘이다."

병자호란의 치욕을 씻기 위해 북벌을 준비하던 무인 군주 효종은 상무정신의 모범을 보였던 이순신을 다음과 같이 극찬했다.

"아침에 이순신의 비문碑文을 보았는데, 죽을힘을 다하여 싸우다가 순절한 일에 이르러서는 눈물이 줄줄 흘러내리는 것을 깨닫지 못하였다. 이는 하늘이 우리나라를 중흥시키기 위하여 이러한 훌륭한 장수를 탄생시킨 것이다. 순신의 재능은 남송의 명장인 악비와 같은데, 더욱 작은 병력으로 큰 병력을 공격하는 데 능하였다. 그 당시 왜군의 간사한 모략에 빠져 잘못되어 벌을 받기에 이르렀고 드디어 원균의 패배가 있게 되었다. 그러나 그 뒤 순신이 약간의 거북선을 가지고 대적을 격파하였으므로 참으로 쉽게 얻을 수 없는 인재이다."

_〈효종실록〉 효종 10년 선조(1659년) 3월 30일자 기사

그런 효종 시절 영의정을 지낸 김육은 이순신을 추모하는 신도비문神道碑文을 지으면서 이러한 글귀를 남겼다.

"우리나라가 200년 동안이나 태평하여 백성들이 병란을 알지 못하다가 총을 쏘고 칼을 멘 도적들(일본군)이 동남쪽을 쳐들어와 서울, 개성, 평양을 모조리 빼앗기고 7개 도가 도탄에 빠졌을 때, 도원수 권공(권율)은 서울 근처에서 적을 노려 큰 도적을 잡았고, 통제사 이공(이순신)은 바다에서 활약하여 큰 공을 세웠으므로 두 분이 아니었더라면 명나라 군사인들 어디를 믿고 힘을 썼을 것이며, 종묘사직의 무궁한 국운인들 무엇을 힘입어 다시 이었으랴.

바다를 뒤덮고 오는 적의 세력을 가로막은 것은 저 장순, 허원과 같았고, 몸을 굽혀 있는 힘을 다하고 죽은 뒤에야 멈춘 것은 저 제갈공명과도 같았지만, 그러나 나라 일에 죽은 것은 다 같을지라도 큰 공을 거둔 이는 오직 공 한 분뿐이시니, 혹시 저 이른바 "세 분과 다르다."고 한 말은 맞는 것인가, 틀린 것인가. 과연 그 공로는 온 나라를 덮었고 이름

344

이순신의 조일전쟁

은 천하에 들렸으므로 어허, 위대하시도다. 공이 일찍이 시를 지어 노래하기를, "바다 두고 맹세하니 용과 고기 감동하고, 산을 두고 맹세하니 풀과 나무가 알아주네."라고 하였는데, 이 글을 외우는 사람마다 눈물을 흘리고 분해하지 않는 이가 없었다."

현충사를 지어 이순신의 호국정신을 기렸던 숙종 임금은 친필로 제문을 써서 내려 주었는데 그 내용 중 일부를 발췌해 본다.

'절개에 죽는다는 말은 예부터 있지만, 제 몸 죽고 나라 살린 것, 이분에서 처음 보네.' (殺身殉節 古有比言, 身亡國活始見斯人)

조선 후기의 대표적인 현군인 정조 임금도 조정에 명을 내려 〈이충무공전서〉를 발간하도록 했다. 이 책의 말머리에는 정조가 직접 쓴 윤음이 붙어 있다. 정조는 이순신을 깊이 존경하여 그의 일생을 정리한 책을 펴내도록 했으며, 모든 신하들에게 읽도록 하여 충무공이 세운 호국 정신을 기리도록 한 것이다.

또 〈순조실록〉 순조 8년(1808년) 1월 10일자 기사에 따르면 "충무공의 상喪 때에는 백성들이 모두 흰 옷을 입었는데, 그것이 지금까지 유전流傳되어 비록 여자라 하더라도 모두 흰 치마를 입고 있다."라고 언급된다.

이상에서 보면 알 수 있겠지만, 이순신은 박정희가 등장하기 이전부터 온 국민의 추앙을 받던 영웅이었다. 더 이상 그를 박정희와 연관 시켜 폄하하는 짓은 하지 말기 바란다.

이순신의 조일전쟁

▲ 이순신 영정(ⓒ 현충사)
장우성 화백이 제작한 이순신 표준 영정으로, 여러 영정 중에서 가장 대표적인 영정이다.

이순신은 노량해전에서 전사했지만,
이순신의 정신은 지금까지 계속됩니다!!

〈한국사를 바꾼 인물〉 시리즈와 함께 해주세요

이 책의 기획자 홍종남입니다. 이 책을 기획하게 된 계기는 KBS에서 방영된 〈불멸의 이순신〉을 보고 있던 아이의 질문에서 시작되었습니다.

"아빠, 이순신 장군이 저렇게 위대한 분이라면 묘소에 가서 절을 하고 술 도 따라 놓아야 하잖아요?"

이 질문을 받는 순간 저는 깜짝 놀랐습니다. 역사학을 전공한 저에게 '아빠는 무엇을 하고 있어요?'라고 말하는 것처럼 들렸습니다. 이후 2005년 큰아들과 함께 충남 아산에 있는 현충사를 방문하였고, 근처에 있는 이순신의 묘소에도 다녀왔습니다. 이 일을 계기로 저는 아버지 세대가 아이들 세대에게 어떤 유산을 물려줘야 할 것인지를 생각했습니다.

큰아들(홍정욱)과 함께 시작된 〈이순 신 역사 테마 여행〉에 작은아들(홍정훈) 도 동참하게 되었습니다. 이 여행을 통 해 통영(한산해전), 진도(명량해전), 합천(백 의종군), 남해(노량해전) 등 이순신 장군의 숨결을 느낄 수 있는 곳을 방문하게 되 었습니다.

〈이순신 역사 테마 여행〉은 이순신 시리즈를 기획하는 과정에서 좋은 아이디어를 제공해주었습니다. 이순신의 인맥, 한산 수국, 백의종군 등의 책이 나오게 된 결정적인 계기가 되었습니다. 그리고 이순신의 눈으로 본 조일전쟁과 이순신의 해전을 프로젝트 매니저의 관점에서 재조명한 책도 출간할 수 있었습니다.

이순신 시리즈 1탄, 『이순신 파워인맥』(2008년)을 발굴하다

이순신이 7년 전쟁을 승리로 이끈 이유가 무엇인지에 대해 생각을 해보았습니다. 이순신의 전술, 이순신의 리더십도 중요하겠지만 이순신과 함께 한 '장수'들의 이야기를 책으로 출간하는 것이 좋겠다는 생각에서 이순신의 인물에 대해 기획하게 되었습니다. 이 과정에서 해군 충무공리더십센터의 제장명 님을 발견(?)하였고, 2년 여 동안의 집필 과정을 거쳐 『이순신 파워인맥 : 7년전쟁을 승리로 이끌다』가 출간되었습니다.

이순신 시리즈 2탄, 『이순신 수국 프로젝트』(2009년)를 발견하다

『이순신 파워인맥』이 출간된 후 KBS 장한식 기자님의 전화를 받았습니다.

〈이순신이 세운 나라 '수국'〉에 대한 원고를 썼는데, 이 원고를 책으로 출간하고 싶다는 것이었습니다. 『이순신 파워인맥』이 출간된 후 어떤 책을 기획해야 할 것인지에 대한 고민이 많았는데, 그 고민을 한순간에 해결해 주었습니다. 책을 기획하는 과정에서 제목에 대해 많은 고민을 하였는데, 이순신의 '수국'에 초점을 맞추어 제목을 『이순신 수국 프로젝트 : 경제를 일으켜 조선을 구하다』라고 정했습니다. 이 책을 기점으로 이순신을 비롯하여 한국사를 바꾼 인물에 대한 책을 출간하자는 의미에서 〈한국사를 바꾼 인물〉 시리즈를 기획하게 되었습니다.

이순신 시리즈 3탄, [이순신 백의종군』 (2011년)을 재조명하다

『이순신 수국 프로젝트』가 출간된 후 7년전쟁 중 120일간 이순신의 백의종군에 주목하게 되었습니다. 이순신은 7년전쟁 최고의 영웅이면서, 백의종군을 했기 때문입니다. '이순신은 백의종군을 하면서 어떤 생각을 했을까?'에 대한 생각을 하게 되었고, 이 과정에서 이순신은 '하늘의 뜻'을 받아들였다고 생각했습니다. 그래서 이순신 시리즈의 3탄의 제

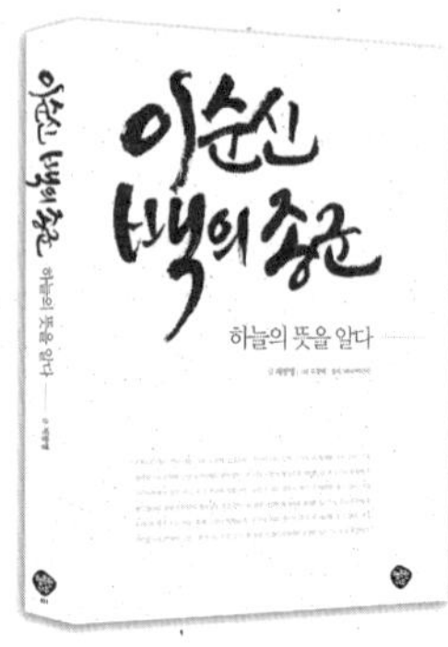

목을 『이순신 백의종군 : 하늘의 뜻을 알다』로 정했습니다. 이 책에는 120일간의 백의종군과 백의종군 전후 조선의 상황, 백의종군 이후 노량해전까지를 담았습니다.

이순신 시리즈를 기획하는 과정에서 '하늘'과 '땅'과 '사람'에 대해 주목하게 된 계기는 한국커뮤니케이션의 송호준 님과의 대화가 많은 도움이 되었습니다. 송호준 님과의 대화 이후에 이순신의 7년전쟁을 천·지·인(天·地·人)으로 풀어 보고자 했기 때문입니다.

이순신 시리즈 4탄, 『이순신의 조일전쟁』 (2012년)을 재구성하다

2010년 '다음'에서 〈역사 속의 전쟁사〉 카페(http://cafe.daum.net/historywar)를 운영하는 도현신 님을 만났습니다. 도현신 님은 전쟁사에 대한 탁월한 기획력과 방대한 자료를 갖고 있는 분인데, '이 분이 이순신의 조일전쟁을 재구성하는 것은 어떨까?'라는 생각을 하게 되었습니다. 이렇게 도현신 님과 의기투합하게 되었고, 이순신의 눈으로 본 조일전쟁을 재구성하게 되었습니다. 이 책의 제목은 이순신의 조일전쟁을 강조하기 위해 『이순신의 조일전쟁 : 장군

의 눈으로 전란을 기록하다』로 정했습니다.

이순신 시리즈 5탄, 『조선의 프로젝트 매니저, 이순신을 만나다』(2012년) 를 출간하다

2011년 3월 30일, 해군 제독 출신인 김덕수 님과 프로젝트 관리 분야로 박사학위를 받고 LG그룹에서 프로젝트 관리 강의를 하는 남재덕 님을 만났습니다. 이 분들은 『프로젝트 명장 이순신』이라는 제목의 원고를 가지고 있었는데, 원고의 내용은 이순신의 해전을 '프로젝트 매니저' 관점에서 재조명한 것이었습니다.

2011년 4월 28일에 책을 출간하기에는 촉박한 출간 일정이었지만, 이순신의 해전을 '프로젝트 매니저'의 관점에서 분석한 이 책을 전격적으로 출간하기로 결정하였습니다. 이 책 역시 제목에 대한 고민을 가장 많이 하였는데, 가까운 시일 내에 『조선의 프로젝트 매니저, 이순신을 만나다(가제)』라는 이름으로 독자 여러분과 만나게 될 것입니다.

이순신 시리즈는 현재 진행형입니다

이순신 시리즈는 앞으로도 계속 출간될 예정입니다. 앞으로 출간될 이순신의 시리즈는 독자 여러분이 함께 만들어 주시면 어떨까요? 주변에 이순신의 대한 연구를 하는 분이 있다면, 그분께 '이순신 시리즈'에 대해 알려주셨으면 합니다. 또한, 이순신에 관련된 책을 쓰고 싶은 필자 분들도 저에게 연락을 주시면 감사하겠습니다. 소중한 원고 기다리겠습니다.

"이순신 시리즈, 우리 후손들에게 물려줘야 할 또 하나의 유산으로 만들고 싶습니다."

홍종남(ahasaram@hanmail.net) 드림

1차 사료

〈조선왕조실록〉

〈징비록〉

〈난중일기〉

〈난중잡록〉

〈지봉유설〉

〈달천몽유록〉

2차 사료

가다노쯔끼오 저. 윤봉석 역. 이순신과 히데요시. 우석출판사

배상열 저. 이순신 최후의 결전. 눈과마음

배상열 저. 풍운. 이화문화사

배상열 저. 난중일기 외전. 비봉출판사

박종화 저. 임진왜란. 달궁

도현신 저. 전쟁이 요리한 음식의 역사. 시대의창

도현신 저. 임진왜란, 잘못 알려진 상식 깨부수기. 역사넷

도현신 저. 원균과 이순신. 비봉출판사

도현신 저. 옛사람에게 전쟁을 묻다. 타임스퀘어

이순신역사연구회 편. 이순신과 임진왜란. 비봉출판사

박기봉 편역. 충무공 이순신전서. 비봉출판사